本书为河北省社科基金项目"新型城镇化背景下我省城乡融合问题研究"最终研究成果（项目批准号：HB19YJ005）

新型城镇化背景下城乡融合问题研究

——以河北省为例

董志芸　邓淑锋／著

吉林大学出版社

·长春·

图书在版编目（CIP）数据

新型城镇化背景下城乡融合问题研究：以河北省为
例 / 董志芸, 邓淑锋著. -- 长春 : 吉林大学出版社,
2021.10
　　ISBN 978-7-5692-9108-7

　　Ⅰ.①新… Ⅱ.①董… ②邓… Ⅲ.①城乡建设—研
究—河北省 Ⅳ.①F299.21

　　中国版本图书馆CIP数据核字(2021)第210286号

书　　　名：新型城镇化背景下城乡融合问题研究——以河北省为例
　　　　　　XINXING CHENGZHENHUA BEIJING XIA CHENG-XIANG RONGHE WENTI YANJIU
　　　　　　——YI HEBEI SHENG WEI LI

作　　　者：董志芸　邓淑锋　著
策划编辑：矫　正
责任编辑：矫　正
责任校对：甄志忠
装帧设计：雅硕图文
出版发行：吉林大学出版社
社　　址：长春市人民大街4059号
邮政编码：130021
发行电话：0431-89580028/29/21
网　　址：http://www.jlup.com.cn
电子邮箱：jdcbs@jlu.edu.cn
印　　刷：天津和萱印刷有限公司
开　　本：787mm×1092mm　　1/16
印　　张：13.75
字　　数：250千字
版　　次：2022年02月　第1版
印　　次：2022年02月　第1次
书　　号：ISBN 978-7-5692-9108-7
定　　价：78.00元

前　言

　　城乡关系是人类社会发展过程中最重要的关系之一，也是生产力和社会分工发展到一定时期的必然产物。随着资本主义工业化的快速发展，城市化成为推动城乡关系演变与发展的主要动力。我国走的是社会主义道路，中国特色社会主义城乡关系是建立在城市与乡村、工业与农业之间根本利益一致基础上的新型城乡关系。党的十九大提出城乡融合发展战略，着力解决当前"城乡发展不平衡""农村发展不充分"的问题，统筹推进"五位一体"建设和"四个全面"战略布局[①]，推动实施城乡融合、乡村振兴、区域协调等一系列发展战略，推动城乡关系不断积极向前发展。城乡融合发展的提出，有助于准确认识、把握和重塑新时代城乡关系，是继"统筹城乡发展""城乡一体化建设"之后，指导城乡关系的最新发展思路。2018年两会期间，习近平提出产业振兴、人才振兴、文化振兴、生态振兴以及组织振兴，为城乡关系的发展指明了努力的方向。城乡融合能够推动城乡之间要素自由流动，让城市的资金、知识、人才、信息和管理要素流入农村，农村的劳动力和土地等资源流入城市，充分发挥市场在资源配置中的作用，形成一种城市带动农村、工业发展促进农业进步的新型城乡关系。中华人民共和国成立70多年，农业农村农民问题是我国的民生问题，也是全党工作的重中之重，并实施乡村振兴战略和区域协调发展战略，从而缩小城乡之间的差距。

　　构建和谐健康的城乡关系，有效推动城乡之间相互支援、共同繁荣，逐渐破除城乡之间的差异，同时促进城乡融合是中国特色社会主义乡村振兴的重要目标与根本任务。因此，作为环抱首都北京的河北省，现在乃至未来很长一段时间里都应当将城乡融合发展作为经济社会发展的重要课题。特别是在中央大力推进京津冀协同发展的今天，京津冀一体化协同发展时期，可以看成对河北省发展具有重大意义的战略加速期，可以说，河北省推进城乡融合发展是大势所趋、正逢其时。

　　河北省东临渤海、内环京津，地处华北平原最为平坦的区域，是华中通往东北、西北等地区的交通要道，地理位置优越。到2015年底，河北省城镇化率为51.33%，而我

---

① 习近平. 决胜全面建成小康社会　夺取新时代中国特色社会主义伟大胜利——在中国共产党第十九次全国代表大会上的报告 [N]. 人民日报, 2017-10-28.

国的城镇化率为 56.1%，北京和天津的城镇化水平分别为 86.3%和83%，所以河北省的城镇化水平低于我国的平均水平，更与北京、天津存在较大差距。此外，河北省各设区市新型城镇化发展水平也极不平衡。河北省的城镇化进程和质量从某种角度来讲，制约着京津冀一体化。因此，在《京津冀协同发展规划纲要》中对河北省的定位之一是新型城镇化与城乡统筹示范区，在河北探索城镇化发展的新路径。新型城镇化，是坚持以人为本，以新型工业化为动力，以统筹兼顾为原则，推动城市现代化、城市集群化、农村城镇化，全面提升城镇化质量和水平，是功能完善、城乡一体、大中小城市和小城镇协调发展的城镇化。建设新型城镇化能有效地改善城乡产业结构、就业结构与消费结构，统筹城乡共同发展，破解城乡二元结构，创新城乡发展一体化体制机制；有利于弥补河北省城镇化发展的短板，弥补河北省在京津冀协同发展中的不足，与京津共同打造京津冀世界级城市群。河北省作为新型城镇化与城乡统筹示范区，其城乡融合发展进程是中国城镇化进程的重要推动力量。

众所周知，我国人口数量排名居世界第一，要尽量满足粮食的自给自足，就一定要大力发展农业。大面积的广阔土地易于形成大规模的商品化农业基地，这一地理优势奠定了河北省发展成为农业大省的基础。随着经济社会的发展，引进先进的技术、采用科学的种植方法才能充分发挥农业基础地位的作用，农业产业化、农村城镇化是农业现代化和我国现代化的一个必然过程。河北省虽然是农业大省，但农村经济并不发达；相反地，"三农"问题一直是制约其建设沿海经济强省的重要问题。因此，河北省作为一个农村人口占总人口比例较大的省份，要发展经济、提升全省的综合竞争力，就一定要发展农村经济，提高城镇的工业化水平，以逐步打破二元经济结构所造成的限制，促进城乡融合发展。

促进城乡融合发展是破解新时代城乡关系存在问题的主要思路和政策措施。"农业强不强、农村美不美、农民富不富，决定着亿万农民的获得感和幸福感，决定着我国全面小康社会的成色和社会主义现代化的质量。"[①]"走中国特色社会主义乡村振兴道路，全面实施乡村振兴战略，强化以工补农、以城带乡，推动形成工农互促、城乡互补、协调发展、共同繁荣的新型工农城乡关系，加快农业农村现代化。"[②]本书以马克思主义为指导，综合运用了文献分析法、历史分析法和比较分析法，以新型城镇化背景下河北省城乡融合发展问题为研究对象，深入阐述并梳理了从二元结构到城乡融合的中国城乡融合发展的历史与现状；剖析了新型城镇化的建设成就与现实问题，以及新型城镇化背景下河北省城乡融合发展存在的问题及成因；以马克思主义经典作家的城乡融合思

---

① 韩俊主编.实施乡村振兴战略五十题[M].北京：人民出版社，2018：53.
② 中华人民共和国国民经济和社会发展第十四个五年规划和2035年远景目标纲要[M].北京：人民出版社，2021：67.

想、中国化的马克思主义城乡融合思想为理论基础，以国内外城镇化实践经验为现实依据，通过分析发达国家城乡关系的发展经验，总结对中国城乡融合发展有益的借鉴；确定新型城镇化背景下城乡融合发展的目标与内容，明确新型城镇化背景下城乡融合发展的重要意义；在对城乡融合的实践发展进行理论反思和阐述城乡融合发展的实践条件的基础上，提出新型城镇化背景下中国城乡融合发展的实践路径；最后指出本书研究的旨归——探讨新型城镇化背景下促进河北省城乡融合发展的对策建议。

全书共由六章组成。

第一章通过剖析中国城乡关系的历史演变和现实状况，阐述中国城乡关系的逻辑，并在此基础上阐述河北省城乡关系发展进程，对本书整体研究具有提纲挈领的意义。主要梳理了新中国成立以来中国城乡关系从二元结构到城乡融合的演变历程，对不同形态的城乡关系表征进行描述；从实证层面对当下城乡关系的现实境况进行描述分析，指出中国城乡融合发展存在的主要问题及成因；从理论层面对城乡关系的变迁逻辑进行总结，对"城乡关系是什么"问题做一个初步的解答；对河北省城乡关系的历史演化进程进行梳理，分析每个阶段城乡关系的特征及其成因，系统把握河北省城乡关系发展的轨迹。

第二章从新型城镇化相关概念界定着手，阐述新型城镇化的内涵与模式特点、新型城镇化的建设成就与现实问题、河北省新型城镇化发展现状，进而对城乡融合发展的必要性及可行性、当前中国城乡融合发展的现状，以及河北省城乡融合发展存在的问题及成因进行深入剖析，回答"新型城镇化背景下城乡融合发展是什么"的问题，为本书后续问题的研究提供理论基础。

第三章阐述了新型城镇化背景下河北省城乡融合发展的理论渊源与现实依据，以马克思、恩格斯、列宁、斯大林城乡关系理论以及西方学者关于城镇化发展的理论为基础，进一步研究中国化马克思主义城乡关系理论，梳理了毛泽东、邓小平、江泽民、胡锦涛和习近平有关城乡关系的思想；以世界城镇化发展历程与经验借鉴和中国城镇化地方实践与经验启示为现实依据，为研究新型城镇化背景下河北省城乡融合发展奠定坚实的理论基础。

第四章从利益共享的发展理念、互惠互利的发展路径路及共生和谐的发展格局三大维度阐述城乡融合发展的目标；构建经济、政治、文化、社会、生态文明建设"五位一体"的全面发展的城乡融合发展的内容。并从城乡融合发展是全面建成小康社会的迫切要求、城乡融合发展有利于开启中国特色社会主义现代化建设新局面、城乡融合发展是破解社会主要矛盾的关键抓手、城乡融合发展为社会和谐稳定发展提供有效保障四个方面阐述城乡融合发展的重要意义。

第五章阐述了发达国家城乡关系发展及其经验借鉴，主要概述了美国、德国以及日本等发达国家城乡关系的发展，同时总结发达国家城乡关系发展的经验借鉴，中国要结合实际国情，选择适合国情的城乡协调发展道路，充分认识到城乡关系发展的渐进性。

第六章阐述新型城镇化背景下中国城乡融合发展的实践路径，对"怎么做"做出解释。具体包括：对城乡融合发展的实践进行理论反思；阐述城乡融合发展的实践条件；提出城乡融合发展的具体发展路径——必须树立科学的城乡融合发展理念，促进城乡之间的要素自由流动，平等配置资源促进城乡差距逐步缩小，补齐农业短板促进城乡产业协调发展，完善规划编制促进城乡空间有机融合，为构建新型城乡关系提供了借鉴。

第七章在总结全书的基础上，从加大资源型城市转型发展力度、推进特色小镇健康合理建设、优化城镇空间结构、提高城市承载力与城乡公共服务能力、构建乡村治理体系及促进城乡商贸流通一体化发展等六个维度探讨新型城镇化背景下促进河北省城乡融合发展的对策建议。

本书由董志芸和邓淑锋合作完成，其中前言和第一、二、三、四章由董志芸独立写作完成，共计15万字；第五、六、七章由邓淑锋独立写作完成，共计10万字。由于笔者的研究水平所限，本书尚有许多不足之处，如因中国城乡关系存在复杂性，涉及的相关理论和学科相对较多，在研究城乡关系的发展演变过程中，理论基础不够充实，研究中仅涉及马克思主义经济学、发展经济学等多种相关理论，还缺少其他学科和理论的指导；对新型城镇化背景下促进河北省城乡融合发展的对策建议不够全面，在实现城乡融合发展的征途上，还有很多阻碍因素需要排除，还需要健全和完善相关机制。本书研究的深度与广度方面还存在不足，因此在今后的研究过程中应多注意这方面的学习。

目　　录

第一章　中国城乡融合发展的历史与现状

本章着手对城乡关系发展的主题进行分析，作为本研究核心部分的开始，依循着"是什么—为什么—应是什么—怎么做"分析的路径，本章的核心在于回答"城乡关系是什么"的问题，旨在通过剖析中国城乡关系的历史演变和现实状况，阐述中国城乡关系的逻辑，并在此基础上阐述河北省城乡关系发展进程，对本书整体研究具有提纲挈领的意义。主要包括以下内容：第一，梳理新中国成立以来中国城乡关系从二元结构到城乡融合的演变历程，总结出中国城乡关系主要经历了"二元结构的形成与固化、二元级结构的破冰与调整、城乡关系融合发展"三个阶段的转变，对不同形态的城乡关系表征进行描述；第二，从实证层面对当下城乡关系的现实境况进行描述分析，指出中国城乡融合发展存在的主要问题及成因；第三，从理论层面对城乡关系的变迁逻辑进行总结，指出新中国成立以来城乡关系主要遵循由"固化"到"破冰与调整"再到"融合发展"，最终实现"真正共同体"的内在发展规律，对"城乡关系是什么"问题做出初步的解答；第四，对河北省城乡关系的历史演化进程进行梳理，分析每个阶段城乡关系的特征及其成因，系统把握河北省城乡关系发展的轨迹。

一、中国城乡融合发展的演变历程

改革开放四十余年，我国的城乡关系经历数十年的发展，城乡之间的差距得到了缩小，并逐步走向城乡融合，这是一个曲折的动态发展过程。我国的城乡关系从二元结构到城乡融合的发展主要分为新中国成立到改革开放前、改革开放到20世纪末、21世纪初期至今四个阶段。在这个发展过程中，我国不断地调整城乡关系的发展战略，完善相关的体制机制，为实现城乡融合发展奠定了基础。

（一）城乡二元结构形成与固化阶段（1949—1977年）

我国的城乡二元结构特征与其他国家性质不同，城乡二元结构的产生既有内生性因素，同时也存在体制机制的作用和影响。新中国成立以前的城市工业经济主要受到帝国主义以及资本主义的影响，而农村的经济受封建地主控制。我国的城乡二元结构经历了初步形成到逐渐固化的过程。自新中国成立以来，我国受诸多因素的影响而选择优先发展重工业，同时，国家陆续出台了一系列限制农村居民进城的措施，使城乡二元结构体制初步形成。经过长达十年的"文化大革命"，中国的国民经济遭到了巨大的损失，城乡二元结构进入了固化的阶段。

1. 城乡二元结构的形成（1949—1957年）

自新中国成立初到改革开放前，我国的城乡关系呈现出二元结构特征，造成这种分割封闭的二元格局的主要原因是选择优先发展重工业。新中国成立的初期，我国受到来自西方国家的各种封锁和挑衅，面对严峻的国际形势，国民经济形势处于崩溃的边缘。在面对国际压力与国内压力的情况下，为了保障新生的人民政权，加快提高我国的国防力量和现代化水平成为这一时期的首要任务。但是由于自身缺乏经验，通过借鉴苏联的模式提出了以重工业为主的工业优先发展战略。作为以农业为基础的发展中国家，为了使工业可以快速地发展起来，我国选择牺牲农业，为工业服务。因此，政府进行了干预，通过工农产品价格"剪刀差"的形式，用相对较低的价格把农村与农业的剩余转移到城市和工业当中，为工业的快速发展提供了有效的资源。根据相关专家的测算，1952年到1957年，这五年通过工农产品的"剪刀差"从农业部门聚集的净积累为475亿元，占同期财政收入的30.9%[①]。另一方面的原因是计划经济体制的实行。在新中国成立之初，我国开始实施计划经济体制，一系列制度相继出台，如统购统销制度、人民公社制度以及户籍制度等。在这种复杂的制度体系下，政府不断地加强资源调控，完善行政管理制度，虽然这些制度可以有效地推动工业的发展，改善城市的经济状况，但是这些制度阻碍了城乡之间的协调发展，使得城乡之间的差距越来越大，具体表现有二。一是在计划经济体制的背景下，城市与乡村分割发展。随着新中国的成立，我国的经济建设大规模开展，但我们还缺乏社会主义经济建设的经验，面对极其严峻的经济形势，我们选择了苏联模式，实施计划经济体制。计划经济体制的核心是坚持中央的计划，采用统购统销的方式对市场进行集中的管理。在这种高度集中的条件下，社会所有的资源受中央计划的直接调节，使得更多的资源主要集中在城市以及工业，从而增强国家的实力。但是，计划经济体制对经济资源的配置，通过人为的方式扭转要素的价格，阻碍了市场的自动调节功能，尤其是市场对于产品要素价格的作用，造成城乡之间生产要素很难自由地流动，所以计划经济体制内生地造成城乡的分离发展。二是农产品的统购统销制度阻碍了农业与工业的产品实现市场交换。新中国成立初期，在大规模经济建设的过程中，为了加快城市的建设和工业的发展，大批的农民由农村转移到城市，城镇人口大幅度增加，而从事农业的生产者逐渐减少，加之自然灾害的影响，使得粮食产量逐年降低。同时由于粮食市场的不规范管理，我国粮食的供需关系出现矛盾。面对这种严峻的粮食短

---

① 何炼成. 中国发展经济学概论 [M]. 北京: 高等教育出版社, 2001: 44-45.

缺形势，中共中央为了保障粮食的安全重新调整了粮食监管制度，国家对粮食市场的收购和供应实施强制的市场管理与中共中央统一管理的粮食购销体制。在这种体制下，国家对农产品占有绝对的垄断地位，市场对农产品的作用几乎消失，城市与农村之间商品流通的渠道受到了限制，工业与农业的产品不能进行平等的交换，并且以工农产品价格"剪刀差"的形式为城市工业的发展提供了大量的积累。

新中国成立后，城乡二元经济结构特征逐步形成，我国的国民经济还处于非常落后的局面，为了改善这种经济落后的状态，国家通过一系列措施来稳定物价，没收官僚资本完成社会主义改造。三年时间里，国民经济迅速发展，全国工农业总值达到 827.2 亿元，城市人口增加 1 398 万人。在"一五"计划时期，我国开始加快工业化的步伐，实行大规模的工业化建设，这也有效地推动了城市的发展，改变了城市的经济面貌。五年期间里，我国的城市数量增加了 22 个，城镇人口增加 2 786 万人，城市化的发展促进了城市与乡村人口的流动，农村人口大量地涌入城市，同时城市人口也流向农村，呈现出双向流动的局面，有效地促进了国民经济的发展。在此期间，为了让农村居民获得更多的利益，来缩小工农产品之间的价格，提出了一系列稳定工业产品价格的政策。总体来看，在新中国成立初期，我国的城乡关系处于基本协调的状态。

2. 城乡二元结构的固化（1958—1977年）

新中国成立之初，我国的城乡关系处于相对稳定的状态，但是仍然呈现出二元结构特征，造成城乡二元结构固化的原因是工业优先赶超战略的实施。20 世纪 70 年代末，作为资本密集型产业的重工业，由于吸纳剩余劳动力的能力相对较弱，导致农业部门剩余的劳动力过多。1958 年，我国重工业产值比上年增长78.8%，而农业增长接近 2.4%。在工农业总产值中，重工业产值所占比重由上年的 25.5%上升到 35.2%，农业产值所占比重则由 43.3%下降为 34.3%。全民所有制职工人数增加了 2 081 万人。职工人数增加过多，致使非农业人口增加了 1 592 万人，粮食销售量增加了 134 亿斤。[①]1958 年后，通过工业的快速发展可以有效地促进经济的增长，因此，我国开始组织大量的劳动者从事重工业的建设，如大炼钢铁等，这一计划的实施也使得农村劳动力逐渐地减少，愿意留在农村继续从事农业劳动的劳动者大幅度减少，转移到城市从事工业建设的劳动者多数是身体健壮的青年，留在农村生活的多是年迈的老人。农业与工业劳动者的比例由上年的 13.8∶1 下降到 3.5∶1。[②]1959 年到 1978 年，通过工农产品的"剪刀差"从农业部门聚集的净积累为 4 075 亿元，占同期财政收入的 21.3%。[③]我国通过采取重工业优先发展的模

① 《当代中国的计划工作》办公室编. 中华人民共和国国民经济和社会发展计划大事辑要（1949—1985）[M]. 北京：红旗出版社，1987：129.
② 柳随年，吴群敢. 中国社会主义经济简史（1949—1983）[M]. 哈尔滨：黑龙江人民出版社，1985：235.
③ 何炼成. 中国发展经济学概论[M]. 北京：高等教育出版社，2001：44-45.

式，依靠农业部门为工业提供大量的积累，在较短的时间内建立了相对比较独立的国民经济体系，既提高了国际地位，又增强了国防力量。但是在这种情况下，我国的经济结构与城乡之间的关系处于失衡的状态，农业的自我发展能力被削弱，农民对生产的积极性受到严重减弱，农业的发展长期处于相对落后的状态。

总之，我国实施的优先发展重工业的发展战略有效地推动了我国经济的增长，但一方面，这是以牺牲农业与农村为代价的，一切为城市的繁荣与工业的发展也是违背了等价交换的正常规律，造成城市与乡村的分离、工业与农业的分离，削弱了农村发展能力，进一步恶化了城乡二元经济社会结构。另一方面的原因是计划经济体制以及相关社会制度的实行。一是人民公社强化了城乡之间的分离，1958 年伴随着经济"大跃进"，我国农村开始大力实施政社合一，我国的经济方面和社会方面都具有高度的组织性，国家尽可能从各方面支援人民公社的所有制经济。人民公社根据各个地方的情况，将人民公社组织分为两级，即公社和生产队，也可以分为三级，即公社、生产大队和生产队，其实际是对农村有限的资源进行严格的控制，利用合作社等方式对农村以及农民进行严格的管理，将权力集中在一部分人手中，并通过一系列的体制机制对城乡居民的自由流动进行了严格的控制。与此同时，国家为了保障城市的稳步发展，为城市的居民提供偏向城市的劳动就业制度以及各种社会福利待遇，忽略了对农村居民生活的关怀。农村所实施的人民公社制度和城市的相关管理制度等一系列社会制度，虽然在一定程度上稳定了城市与农村的发展，但是在这种体制下，城市与乡村完全地分割开来，严重地阻碍了城市与乡村的自由流动，城市与乡村成为两个相互独立的个体，这种状况也进一步加剧了城市与乡村之间的分离。二是城乡二元户籍制度严重影响了城乡之间人口的流动。在新中国成立之初，我国实施户籍制度管理，对城乡之间的人口流动进行了严格的控制，在城市与乡村相互分离的这种城乡二元结构的背景下，户籍制度成为社会的一种最基本的保障。在 1954 年，我国颁布了第一部宪法，其中对户籍制度的规定是公民可以享有迁徙和居住的自由，但是到 1958 年，我国对户籍迁移进行了严格的控制，当年颁布了户籍管理的法律，即《中华人民共和国户口登记条例》，这部户籍管理法律将城市与乡村的居民严格地划分开来，对人口的自由流动实施了严格的限制和管制，也是第一次很明确地将城市与乡村居民分割开来，分为"农业户口"和"非农业户口"这两种不同的户籍。这一户籍制度法规的颁布，标志着我国政府以严格控制农村与城市人口自由流动为核心的户口迁移制度的形成。以出生地为基础，我国将人口从制度方面划分为城市人口和农村人口，同时也逐步形成了城市与乡村两种不同的户籍管理制度，严格控制了城市与乡村之间户籍的转换。这种城市与乡村完全分割的户籍管理制度，虽然在某种程度上稳定了社会的发展，保证了经济的有效运行，但是也产生了一系列城乡之间的矛盾，造成了城乡二元结构的严重恶化，人为地从制度方面将城市与乡村分割开来，形成不同的城乡二元政策，改变了原有的城乡关系，对我国社会的长期发展造成了严重阻碍。

城乡二元结构的固化自 1958 年中共中央为加强我国的经济建设，积极掀起工业与农业生产高潮，提出"大跃进"口号及人民公社运动起，又经历了"三年困难时期"，我国的国民经济处于严重的困难时期，经济结构严重失调。1960 年我国的工业生产总值为 1 637 亿元，与 1957 年的工业生产总值 704 亿元相比，仅增长 1.3 倍；1960 年我国农业生产总值是 457 亿元，与 1957 年的农业生产总值 537 亿元相比，下降了 14.9%。在同一时期，全国粮食总产值 1 600 亿千克，与 1957 年粮食总产值 1 950 亿千克相比，下降了350 亿千克。[①]然而在这个时期，城市人口增长速度不断提高，城市人口的增加，致使粮食的供给不足，粮食产量的下降导致供需矛盾增加。这种矛盾的产生，本质原因在于城市与农村之间的矛盾、工业与农业之间的矛盾。1961 年到 1965 年，我国的国民经济的调整使得城乡之间的矛盾得到了暂时的缓解，但是"文化大革命"的发生使得城乡关系产生了新的矛盾。中共中央吸取前期的经验教训，出台了一系列政策限制农村人口向城市流动，精简了城市人口，这种较为严格的政策出台，使得城乡之间要素流动减少，城乡之间出现分离的势态。1978年，我国的工业生产总值比1965年增加了近两倍，但是工业的快速发展并没有促进城市的发展，城市的发展出现了严重的滞后。在这个时期，我国的城乡经济和城乡社会发生了严重的分离，致使城乡的二元结构矛盾加剧。

总之，在这30年的长期奋斗中，中共中央始终以城市为发展中心，通过牺牲农村以及农业，为城市的工业提供大量的资源，虽然我国提出的战略方针中强调城乡兼顾，要科学、正确地处理城乡之间的关系，强调农业与农村共同发展，但是在实际的操作实施方面还是侧重于农业支持工业、农村支持城市的发展方式，农业、农村始终处于服务的较低位置，农业与农村的发展一直处于相对落后的局面。这一时期，我国提出和制定的一系列方针政策都严重固化了城市与农村的分离发展，使得我国的城乡关系发生了极大的转变。因此，城乡二元经济结构在计划经济时期发生了固化。

（二）城乡二元结构破冰与调整阶段（1978—2006年）

在计划经济背景下，中国经济由于受到战略的影响进入了崩溃的边缘，为了尽快地改变这种局面，邓小平同志提出了改革开放的伟大构想，决定从农村开始改革。随着党的工作重心从农村开始转移到城市，改革开放不断地推进，中国城乡二元经济结构波荡起伏。自党的十六大以来，在科学发展观的指导下，我国先后提出了统筹城乡、城乡一体化以及城乡融合的发展战略，并加大了以城带乡、城市反哺农村的新阶段，逐渐破除城乡二元结构，城乡关系开始进入协调发展的新阶段。

① 参见国家统计局.新中国五十年统计资料汇编［M］.北京:中国统计出版社,1999.

1. 城乡关系的缓和（1978—1984年）

党的十一届三中全会提出中国开始实施对内改革、对外开放的方针政策，同时也开启了我国改革开放的步伐，党的工作重心从城市与工业的发展转移到经济建设的发展上来，改革开放也逐步开展起来。首先是战略思路发生了极大的改变。党中央提出重工业优先发展的战略思想，同时注重了农村农业的发展，不能始终以城市为中心，通过牺牲农村以及农业的发展来促进城市的繁荣以及工业的进步，而要改变这种错误的观念，将农业、农村、农民的发展作为我国经济建设的工作重心，提高农村整体的经济水平。其次是我国逐渐地改变了传统的经济运行机制。从传统的计划经济逐渐地转为市场经济体制，资源的配置方式也得到了一定程度的优化，城乡之间要素的自由流动也得到了一定缓解，为商品的平等交换创造了有利的条件，增加了城市与乡村之间的要素流动。最后是农村逐渐地摆脱传统的社会管理体制。国家的经济社会管理体制发生极大的改变。废除了人民公社体制，同时逐步实施家庭联产承包责任制。在这次土地改革中，我国将土地产权划分为所有权和经营权两种，所有权归为集体所有，经营权是由集体经济组织按照每户人数均匀地分配给每一位农民自己经营。集体经营组织主要负责承包合同履行的监督工作，公共设施的安排、布置、操作与调用等，土地的调整与分配，逐步形成了一种有统有分、统分结合的双层经营模式。家庭联产承包责任制的实施，有效地纠正了我国长期以来的管理比较集中与经营方式比较单一的弊端，使得农民从劳动者转身变为生产者和经营者，这样有效地提高了农民对农业生产的积极性，更好地发挥了劳动者与土地的潜力，同时对很多阻碍城乡人口自由流动、城乡经济交流的体制逐步进行改善，改革统筹统销的制度。自家庭联产承包责任制被中央肯定之后，截至1983年末，我国已有1.75亿农村劳动者实行了包产到户，包产到户在所有责任制形式中所占的比率接近97.8%[①]。随后几年，我国的农业发展相对较好，1978年，我国的粮食总产量突破30 000万吨，高达30 476.50万吨，到1984年，粮食总产量增加至40 730.50万吨，增长幅度为33.6%。[②]农民生产积极性的提高使得农民的生活水平得到很大的改善，1978年我国农村家庭平均收入是133.6元，1984年增长至355.3元，增长幅度是165.94%[③]，这种增长速度也体现出人们的生活水平得到了实质上的提高。在这几年时间里，在改革顺利进行的基础上，我国城市与乡村分离的局面逐渐被打破，城乡之间存在的巨大差距得到了缩小。

一是城乡之间的产业结构得到了改变。改革开放之后，党中央的工作不再以城市为中心，逐渐地重视农村、农业的发展，伴随农村改革的不断深化，工业与农业、城市

---

① 彭森主编.中国经济体制改革的国际比较与借鉴[M].北京：人民出版社，2007：22.

② 陈锡文，赵阳，罗丹.中国农村改革30年回顾与展望[M].北京：人民出版社，2008：101.

③ 宋晓梧主编.中国社会体制改革30年回顾与展望[M].北京：人民出版社，2008：4.

与乡村之间发生了巨大的变化，城乡的二元经济结构特征得到了一定的缓解，城乡之间的关系得到了基本的协调。农村的经济得到了发展，农业总产值也呈现出上升的趋势，"这一时期的统计数字显示，我国的农业总产值由1978年的1 397亿元增加到1984年的3 214亿元"[①]。农业总产值在工农业总产值中所占的比重由24.8%增长到29.7%，而工业总产值比重由75.2%下降到70.3%。[②]与此同时，我国农村工业迅速地发展起来，乡镇企业不断突起，工业生产总值由1978年的1 607亿元增加到1984年的2 789亿元。1983年乡、村两级企业的就业人数由1978年的2 821万人增加到3 235万人，产值由493亿元增加到1 017亿元。[③]

二是城乡之间要素得到了流动。改革开放之后，政府认识到户籍制度对城乡之间人口的互动产生了一定的影响，阻碍了城乡之间要素的流动，因此，通过一系列政策手段改变了城乡之间相互独立的关系，加强了城乡之间的交流互动，有效地促进了农村经济的发展，农村的人口开始自发地转移到城市。1978年到1985年，农村的劳动力由农业转移到非农业的人口数量达到2 521万人，使非农业的劳动就业人数达到5 670万人，占农村劳动力总额的比重由10.3%增加到15.8%[④]。这一时期，城市与乡村之间的关系得到了缓解，农村不再处于服务的地位，农村的资源也不再只单一地转移到城市中，城乡之间的要素开始流动起来。同时，国家的财政政策也不再只偏向城市的发展，逐渐地增加了对农村、农业的支持。农村的经济得到好转，农村的人口也得到了增加。

三是城乡居民的收入分配制度得到了优化。随着我国对农村经济发展的不断调整，农村居民对农业的生产积极性也有所提高，农民的收入也不断增加，生活水平也得到了一定的提高。1979年农村人均收入为83.4元，到1985年已增加到397元，增加了近4倍，[⑤]而同期的城镇居民家庭人均可支配收入仅仅增长了接近1.2倍，农民的收入水平的增长速度要比城镇居民的高。因此，在这种情况下，城市与乡村居民的生活差距有所缩小。

总体来看，在改革开放的初级阶段，我国的产业结构、城乡要素的流动以及城乡居民的生活水平等都有所提高，各项改革措施稳步推进，我国的经济活力也不断地提高，城乡的二元结构特征有所改变。但是，随着我国20世纪80年代中期经济社会发展战略的进一步调整，持续了7年的良好发展局面再次被打破，城乡关系陷入了又一次的失衡。

2. 城乡关系的反复（1985—2002年）

改革开放的初级阶段，我国城乡关系处于相对比较协调的状态，经济社会发展相对

---

① 厉以宁，石军，等.中国经济改革警示录[M].北京：人民出版社，2013：221.
② 孙家驹，虞梅生.走向21世纪的中国"三农"问题研究[M].南昌：江西人民出版社，1997：57.
③ 周叔莲，郭克莎.中国城乡经济及社会的协调发展[J].管理世界，1996（03）：16.
④ 周叔莲，郭克莎.中国城乡经济及社会的协调发展[J].管理世界，1996（03）：17.
⑤ 具体数据见国家统计局_全国年度统计公报[EB/OL].http://www.stats.gov.cn/tjsj/tjgb/ndtjgb/index_2.html.

稳定。到了 20 世纪80 年代中期，我国经济社会发展的工作重心进行了再次调整，由注重农业、农村的发展转移到了城市。伴随城市改革的全面推进，农村的改革发展基本上处于半停滞的状态，城市与乡村之间的差距由此再次拉开，城乡之间的关系又一次进入了失衡的状态。

农村的经济再次进入半停滞的状态，其原因主要有以下几个方面。

一是资源严重倾向于城市和工业。改革开放以后，偏向于城市工业优先发展的战略并没有消失，国家将大量的经济资源配置用于城市经济的发展和工业技术的进步，而给予农村农业的资源相对较少。在财政方面，虽然国家一直强调中央财政要加强对农村农业的支持力度，加大了对农业的补贴，但是在财政资金的占比上看，并没有完全改变城市的偏向政策，对农业的补贴仍然很少，甚至出现下降的趋势——1991年是 10.3%，2001 年下降到 5.1%，与 GDP 中农业 15.2%的份额非常不对称[1]；同年通过农业获得的相关税收占国家税收的 18.7%，高出中央财政用于支农比重 13.6 个百分点，上交金额达到2 352.7 亿元，多出财政支农资金 1 388 亿元[2]。在社会事业方面，我国中央财政用于农村公共服务等方面的支出也极少，无法与城市相比。2001 年全国 3 057 亿元的资金总量中，投向农村义务教育的为 901 亿元，不到1/3[3]。这种继续强化的城市优先发展战略和公共资源的不平等配置，会造成城乡之间要素的不合理流动，资金投入的不足使得农村与农业的发展长期处于相对滞后的状态，最终导致城乡之间的差距越来越大。

二是城乡二元体制问题突出。改革开放以后，阻止城乡发展的一系列体制机制虽然在一定程度上得到了缓解，但是在制度层面上还存在很多问题。其一是城乡之间的税收制度未能体现出真正的公平公正，农村居民用于农业的税收负担相对比较重，而城市居民收入相对较高，并没承受与之匹配的税收负担。1995 年，农民平均收入相当于城镇居民的 40%，仅税款一项，农民人均支付额相当于城镇居民的 9 倍。[4]因此，在这种不公平的税收制度条件下，城乡之间的差距越来越大，城乡二元经济结构特征也越来越明显。其二是产权制度方面。改革开放以后，我国为了推动农村经济得到长远发展，开始实施家庭联产承包责任制，对我国的土地制度进行了改革，将土地分为所有权与经营权两种形式，这种土地制度的改革有效地促进了农村经济的发展，但是，城市的发展远远快于农村的进步，城市的改革也比农村的改革速度要快，城市的国企由传统的股份制转变为现代企业制度，这种转变使得城市的国有企业和非公有制经济快速发展，城市的经济呈现出繁荣的景象。而农村的经济发展还处于落后的状态，家庭联产承包责任制并没有从

① 朱诗柱. 统筹城乡发展的关键是逐步统一城乡经济社会体制和政策[J]. 当代经济研究, 2004(06): 63.
② 朱诗柱. 统筹城乡发展的关键是逐步统一城乡经济社会体制和政策[J]. 当代经济研究, 2004(06): 63.
③ 郭江平. 城乡差距扩大的表现、原因与制度创新[J]. 华中农业大学学报(社会科学版), 2004(03): 9.
④ 杨孝光, 廖红丰, 刘建明.统筹城乡制度促进农民增收[J]. 新疆经济, 2004(05): 28.

根本上解决农民的问题，同时农村不完善的土地产权制度阻碍了农村的进步，农村土地的集体经营与规模投入问题仍然没有得到很好的解决，因此导致了工业与农业增长的不协调，进而造成城乡之间的差距不断地扩大。其三是在城乡户籍制度方面。在计划经济时期，为了社会的稳定发展，实施户籍制度，将城市与乡村的居民严格地区分开来。自改革开放以后，为了促进城乡之间要素的自由流动，国家对户籍制度进行不断的完善，放宽了城乡居民户口的迁移及管理，使农村剩余劳动力转移到城市。但是，我国对户籍制度的改革还处于探索期，并没有真正实现城乡协调发展，尽管农村的剩余劳动力转移到城市，但是这些劳动力仍然是农村户籍，并没有享受到和城市居民一样的福利待遇及相应的社会保障。这种人口转移具有不稳定性，由于国家的政策方针并没有对转移到城市生活的农村劳动者给予一定的保障，农村的劳动者进城务工，仅仅是生活环境产生了变化，并没有因为环境的不同而改变本来的身份，这些农村劳动者仍然不能享受到与城市居民同等的劳动报酬、福利待遇以及社会保障，等等。这种不平等的现象加剧了城乡之间的矛盾，也进一步强化了城乡二元经济结构的特征，阻碍了城乡之间的和谐发展。其四是在市场体系方面。在计划经济时期，市场的作用微乎其微，所有的权益都掌握在国家手里，市场的作用无法发挥。施行市场经济体制之后，市场对资源配置的作用不断地扩大，有效地推动了经济的发展，但是从整体角度出发，我国城乡市场体系还存在很多的不足，市场的分割问题仍然很严峻，市场资源不合理的配置，使得城乡之间的差距越来越大。与此同时，相关法律法规还不健全，在资源配置方面，市场的调节作用没有得到充分的发挥。这种城乡市场分割的现象严重地阻碍了城乡之间要素的自由流动，甚至影响了我国整个社会的经济发展。

随着改革的不断推进，我国的农村发展得到了一定的缓解，但是伴随党中央工作重心的转移，城乡关系又一次进入城乡失衡的状态。一方面是城乡之间产业结构发展不平衡，随着我国经济不断地发展进步，城乡之间要素分割的局面逐步被打破，市场在资源配置中的基础性地位也逐渐被接受，初步缓解了城乡要素的自由流动与市场分割的格局。但是，虽然国家的政策方针要求注重农业、农村、农民的发展，但是在实施的过程中并没有给予农村一定的倾斜政策，农业的发展仍然处于相对滞后的状态，我国对城市的倾斜政策仍然存在，农村农业的发展无法与城市工业相比，农村居民也不能获得与城市居民同等的社会地位以及待遇。在市场经济的条件下，农村并没有从根本上改变其服务的地位，城市的要素很少向农村流动，城市的工业并没有延伸农村的产业链。而城市与工业对农业的剩余价值不断地占有，甚至呈现出恶化的趋势，使得农业的发展由改革开放初级阶段的得到了缓解，又进入了滞后阶段。工业与农业之间呈现出严重的不协调状态，农业进入了相对滞后的时期，而工业则进入了快速发展阶段。另一方面是城乡收入分配格局不合理。城乡之间的收入差距不断扩大，虽然在改革开放的初级阶段得到了一定的缓解，但是到 20 世纪 80 年代中期，我国对农村、农业的投入严重不足，最终导致了"三农"问题的出现。城乡居民的收入差距呈现出逐年上升的趋势，1985 年到 2002 年间，虽然城乡之间的人口开始不断地流动，城市的规模开始慢慢扩大，但是由于我国长期受到二元户籍制度的影响，农村进城务工的劳动者与城市的居民存在严重的不平等现象，无论是身份地位，还是社会保障与公共服务等方面都存在不公平现象，农村的劳动者不能享受到和城市居民同等的福利待遇，甚至某些城市实施了一些具有歧视性的就业政策，如农村劳动者不能享有与城市居民同等的工资待遇等，还存在农民工子女上学难等诸多问题。农民工进城务工实质上给城市作出了巨大的贡献，但却不被城市所接纳。

总之，由计划经济体制向市场经济体制转型的过程中，我国的发展战略进行了巨大的调整，城乡分割和相互封闭的格局得到了一定的缓解，城乡的经济社会关系也发生了一定的变化。在推行市场经济体制改革的过程中，长达几十年的农产品统购统销的制度慢慢消失，农产品的价格受到了市场机制的影响，实现了市场定价；与此同时，国家也慢慢地开放了其他的农产品市场，农产品的价格关系随着市场经济体制的改革得到了一定的调整，有效地促进了城乡之间经济的发展。但是由于我国受到城市倾斜政策的影响，同时体制机制的不健全阻碍了城乡之间要素的流动，城市与农村的发展截然不同，导致城乡关系再一次失衡。

3. 城乡关系的调整（2003—2006年）

进入 21 世纪，我国经济快速发展，同时伴随着"三农"问题的急剧恶化，农业、农村、农民问题已经严重阻碍了我国经济的发展和社会稳定。因此，在党的十六届三中全会上，党中央提出将农业、农村、农民问题作为今后工作的重中之重，把更多的精力投入到解决"三农"问题上，同时从经济社会发展的全局来统筹城乡发展。2004年，党的十六届四中全会提出"两个趋势"的重要思想。在社会主义制度的指导下，我国对城乡关系进行调整，采取一系列方针政策，扎实推进新农村的建设，利用城市的工业带动农村、农业实现现代化，为 21 世纪城乡关系的转变提供了强有力的政治保障。

党的十六大以来，我国城乡关系迎来了良好的发展趋势，主要原因首先在于战略思想的重大调整。进入 21 世纪，我国农业发展相对滞后，农民的负担很重，同时农村的基础设施和公共服务不完善，城乡之间的差距问题越来越大，为了促进农村、农业的发展，我国逐渐形成了统筹城乡发展的思路。其次是一系列重大措施的贯彻落实。从 2006 年开始，我国决定取消农业税，这标志着我国与农民之间的传统分配关系的重大转变。同时，我国加大了财政支农的力度，对农民进行政策补贴，如粮食直补、农机购置补贴等各种补贴政策，加大对农村居民的扶持力度。与此同时，我国对农村居民实施新农村的合作医疗，为农民提供了最基本的生活保障、免费的义务教育，建立最低生活保障制度，切实地将政策保障落实到每一位公民。与此同时，国家大力推动社会主义新农村建设工作，加强农村的基础设施，开展多种形式的社会活动，完善农村的基本公共服务，让农村的居民可以享受到与城市居民同等的社会待遇。这些政策的实施有助于促进城乡之间的协调发展。最后是完善城乡发展的体制机制。我国统筹城乡的体制机制还不够完善，这种不完善的体制机制阻碍了城乡之间的协调发展，农民向城市转移的政策放开，社会环境逐渐转好，城乡的二元户籍制度也得到了相应的调整。

　　城乡关系的转变主要体现在三个方面。一是从城乡经济关系的角度出发，由不协调向互动方向转变，伴随我国严重的"三农"问题和城乡差距的扩大，我国的宏观政策发生了转变，即城市倾斜政策逐渐得到缓解，而更加注重农村、农业、农民的发展。通过我国发展战略的转变，农村不再处于服务的地位，农村的资源也不再只是单向地流入城市。受到市场机制的调节，城市与乡村之间的要素开始互动，城乡的工业开始向农村的产业延伸，有效地促进了农村经济的增长，城乡之间的交流也开始变得频繁，小农形式的经营开始慢慢消失，逐步成为现代化大规模的农业经营模式，特色乡村也逐渐发展起来，具有特色的新型农村第三产业也开始出现，城市的产业链条也渐渐地向农村延伸，城市与乡村的经济呈现出互补的特征。二是从城乡公共服务的角度出发，城乡差距逐步缩小。自党的十六大以来，中央对财政的支出政策进行了合理的调整，中央财政不再全力支持城市经济的发展，而是加大了对农村的支持力度，包括农村的基础设施、公共服务等，在某种程度上缓解了城乡二元经济结构的特征，缩小了城乡之间的差距。目前我国的义务教育、新型农村合作医疗制度与农村最低生活保障制度等已在全国农村开展起来，农村的养老保险制度也在部分有条件的地区进行探索。三是从城乡的收入差距的角度出发，伴随统筹城乡发展以及农村现代化的实施，我国城市与乡村居民之间的收入差别有了很大程度上的改善。虽然城乡收入仍然存在着很大的差距，但是近几年有缩小的趋势。完善城乡的体制机制，促进城乡之间的协调发展，并为新时期城乡一体化的实现奠定了一定的基础。

（三）城乡关系融合发展阶段（2006年至今）

　　在统筹城乡发展战略的指引下，虽然我国城乡二元结构特征得到了明显的改善，城乡之间的差距明显缩小，但是仅仅体现在量变上，并没有形成城乡融合的体制机制，农村与城市相比，仍然处于弱势的地位。自党的十八大以来，我国形成了具有中国特色的新型城乡关系。在城乡一体化战略下，农村与农业取得了长远的发展道路，我国的城乡关系发生了巨大了变化。在统筹城乡到城乡一体化的发展过程中，我国取得了一系列成果，使得城乡关系进入了一个崭新的城乡融合阶段，通过城乡要素、区域以及生活方式的相互融合促进我国城乡的发展。

1. 统筹城乡发展（2006—2011年）

党的十七大进一步提出以工促农、以城带乡的长效机制，形成了城乡一体化的新格局，党的十七届三中全会指出，到 2020 年，城乡经济社会发展一体化体制机制基本建立。党中央的一系列战略思想每年都是通过"中央一号文件"进一步落实的，虽然每年的侧重点有所不同，但是党中央的政策方针连续多年都重点关注农村与农业方面，全面贯彻实施统筹城乡发展战略，如成都和重庆成为我国统筹城乡综合配套改革的试点地区，农村土地制度得到了完善，同时农村的基础设施与公共服务得到了相对均衡的发展，户籍制度的改革也有效地促进了城乡之间要素的自由流动。各地区都全力推进城乡一体化改革，实现基础设施和公共服务一体化、城乡劳动就业一体化及城乡社会管理一体化等。

在统筹城乡发展阶段，国家提出继续推进社会主义新农村建设，在经济方面首先解决农民最关心的收入问题，建立农村居民增收的长效机制，整体提高农村居民的收入；在政治方面，引导农村居民学习法律，学会运用法律保护自己的合法权益，同时加强农村基层的民主制度，提高农村的法制建设；在文化方面，注重农村文化载体的保护，开展各种形式的具有乡村特色的文化活动；在社会方面，提高教育、医疗卫生，以及社会保障等方面的建设工作，使农村居民可以享受到与城市居民同等的福利待遇。随着城镇化步伐的不断加快，城市与乡村居民开始流动，农村居民开始自主地向城市转移，城镇人口的比重开始逐年上升。自党的十六大以来，虽然我国实施了一系列惠农的举措，但是城乡二元经济结构并没有得到彻底的根除，因为城乡关系的改善并不是在短时间内完成的，城乡一体化是一种渐进式的过程。城乡一体化是将城市和农村的发展有机结合起来，统一协调，全面发展。2006 年，我国实施农村义务教育经费保障机制，这一改革不仅仅减轻了农村居民家庭子女接受义务教育的各种经济负担，同时也破除了长期制约普及农村义务教育的经费瓶颈。农村义务教育制度的创新之处在于，将农村义务教育全面纳入公共财政的保障范围，同时建立了中央一级地方的分项目，实施按比例分担机制，对农村实行义务教育的经费由省级政府统筹，管理则是以县级为主。2007 年，政府开始全面建立农村最低生活保障制度，对于达到贫困条件的居民，给予一定的补助和保障基本生活的费用补贴。《国务院关于在全国建设农村最低生活保障制度的通知》（国发〔2007〕19号）明确指出，要在全国范围内建立农村最低生活保障制度，让广大贫困群众切切实实地体会到政策带来的好处。2009 年政府为了保障农村居民年老时的基本生活，开展了新型农村社会养老保险制度。新型农村社会养老保险的原则是从农村的实际出发，由个人、集体和政府合理分担责任，权利与义务相对应，目标是到 2020 年基本实现对农村适龄居民的全面覆盖。

总之，工业的发展推动了农业实现现代化，城市经济的发展通过辐射作用带动了农村经济的繁荣，促使我国城乡之间的关系进入了一个崭新的阶段。虽然城乡关系在一定程度上得到了缓解，但是城乡的不协调发展仍在继续，我国农业的基础地位有待巩固，城乡之间的差距问题没有得到根本的解决，农业的现代化与城镇化、工业化的发展不同步，严重阻碍了城乡的协调发展，实现城乡一体化的目标仍然任重道远。

2. 推动城乡一体化（2012—2017年）

2012年党的十八大报告中提出要加快完善城乡关系发展过程中的体制机制，尤其是要推进城乡之间公共服务、基础设施等方面均衡发展，促进城乡之间要素进行自由平等的流动，将城乡的公共资源进行均衡配置，构建一种良好健康的新型城乡关系。在统筹城乡发展的过程中，国家对农村的发展比较重视，将农村的发展与城市的发展看作同等重要的。党的十八届三中全会强调，在统筹城乡发展阶段要全力打破城乡二元结构，实现城乡发展的一体化，因此出台了一系列的方针政策，有效缓解了城乡二元结构造成的城乡之间的差距。在城乡关系方面，从统筹城乡到城乡一体化再到城乡融合，是一种层层递进的城乡关系。统筹城乡的思想主要有三个方面，一是增强农业的基础地位，通过推进农业的产业化经营开拓农村的市场；二是促进农村人口向城市流动，提高我国城镇化水平的同时提高农业的现代化水平和农民的生活质量；三是加大财政支农的力度，通过政策的调整实现协调的城乡关系。统筹城乡发展是对城乡关系进行了初步的调整。党的十七大报告提出坚持统筹城乡发展，继续推进社会主义新农村建设，同时也提出了要走具有中国特色的农业现代化发展的道路，构建一种城市带动乡村、工业带动农业发展的长效机制，促进城乡的经济社会和谐发展。党的十八大报告指出实现城乡一体化首先要解决"三农"问题，最终促进城市与乡村的共同繁荣。

2013年《中共中央国务院关于加快发展现代农业进一步增强农村发展活动的若干意见》（中发〔2013〕1号）提出家庭农场的概念。家庭农场的出现有助于促进农村农业经济的发展，同时推动农业商品化的进程。家庭农场以追求效益的最大化为主要目的，改变传统农业的经营生产方式，克服了自给自足的小农经济缺陷，由保障功能逐渐转向营利功能，使农村商品化程度逐步提高，为社会提供更为丰富的农产品。家庭农场更加注重农产品的质量，也更有利于政府的监管。在注重农村的发展的同时，2014年《关于全面深化农村改革　加快推进农业现代化的若干意见》（中发〔2014〕1号）确定坚决破除体制机制的弊端，加快推进我国农业现代化的发展，优化农村农业生产布局，促进农村特色产业向优势区域聚集，形成一种科学合理的现代化农业产业体系。2015年《关于加大改革创新力度加快农业现代化建设的若干意见》（中发〔2015〕1号）明确提出要加大改革与创新的力度，加快实现农业现代化的步伐，加快高标准的农田建设，提高农机化装备水平，强化项目支撑能力，强化人才支撑体系，加快新品种、新技术的推广与应用，健全社会化服务体系，提高农产品质量安全，加强农业生态环境的保护，深化农村改革，等等。2016 年《中共中央　国务院关于落实发展新理念　加快农业现代化　实现全面小康目标的若干意见》（中发〔2016〕1号）强调要发展新的理念来破除"三农"的问题，同时提出推进农村供给侧结构性改革。在供给侧结构性改革的过程中，要注重围绕国家的宏观调控，转变农业的发展观念。通过施化肥与农药这种仅追求产量的生产方式，已经不符合现在的潮流了，农民必须改善供给结构，才可以对农产品进行供给侧改革，才能满足消费者的需求，提升经济效益。

3. 融合发展新时代（2017年至今）

在城乡关系发展的过程中，我国始终坚持工业与农业之间协调发展，实现城乡的共同繁荣、全面融合，构建一种良好健康的城乡关系、建立健全的城乡融合发展体制机制以及政策体系，大力推进我国农业的现代化。党的十九大报告提出要在实施乡村振兴战略下实现城乡融合发展的新理念，这也是对以往城乡关系发展战略的一大调整，标志着我国的城乡关系进入了新时代。2017 年《中共中央　国务院关于深入推进农业供给侧结构性改革　加快培育农业农村发展新动能的若干意见》（中发〔2017〕1号）提出要全面深化农村的供给侧结构性改革，加强对农业、农村、农民的关注度，尤其是留守在农村的老人与小孩；2018 年《中共中央　国务院关于实施乡村振兴战略的意见》（中发〔2018〕1号）提出要进一步完善在农村工作的领导干部的体制机制；2019 年，《中共中央　国务院关于坚持农业农村优先发展　做好"三农"工作的若干意见》（中发〔2019〕1号）提出要坚持农业、农村优先发展战略，继续做好"三农"问题的相关工作。2020年《中共中央　国务院关于抓好"三农"领域重点工作　确保如期实现全面小康的意见》（中发〔2020〕1号）提出，2020年是全面建成小康社会目标实现之年，是全面打赢脱贫攻坚战收官之年，完成上述两大目标任务，脱贫攻坚最后堡垒必须攻克，全面小康"三农"领域突出短板必须补上。

党的十九大报告提出建立健全的城乡融合发展体制机制与促进城乡之间的相互融合发展，互为发展的条件。城乡融合主要包括以下几个方面：其一是城市要素与农村要素之间的融合，既包括劳动力与土地的融合，也包括资源与公共服务的融合，在利益趋同的条件下，城乡要素双向自由流动，农村要素向城市流动，城市要素向农村辐射；其二是区域的融合，城市与乡村之间不存在明显的划分，各自实现其特有的功能，相互影响、相互制约，互补发展；其三是生活方式的融合，在基础设施、公共服务，以及医疗保障等各个方面实现城市与乡村的平等。随着农业的现代化，电商覆盖范围越来越大，使得城市与乡村通过各自的特点互补发展，这种生活方式的融合大大提高了城乡居民的生活质量。

全面深化改革实现发展一体化的城乡融合阶段，首先要重塑城乡关系，坚持走城乡融合的发展道路。党的十八大强调要在城乡规划、基础设施建设和公共服务等各个方面全面实现城乡融合发展。十八届三中全会中主要强调了要加快农村的发展，构建新型的农业经营模式，给予农民更多的权利实现农业现代化，推进农村与城乡要素的双向自由流动，实现公共资源的合理配置并且完善新型城镇化建设。在此后的工作中，党中央不断地加强关于城乡融合发展体制机制的部署工作，不仅仅对城乡的公共资源进行了合理配置，同时还对政治、文化、社会、生态等多个方面进行了全面的完善。党的十九大报告提出要实现城市与乡村之间的全面融合，同时建立健全的城乡融合体制机制。在全面深化改革时期，党中央始终重视"三农"问题，将农村、农业、农民的问题作为工作的重点，大力推进农村改革与制度的创新，将完善城乡发展一体化的体制机制作为城乡关系发展的主要手段。在我国城乡关系发展的过程中，农业与农村问题一直是短板，要想实现城乡融合，就必须注重农业与农村的长远发展问题，加快实现农业的现代化发展。因此，党中央提出要加快农村的战略部署，并强调把解决好"三农"问题作为工作的重点。加快完善城乡之间的公共服务、基础设施等各个方面公共资源的均衡配置，同时通过引用城市的先进技术来完成农村农业的现代化，加强农村的现代化建设，构建具有中国特色的社会主义城乡融合发展道路，最终实现城乡之间的协调发展。

二、中国城乡关系现状：差距依然很大

我们可以通过解读理论文献或者透视社会现象得出一个较为感性的经验假设，就是城乡关系的现状虽然是两者间存在巨大差距，但是同时正在以融合发展来缩小因偏向工业城市而造成的城乡差距。到底这一差距有多大？发展理念的纠偏效果如何？还需要进一步的数据来体现。对此，笔者尝试通过数据的分析整理，来初步呈现中国城乡发展的失衡情况。

（一）中国区域发展的整体性差距

当前我国居民区域发展增速趋向一致，农村居民的人均可支配收入增长比例与我国居民人均增长率大体一致且高于城镇居民人均增长率，但是地区间（东部、中部、西部）农民收入的差距并未出现明显的缩小，反而一度出现扩大的趋势。比如，1978年东、中、西部地区农民人均纯收入分别为172元、135元、119元，到了2017年，三地区农民人均收入分别为16 822.1元、12 805.8元、10 828.6元，东部地区从中部和西部地区的1.27倍和1.45倍增加为1.31倍和1.55倍。横向对比三地区农民人均收入增长率，东部地区2016年增长率为10.497%，高于中部地区的8.015%和西部地区的9.072%，直至

2017 年，东部地区农民收入增速首次低于中西部地区[①]。区域差异的实质是中国整体城乡经济发展的失衡。

经济总量的差距与失衡体现在以下两方面。一是区域经济的差距。统计数据显示，2018年中国人均 GDP 为 59 660 元，但是地区差异十分明显，在东部地区，仅山东、海南的人均 GDP 低于 80 000 元，北京、上海人均 GDP 更是超过了 12 000 元；中部地区的人均 GDP 除湖北省略高外（60 199 元），其余5省人均 GDP 均处于40 000至50 000元；西部地区与中部地区类似，但甘肃、云南、贵州三省人均 GDP 低于 40 000元；东北地区三省人均 GPD 均在 40 000 元以上，辽宁、吉林省人均 GPD 超过了50 000 元[②]。这足以说明中西、东北部与东部的巨大差异。二是区域人均收入的差距。据统计，东部地区的城镇家庭可支配收入在 2004年就已突破万元，2017 年高达 42 989.8 元，而中、西、东北部地区在 2007 年才勉强破万，2017 年仅达到 31 000 元。此外，东部地区农村居民的人均可支配收入仍高于其他地区，2013 年东部地区农民人均可支配收入达 11 856.8 元，直至 2017 年，西部地区农民可支配收入才超过 10 000 元，中部、东北部地区的人均可支配收入仅相当于 2014 年的东部地农民。[③]

从整体来看，从 2013 年发展至今，我国城乡收入差距呈现缩小的趋势，但仍维持在一个较高的水平。按区域划分，东部地区与城乡收入均高于其他地区，其城乡收入差距绝对值最大，收入差距仅低于西部地区，中部与东北部地区城乡收入差距较稳定。近年来，随着中西部地区经济增长速度的相对提升，地区间居民收入相对差距在逐渐缩小。2019年，中部地区和西部地区居民人均可支配收入较上年分别增长9.4%和9.3%，增速分别快于东部地区0.7和0.6个百分点；东部地区与西部地区居民人均收入之比为1.65，中部地区与西部地区居民人均收入之比为1.09，东北地区与西部地区居民人均收入之比为1.15。东部与西部、中部与西部、东北地区与西部收入相对差距，2019年分别比2013年缩小0.05、0.01、0.14。[④]因此在城乡融合发展的过程中，西部地区的任务更为艰巨，这也不难解释国家为何实施西部开发、扶贫等战略了。

（二）中国城乡经济发展差距

我国城市与乡村经济发展的差距明显，主要体现在城乡固定资产投资、人口就业

① 参见国家数据［DB/OL］.https://data.stats.gov.cn/search.htm?s=%E5%86%9C%E6%B0%91%E4%BA%BA%E5%9D%87%E6%94%B6%E5%85%A5.

② 参见国家数据［DB/OL］.https://data.stats.gov.cn/search.htm?s=%E5%86%9C%E6%B0%91%E4%BA%BA%E5%9D%87%E6%94%B6%E5%85%A5.

③ 参见国家数据［DB/OL］.https://data.stats.gov.cn/search.htm?s=%E5%86%9C%E6%B0%91%E4%BA%BA%E5%9D%87%E6%94%B6%E5%85%A5.

④ 中国建设银行，研究院中国宏观经济研究院联合课题组. 情冲击下的中国经济: 做好"六稳"工作落实"六保"任务［M］. 北京: 人民出版社, 2020: 147.

率、居民收入及消费等方面。

其一，城乡固定资产投资差距过大。城乡固定投资作为政府以货币形式表现的对城乡社会建造和购置固定资产及有关费用的综合，直接关系着城乡经济发展速度。城镇占据了绝大多数社会固定资产投资，农户、农村所得到的支持十分有限，并且这种投资差距持续扩大，这无疑促进了城乡发展失衡。一方面，近年来农村、农户固定资产投资缺乏增长，如所占社会固定资产投资比重由2009年的约3.3%降至2017年的约1.5%；另一方面，按产业化分，第一产业固定资产投资连续十年增长之后也仅占全社会固定资产投资的4.2%，城乡间经济发展差距极为明显。

其二，城乡居民人民生活差距过大。本书中城乡居民人民生活主要指居民收入及支出。一方面，近五年来，农村居民人均收入增速超过城市居民且居民人均收入增速比较稳定；另一方面，农村居民人均消费支出增速同样超过城市居民且高于收入增速，以至于城市居民收入剩余远高于农村居民，其抗风险能力远高于农村居民。

其三，城乡人口就业差异。就业作为经济发展的"晴雨表"，城乡与行业所能吸纳的就业人口也从侧面反映了其经济发展情况。无论是农村经济的发展还是第一产业所能创造的就业机会都无法支撑如此庞大的就业人群，如《2018年国民经济和社会发展统计公报》显示，2018年末全国农民工总量28 836万人中，外出农民工17 266万人，占总务工人口的约60%。[1][2]2020年过剩的农村劳动力分散于城市之中，助力城市发展的同时也获得了较高的劳务报酬。

（三）中国城乡发展的其他方面差距

城乡间差距存在于社会发展的方方面面，比如医疗保障、文化教育，等等。如在医疗保障、民生服务方面，2017年，城镇每千人口卫生技术人员数为10.87人，乡村每千人口卫生技术人员数为4.28人，城乡每千人口卫生技术人员比高至2.45[3]。不仅如此，城乡资源配置的失衡导致农村教育、文化资源的匮乏，如2017年全国义务教育学校数（含教学点）为321 901所，比2016年减少6 287所，减幅为1.92%。其中，城区为41 196所，比2016年增加1 092所，增幅为2.72%；镇区为79 072所，比2016年增加362所，增幅为0.46%；乡村为201 633所，比2016年减少7 741所，减幅为3.70%。[4]除此之

---

① 2018年国民经济和社会发展统计公报［EB/OL］. http://www.stats.gov.cn/tjsj/zxfb/201902/t20190228_1651265.html. 2019年全国农民工总量29 077万人，比上年增长0.8%。其中，外出农民工17 425万人，增长0.9%；本地农民工11 652万人，增长0.7%。

② 中华人民共和国2019年国民经济和社会发展统计公报［EB/OL］. http://www.stats.gov.cn/tjsj/zxfb/202002/t20200228_1728913.html.

③ 国家数据［DB/OL］.https://data.stats.gov.cn/search.htm?s=%E5%86%9C%E6%9D%91%E4%BA%BA%E5%9D%87%E6%94%B6%E5%85%A5.

④ 《中国农村教育发展报告2019》发布_中国教育新闻网http://www.jyb.cn/rmtzgjsb/201901/t20190115_212031.html.

外，农村青年本科学历比例较低，教育投资幅度仍和城市有所差距。

新时代人民日益增长的美好生活需要和不平衡、不充分的发展之间的矛盾在农村地区日益明显，因此破除城乡二元结构、实现城乡融合发展已成为各界共识。从党的十六大开始，国家通过推动基本公共服务的全覆盖、户籍制度改革等一些措施调和城乡矛盾，据国家统计局发布的《2020年国民经济和社会发展统计公报》显示，三大攻坚战取得决定性成就。按照每人每年生活水平2 300元（2010年不变价）的现行农村贫困标准计算，551万农村贫困人口全部实现脱贫。党的十八大以来，9 899万农村贫困人口全部实现脱贫，贫困县全部摘帽，绝对贫困历史性消除。全年贫困地区农村居民人均可支配收入12 588元，比上年增长8.8%，扣除价格因素，实际增长5.6%。[①]卓有成效的背后，我们需明白，相对城市而言，农村仍比较落后，有待进一步的发展。

三、中国城乡融合发展的内在逻辑

在分析新中国成立以来中国城乡关系的历史演化的基础上，笔者认为，1949 年至今中国城乡关系主要经历了"二元结构的形成与固化、二元结构的破冰与调整、城乡关系融合发展"三个阶段；同时利用相关数据对城乡关系现状进行了比较分析，认为中国城乡现今仍存在较大差距，且这一差距随着城乡融合发展及乡村振兴战略的实施而存在减小的趋势。笔者进一步思考：城乡关系发展的"三大阶段"以及中国当下依然突出的城乡差异，到底反映了何种理论问题？我国城乡关系发展所面临的问题是否存在内在逻辑？城乡融合发展最终又应指向何处？主要目的是尝试对之前的"是什么"的问题做总结，找出所面临冲突、问题的原因。

（一）现代化进程中"城乡融合发展"的现实诉求

工业化作为现代化的核心部分，是我党面对时代挑战所作出的回应。我党在"两个一百年"奋斗目标的指引下，以习近平新时代中国特色社会主义思想为新时代行动纲领，回应了中国社会转型的基本路线："方向决定前途，道路决定命运。"[②] "这里面最核心的是坚持和改善党的领导、坚持和完善中国特色社会主义制度，偏离了这一条，那就南辕北辙了。"[③]中国需要转型为具有现代化治理体系和治理能力的国家，其中会存在哪些问题，都值得我们去进一步分析讨论。在前面的分析中我们可以得知，"城乡二元化"作为中国工业化进程中的显著特征，为现代化建设带来了发展不均、制度失灵、规则失真等一系列问题。就常理而言，人们处在矛盾堆积的社会转型期时，内心势

① 中华人民共和国2020年国民经济和社会发展统计公报［EB/OL］. http://www.stats.gov.cn/tjsj/zxfb/202102/ t20210227_1814154.html.

② 习近平.习近平谈治国理政（第三卷）［M］.北京：人民出版社，2020：184.

③ 中共中央文献研究室编.习近平关于全面深化改革论述摘编［M］.北京：中央文献出版社，2014：18.

必会产生对"缓和矛盾，融合发展"的渴望，一个追求良性发展的社会必然会产生"和谐社会，融合发展"的诉求，一个代表广大人民群众根本利益的执政党必然树立"消除对立、融合发展"的执政目标；"城乡二元化"发展将面临社会整体的趋同化，也就是说，面对二元乃至多元对立、排斥的社会格局，一体化融合发展可以为社会指明方向，所以我们姑且可以认为"融合发展"是社会发展内生的需求表达。

一方面，传统因素与现代因素交融更迭，体现着"融合发展"的需求。作为经济上后发外生型的中国社会，工业化进程中传统因素与现代因素普遍存在，更迭过程绝非"A取代B"这样简单。以农村发展为例，有学者指出，在我国工业化进程中一直延续着依赖从农村提取资源和剩余来支撑发展，同时又依赖向农村转嫁成本来应对经济危机的政策[①]。乡村社会的稳固直接关系到中国工业化进程的成败，而农村秩序一般由传统因素、地域环境等自然形成的内生型基本秩序及行政指导（如成立人民公社）、社会资本等由外部力量介入而新建立的秩序交织而成。传统乡村社会所处地域环境稳固，人员缺乏流动，使得乡规、礼法、族约的约束力较强，对乡村的认同度、归属感高，所以乡村的内部行为一致性强，"这种由道德信念、非正式制度构建起来的基础生活秩序是相当稳定的，甚至具有超越时代的特征"[②]。当外部力量介入乡村社会时，原本稳定的内生性秩序遭到破坏，维护乡村秩序的传统力量被现代化的治理体系所替代，人员的流动降低了宗族血脉的影响，小农经济以家庭为单位的生产模式被淹没在工业化对效率、利润的追求之中。因此在工业化进程中如何处理好"传统因素现代化"和"现代因素中国化"显得格外关键，无论是现代因素对传统因素的替代，还是两种因素的融合转变，都值得我们思考。马克思说："人们自己创造自己的历史，但是他们并不是随心所欲地创造，并不是在他们自己选定的条件下创造，而是在直接碰到的、既定的、从过去承继下来的条件下创造。"[③]传统因素与现代因素融合共生，才能更好地促进社会从传统走向现代。

另一方面，"融合发展"正是"新型现代化"发展的应有之义。从1978年作为人们约定俗成的改革元年开始，中国加速实现由传统向现代化社会的转变。作为现代化进程的追赶者，我国很难摆脱西方社会的影响，而西方社会由城邦文明发展而来的殖民主义与东方农耕文明在客观上又具有显著的差异。中国作为迟发展型现代化国家，无法通过扩张实现资本的积累，为保障工业化进程的延续，必然需要外力的推动（如引入大量外资），外部力量带来的"现代因素"与中国"传统因素"激烈冲突，使得转型过程更为复杂艰难，"融合发展"的诉求随之产生。在中国工业化进程的原始积累阶段（1949—

---

① 参见温铁军. 八次危机 [M]. 北京：东方出版社，2013.

② 参见孙立平. 守卫底线：转型社会生活的基础秩序 [M]. 北京：社会科学文献出版社，2007.

③ 中共中央马克思恩格斯列宁斯大林著作编译局编译. 马克思恩格斯选集（第1卷）[M]. 北京：人民出版社，1972：603.

1978年），资本的稀缺导致政府在工业化初期客观上"全盘苏化"，在新中国一穷二白的情况下，唯有依靠苏联专家在企业、政府、高校和科研机构等方面的协助，"政府各个部门才能适应以投资城市为主的苏式工业化经济在管理上的需求"[①]。苏式工业化虽然取得了卓有成效的进展，但"城市中国"的资本集中工业化经济与"乡土中国"土地改革之后恢复的小农经济相对立，构成了城乡二元结构的客观基础，人与自然之间的关系逐步恶化，社会问题逐渐增加。这一时期，党和政府所追求的工业化更多的是由资本推动科技发展，科学技术的解放代替了人类自我解放，手段取代了目的。自然资源、劳动力甚至人本身的资本化促使着欲望膨胀，对资源的争抢越发激烈。"我们把这种建立在自然和社会的双重代价基础之上的现代性，称为旧式现代性。"[②]当"旧式现代性"无法适应时代发展潮流之时，生态文明发展道路应运而生，自 1973 年第一次全国环境保护会议始，中国逐渐建立起现代环境治理保障体系，逐步推动环境立法。党的十九大提出"打造共建共治共享的社会治理格局"，推进人与自然和谐共生的现代化建设，这些政策规划的推进都是现代化进程中城乡融合、社会共同发展这一内生诉求的外在表现。

综上所述，打破城乡"二元化"发展格局，实现"城乡融合发展"已成为中国新时代现代化发展的基本诉求，那么如何结合实际做到城乡二元主体融合、均衡发展就成了一个值得研究的问题。实践离不开理论的指导，理论离不开实践的检验，"城乡融合发展"也应有其理论的渊源，并通过实践的磨合、检验，从而实现乡村振兴、社会共建共治共享的治理格局。本书聚焦的主题是"我国城乡融合发展研究"，城乡之间"利益共享、互惠互利、共生和谐"发展是本书所倡导的观念。笔者试图以马克思、恩格斯共同体思想为理论支撑，用以指导"城乡融合发展"的实际展开，这一理论强调个体随着生产力与生产关系的发展组成不同关系的共同体以求生存，随着人们对于全面自由发展诉求的实现，最终实现真正共同体，这与城乡关系发展的途径与目的是基本吻合的。本章接下来将对马克思、恩格斯共同体思想的核心内涵、实践应用，以及与城乡关系的实用性展开研究与分析。

（二）调整与融合："城乡融合发展"的提出

"真正的共同体"是我们所追求的、实现人的自由发展的社会形态，这样，社会不应有发展的短板，更不应存在城乡的异化。那么，只有当城乡融为一体时，农业农村才不会成为发展的短板，城乡关系方可从异化中回归。具体而言，"城乡融合发展"应该涵盖五大层面，包括城乡政治、经济、社会、文化和生态文明。

---

① 温铁军.八次危机[M].北京：东方出版社，2013：44.

② 郑杭生，杨敏.社会互构论的提出——对社会学学术传统的审视和快速转型期经验现实的反思[J].中国人民大学学报，2003（04）：22.

1. 城乡政治融合发展

政治是统治阶级利益诉求的活动表现，在城乡二元结构关系的回归中，主要体现为政治权利与利益等资源在城乡之间融合与发展。当下城乡间政治资源的分配是割裂的，严重偏向城市工业、偏向既得利益集团的，故城乡政治融合机制应包含两个方面：一是，政治实体性资源的融合，这里主要指通过构建现代化的城乡治理体系对政治权力的合理分配；二是，规范性政治资源融合，这里指政策、制度、财政等方面对城乡融合发展的合理设计。政治实体性资源融合主要是为了实现城乡权力关系的一体化，规范性政治资源融合是要体现城乡权利、机遇的均衡，最终目的是实现城乡间"权责一体、利益均衡"。

2. 城乡经济融合发展

即城市和乡村间在经济发展水平、社会财富分配等方面趋向合理。实践证明，社会和谐稳定的发展离不开稳定的社会秩序，城乡经济融合发展是打破城乡二元结构、稳定城乡经济的必经之路。马克思、恩格斯指出劳动分工在历史发展的一定阶段将导致城乡的分离与对立，农业、农村必然让位于工业、城市的发展，随着工业及其他衍生产业发展壮大，农业在国民经济的占比逐渐缩小，一二三产业融合发展可以发挥第二、第三产业的引领作用，利用城乡互补引导农业发展，促进农民增收，从根本解决城乡经济发展的差距问题。

3. 城乡文化融合发展

体现的是社会发展的进程中，城乡均有着创造和弘扬文化的自由，城市交融而生的现代文化与农村相对静止的传统文化间应平等对话、求同存异。在《共产党宣言中》，马克思、恩格斯将农村生活称为一种"愚昧状态"，需要指出的是，这里的"愚昧"是"一种与工业文明所开启的世界性、平变化社会交往相对立的社会关系发展状态，是一种各自孤立的、封闭的或陷于地域性的、低度有限的社会交往的前现代状态"[①]。与之相比，城市受益于工业化的发展，更为适应现代的道德律法等文明秩序。城乡融合发展必须强调城乡文化的融合，强调现代文化与农村传统文化的融合，以弥补"城乡文化鸿沟"，其本质是改变农村孤立、封闭、低限度的社会交往，拥抱现代文明，发挥城市文化的包容性，促进其对传统文化的吸收，从而最终形成一个具有相同价值观，共同拥抱法治社会到来的"精神共同体"。

4. 城乡社会融合发展

这里的社会是狭义的，指的是就业、教育、医疗、卫生等共同服务体系及社会管理的建设与完善。贺雪峰指出中国南、中、北方农村，在村庄结构上存在团结、分散和分

---

① 林密. 马克思恩格斯泛分工论视域中的城乡发展观研究 [J]. 当代经济研究, 2019（09）: 67.

裂三种理想类型，以及相对应的乡村治理机制的差异①。城乡社会融合则要充分考虑地域差异，创造全体社会成员对城乡社会民生事业共同发展的基本认同和共识，增强社会行动的一致力，主要可从两个方面入手：一是地方政府对农村社会的动员能力问题，随着市场经济的推行农村社会共同体意识淡漠，个体意识的增强也减弱了对公共领域事务的关注度，这就迫使地方政府必须因地制宜地引导乡村社会参与"官民共建"，推动城乡融合政策的实施；二是城乡间个体的"合作共建"，即推动社会个体参与城乡设施建设，弥补政策的不足，发挥个体的积极性；可以通过"共同体思想"凝聚社会共识，提升城乡融合发展这一目标的社会认同，塑造出城乡社会民生事业的普世性，从而促进个体参与。

5. 生态文明融合发展

生态文明的发展建设事关中华民族的永续发展，城乡融合发展作为生态文明发展的一环，所面临的主要问题是以城市为核心的二元结构下，农村居民生态环境的破坏和城市污染导致农村自净能力差、农业发展污染严重等。习近平总书记在海南考察工作时指出："纵观世界发展史，保护生态环境就是保护生产力，改善生态环境就是发展生产力。良好生态环境是最公平的公共产品，是最普惠的民生福祉。对人的生存来说，金山银山固然重要，但绿水青山是人民幸福生活的重要内容，是金钱不能代替的。你挣到了钱，但空气、饮用水都不合格，哪有什么幸福可言。"②这充分体现了生态文明发展的重要性，所以必须抛弃这种孤立的二元结构，建立城乡融合发展的生态文明新结构，在合作治理中统筹城乡生态关系。生态文明应遵从自然规律，以环境承载能力为基础，逐步形成具有现代治理能力的新型城乡管理体系。

6. 内在规律：对"人的全面自由发展"的追求

对"真正共同体"、对"人的全面自由发展"的向往是人类社会发展的内生性追求，无论何种制度、环境都脱离不了这一内在发展逻辑。具体到城市与乡村的发展来说，现今城市工业文明的高度发达离不开人类的智慧与努力，是人类向往美好生活、追求自身全面自由发展的体现。现代化、高度发达的工业系统与农村"落后、愚昧"的农业文明有着千丝万缕的联系，城市和乡村作为社会不可或缺的两个组成部分和关联主题，涉及经济、政治、文化、社会及生态文明等方方面面的共同发展。也就是说，城乡的发展同样是依照人类社会对"真正共同体"的追求而不自觉地进行的。那么"真正共同体"该如何理解呢？

马克思、恩格斯共同体思想强调"人的全面自由发展"的终极目标。然而一方面，

---

① 参见贺雪峰等. 南北中国——中国农村区域差异研究 [M]. 北京: 社会科学文献出版社, 2017.

② 中共中央文献研究室编. 习近平关于全面建成小康社会论述摘编 [M]. 北京: 中央文献出版社, 2016: 163.

个体是不自由的，即便是既得利益阶级的自由发展，也仅仅是一种等价交换的自由，真正自由的只有资本，"调整"是个体从片面发展中解脱，回到可以全面发展的"真正共同体"中来。另一方面，"固化"发展下城乡二元分离，城市工业与农村农业按照各自的发展规律渐行渐远，这一发展公正的法权核心就是资本对劳动的按劳分配，它带来的结果是不平的，"这种平等的权利，对不同等的劳动来说是不平等的权利"①；"调整"则是对不平等的权力体系的消解，"要避免所有这些弊病，权利就不应当是平等的，而应当是不平等的"②。因此，"固化—调整"的演变路径，就是指个体由片面发展转向全面自由发展，或者说是对不平等的权力体系的替代。而"融合发展"作为城乡发展的趋势，是人的全面自由发展的内生需求，是消融城乡二元结构、弥补城乡差距、均衡城乡权力体系的发展方向，也就是"真正共同体"发展诉求的体现。

在本章开头，笔者就对新中国成立后中国城乡融合发展关系的变迁做了一个系统回顾，指出新中国成立后，中国城乡融合发展主要经历了城乡二元结构的形成与固化、城乡二元结构的破冰与调整、城乡关系融合发展的阶段变迁，而通过上述对"真正共同体"发展规律的解释，本书将新中国成立以来城乡关系的发展形态总结为一种"固化—融合"的发展关系，无论是改革开放前"固化发展"的城乡关系形态，还是"新农村建设"提出前的"破冰与调整"的形态，抑或是"新农村建设"提出后"融合发展"的形态，其本质都体现为中国城乡关系发展"异化—融合"结构不同阶段的表达；同时，依据"固化—融合"演变的发展规律，还可进一步作出推断，即中国城乡关系发展正朝着城乡"共同体"这一形态转变。由此便可以勾勒出中国城乡关系发展的规律和内在逻辑了，其亦是一个从"固化"到"融合"，从而组建城乡"共同体"，最终实现"真正共同体"发展的演变过程。

7. 城乡关系发展问题的理论解释

中国城乡关系发展遵循着"固化发展—破冰与调整—融合发展"的基本路径，当下正处于消解城乡二元结构，工业反哺农业，助力乡村振兴的发展阶段，依旧面临着城乡二元结构的持续、城乡要素合理流通机制缺失、城乡资源配置失衡等方面的问题。接下来笔者将尝试对问题及问题背后城乡关系发展的"内在机理"（为什么）进行恰当的解释。具体而言，主要通过"中央-地方-民众"三层来分析解释城乡关系发展问题，主要包括三大方面内容：一是从中央层面分析城乡关系发的国家战略决策问题，指出中央对城市工业的政策倾斜是导致城乡差距的本质原因；二是在地方层面分析指出地方政府

---

① 中共中央马克思恩格斯列宁斯大林著作编译局编译. 马克思恩格斯文集（第 3 卷）[M]. 北京: 人民出版社, 2009: 435.

② 中共中央马克思恩格斯列宁斯大林著作编译局编译. 马克思恩格斯文集（第 3 卷）[M]. 北京: 人民出版社, 2009: 435.

（市县两级）"公司化竞争"导致中央-地方利益失衡，从而引发城乡关系的扭曲；三是在民众层面分析指出农村"人口空心化、权威空心化"所带来的发展动力不足是中国城乡关系扭曲的又一原因。中央、地方与民众三者分离共同造就了城乡关系发展的困境。

其一，中央对城市工业的政策倾斜。工业化进程中乡村的衰败与城市的喧哗是社会发展的普遍情形，中国也不例外。城乡间日益扩大的差距与失衡背后在于对城市工业的政策倾斜，城乡制度设计本身就是为了保障工业化进程延续。新中国成立之初，党和政府明确指出要消灭城乡差距，实现社会主义工业化，但当时严峻的环境迫使政府选择了优先发展重工业的经济发展战略，在"赶超运动"几乎成为社会共识的情况下，城乡融合发展逐步演变为农业、农村支持城市、工业发展，通过工农产品剪刀差汲取农业剩余，同时党和政府更实施了人民公社制度，降低工农交易成本，通过城乡户籍以及与户籍息息相关的福利、就业和食品供给等制度严格控制人口流动，分割城乡以保护城市工业化的资本原始积累。"国家实行计划经济体制，人为压低利率、汇率、能源、原材料、劳动力的价格，通过不等价交换将剩余集中起来，使不具有比较优势的重工业在这种扭曲的宏观政策中也能生存和发展。"①改革开放前，中央对优先发展重工业的背书赋予了城市工业倾斜政策以"合法性"的外衣，也得到了认清自身所处落后条件的人民的认同。随着城乡二元结构的固化与发展差异的扩大，城市、工业的既得利益集团获得了远超农业、农村弱势群体的话语权，利益驱动下，城市集团通过一系列政治制度来限制人口众多的农民集团的政治影响，延续了对城市、工业的倾斜发展政策的"合法性"。

其二，地方政府"公司化"竞争背后，中央-地方利益失衡与城乡关系的扭曲。工业化进程对资本的渴求迫使"经济发展至上"成为党和政府一贯的发展理念。保持经济增长成为国家的战略要求、地方政府竞争的基础条件，同时符合了提升人民生活水平的人民诉求。当"从政府到民间逐步形成了这样的共识，即社会稳定不能通过政治和意识形态领域的变化实现，而是需要通过经济的快速增长和人民生活水平的提高来保障"②，上级政府自然形成了以经济增长为核心的政绩考核，对资本的渴求促使地方政府由"服务性政府"异化为"亲资本的公司化政府"，只不过中央指出经济增长的逻辑是"发展是硬道理"，而地方政府却简单地将其理解为"GDP增长率是硬道理"，片面地追求招商引资、重复设立各式开发区的经济短期发展行为的背后，是基层政府缺乏现代化治理能力，官本位思维下政府官员为维护自身利益，拙劣地追求短期利益而忽视长期发展。

上级政府以 GDP 增长率为标准对下级政府实施考核，"层层加码"以及"多目标、

① 林毅夫，蔡昉，李周. 中国的奇迹：发展战略与经济改革 [M]. 上海：上海三联书店，上海人民出版社，2002：38.
② 渠敬东，周飞舟，应星. 从总体支配到技术治理——基于中国 30 年改革经验的社会学分析 [J]. 中国社会科学，2009（06）：113.

高指标"的压力性举措使得下级地方政府异化为追求"公司化"发展的利益主体,其行为目标必然转为追求地方经济的增长与财政收入的增加。地方政府重点关注城市经济的建设与工业的发展,农业、农村相比于城市、工业处于发展的弱势地位,与缺乏弹性的经济发展同样无益于政绩的提升,政府自然也缺乏解决"三农"问题、推行农村发展的动机。"压力性体制的压力至少体现在三大方面:一是自上而下的政绩要求压力,二是水平方向的发展速度压力,三是自下而上的需求满足压力。"①对于重要指标,上级所拥有的"一票否决权",甚至上升为"政治任务"而必须完成。比如,"信访事件、社会问题、招商引资"之类的政治、经济领域硬性指标迫使疲于应付的地方政府通过各种正式、非正式手段来完成,这种自下对上负责的地方发展明显脱离群众诉求,城乡融合发展更是无稽之谈。

其三,农村"人口空心化、权威空心化"背后匮乏的农业农村发展能力,村社基础消失。城乡关系作为城市与农村两种差异性生存空间互相依赖的关系,融合发展离不开城市和农村的良性互动,更是与农村自身发展程度紧密相连。由中国区域发展的整体性差距分析,大致可以把中国农村分为东部沿海发达地区和中西部欠发达地区。东部沿海经济发达地区的农村市场化程度高,人口处于大量流入状态,农民拥有较高的收入与发展机遇。此地区农村存在部分村民通过办厂经商获得超额收益,从而拉开与其他村民收入差距的情况,富裕群体在品位、消费、娱乐、认同等方面与一般村民差别越来越大,从而形成高度分化的村庄分层。中西部欠发达地区农村市场化程度较低,传统农业较低的农民收入促使人口大量流失,空心化问题严重。农业、农村自身机遇的匮乏使得农民发家致富的机会一半来自村外城镇的发展,因此致富后农民大多脱离农村进入城市生活,农业型村庄自身收入机遇恒定,外出务工收入差距无法形成质变,除极少数身体智力残疾引起的贫困外,一般农户收入呈现高度划一,因此农户间是缺少分化的低度分化村庄。②

国家税费改革试点于 2006 年正式取消农业税,乡镇政府源于各项税收而存在的"权威性"与"威慑力"不复存在,越来越依靠上级财政的转移支付,乡镇财政出现"空壳化"趋势③。转移支付的力度不足以弥补各项税费取消后的空缺,乡村基层悬浮于农村社会③,基层的弱势使其逐步丧失了治理能力,但乡村治理又需要有能力的人来承担,因此基层政府依赖少数能人、富人完成村级治理任务,同时给予相当大的自主操作空间。在团结型或分裂型农村社会,宗族、五服以内小亲族等结构的存在使得村民具备较高的自

---

① 杨雪冬.压力型体制:一个概念的简明史[J].社会科学,2012(11):7.
② 贺雪峰.最后一公里村庄[M].北京:中信出版社,2017:8.
③ 参见周飞舟.从汲取型政权到"悬浮型"政权——税费改革对国家与农民关系之影响[J].社会学研究,2006(03):1-38,243.

发组织能力，从而限制住了能人、富人村级治理中人格化操作的倾向。在分散型农村，农民缺乏必要的联系导致自发组织能力差，村干部缺乏农村社会规则的约束，从而形成寡头治村的格局①。低度分化的村庄中不仅出现类似于基层政府的治理困境，同时半工半耕的家计模式使得大量年轻人进城务工，父母长辈、年龄较大者留村务农或抚养孙子女。农村最具活力的人口外流造成了村社"人口空心化"，本身就缺乏组织的农村社区结构功能更加松动，留守的老人、妇女、儿童又会引发教育、医疗、赡养等一系列问题，给中国城乡融合发展、实现乡村振兴增加了新的障碍。

除此以外，农民工作为农村中最具竞争力的群体，进城务工的过程中依然存在着诸多困扰。农民工自身的流动性造成其社会保障的缺失，企业与工人之间缺乏长期有效的契约关系，部分农民工因劳动技能单一导致其待遇不稳定，种种问题导致农民工群体缺乏长期在城市中生活的预期，无法融入城市生活。而长期的脱离农村的城市生活减弱了农民工群体对乡村文化的认知，从而丧失了对农村生活的归属感，也容易错失城乡融合发展乃至乡村振兴所带来的机遇，以至于为发展增加了阻碍。

至此，笔者总结中国城乡融合发展问题的诱发机制，主要在于中央政策城市工业的偏向、地方政府治理水平的匮乏与公司化竞争以及农村"权威空心化、人口空心化"造成村社基础的缺失等三方共同作用的结果。

四、河北省城乡关系发展进程

新中国成立以来，河北省城乡关系的演变总体上经历了四个阶段，即政府干预下的城乡对立发展期、市场导向下的城乡二元发展凸显期、政府引导下的城乡统筹发展期，以及城乡关系融合发展期。接下来笔者将分析每个阶段城乡关系的特征及其成因，系统把握河北省城乡关系发展的轨迹。

（一）政府干预下的城乡对立发展期（1949—1977年）

这一时期城乡关系的特点总体表现为：新中国成立初期，城乡关系逐步缓和，随着国家发展政策的调整开始呈现出农业支援工业、农村支持城市的特点，城乡分离发展，形成了具有明显政府干预特征的城乡二元结构。1949年随着新中国的成立，旧时代城市剥削农村的关系结束，城乡对立关系走向缓和。新中国成立初期，河北省农业经济占很大比重，第一产业产值占到国民生产总值的62.31%，工业化尚处在前期准备阶段，在1950到1957年三年经济恢复和"一五"规划的带动下，大量的农村人口走向城市，非农业人口8年间增加了116.30万，城乡关系和工农关系较为和谐。随着工业化导向和计划经济体制的深入发展，城乡关系呈现挖乡补城、以农哺工的局面，农业产值所占比重

---

① 参见王黎. 寡头治村：村级民主治理的异化[J]. 华南农业大学学报（社会科学版），2019（06）：121–129.

由1958年的43.85%降到1977年28.52%，该时期的第二产业比重则由30.67%极速提高到50.46%，城乡和工农不协调发展的局面逐渐显著。

新中国成立之后面临着发展的艰巨任务，为更好地发展工业和城市，河北省通过人民公社制度、户籍制度、统包统配的就业制度和优厚的城市福利等措施，弱化了农村的发展机会，限制农村人口流向城市，将城市和农村割裂，形成各自封闭的发展局面，这种城乡二元结构是在制度和政策的强制驱动下形成的，具有明显的政府导向。

（二）市场导向下的城乡二元发展凸显期（1978—2002年）

城乡关系的特征主要是城乡之间的互动加强，城乡关系经过短暂的缓和之后，对立发展局面加剧，具有市场导向的以乡促城局面仍然存在，城乡差距进一步拉大，城乡二元问题愈发突出。党的十一届三中全会后，中国实行改革开放，农村家庭联产承包责任制和市场经济的推行激活了农村的发展活力和城乡间要素的流动。1978年到1984年，农业产值年均增长16.22%，工业产值年均增长8.27%，人均GDP翻了将近一番，这期间，农民人均纯收入年增长20%以上，城乡居民收入差距不断缩小，由1978年的2.42∶1缩小到1984年1.51∶1的。这一时期，城乡关系明显改善，城乡二元结构有所缓解。从1985年开始，城乡居民收入差距急剧扩大，从1.64发展到2002年的2.48，农业产值年均4.86%的增长率也低于工业的5.20%。2002年河北省社会固定资产投资中农村只占到城市的48.99%，农业支出只占到财政支出的5.55%，城乡二元结构已经严重影响到社会的发展和稳定。

改革开放之初的农业改革和政策放宽，促进了城乡间要素的流动，城乡对立关系得到短暂缓和，随着1984年以城市为重点的经济体制改革的推进，城乡关系再度出现不协调状况，农村地区的人力、资本等要素更多地向工业和城市地区集聚，促进了工业化和城镇化的发展，削弱了农村和农业发展的动力。在农村弱势地位和市场机制调节的双重作用下，城乡差距继续扩大，城乡二元问题日益凸显。

（三）政府引导下的城乡统筹发展期（2003—2012年）

这一时期，城乡关系在国家战略主导下逐渐走向缓和，城乡互动加强，工业开始反哺农业，城乡差距问题得到缓解，由城乡二元逐步向城乡一体化发展。2003年河北省城镇化水平为33.52%，人均GDP 1 266美元，城乡居民收入比为2.54∶1，三次产业占生产总值的比重分别为15.90%、48.38%%和35.72%，到2010年，河北省人均GDP达到3 500美元，人口城镇化率达到45%，城乡居民收入比扩大到2.73∶1，三产比重分别为12.7%、53.0%和34.3%，总体上，城乡都有较快的发展，但是城乡差距仍然存在。

党的十六大以来，中央在科学评估了我国城乡发展的问题和现状之后，提出统筹城乡的发展战略，积极采取了一系列惠农措施，为城乡关系战略转型提供了重大历史机遇。河北省在国家政策的号召下逐步改革户籍制度，免除农业税并加大农业补贴，不断完善农村社保体系，为城乡协调发展创造了有利的政策环境。

（四）城乡关系融合发展期（2012年至今）

2012年党的十八大明确提出"城乡发展一体化是解决'三农'问题的根本途径"[1]，并提出新型工业化、信息化、农业现代化与新型城镇化同步发展的主张，国家促进城乡一体化发展的力度进一步加大。党的十八届三中全会进一步指出，我国"城乡二元结构是制约城乡一体化的主要障碍，城乡发展差距不断拉大趋势没有根本扭转。要根本解决这些问题，必须推进城乡发展一体化，必需全面深化体制机制改革，通过以工促农、以城带乡、工农互惠，逐步形成城乡一体化的新型城乡关系，努力实现现代化成果的人民共享"[2]。至此，农村发展所需的"新农村建设"与"新型城镇化"之"双轮驱动"战略开始逐渐形成。

党的十九大报告提出以城乡融合为指向的乡村振兴战略。"要建立健全城乡融合发展体制机制和政策体系，加快推进农业农村现代化。"[3]相比较于党的十八大提出的"四化同步"中的农业现代化而言，党的十九大报告增加了农村现代化，"农业农村现代化"的提出表明党和国家更加注重农村发展的整体性，农村发展理念更加全面系统。进入21世纪，党和国家对城乡关系的认识进一步提升，由"城乡统筹"到"城乡一体化"再到"城乡融合"的发展变化，表明中央对城乡问题解决的持续关注与努力，体现了党和国家对城乡关系认识的与时俱进，更加强调城市与乡村的共生发展，因为"以往'城乡统筹'和'城乡一体化'注重的是缩小城乡差距，注重的是政府的统筹兼顾和公共政策导向，以城带乡、以城补乡，乡村发展是被动的，是被带动和被补贴的发展，乡村发展仍然滞后，城市导向的农村公共政策的结果仍是村庄凋敝"[4]。而党的十九大提出的"城乡融合发展"更加强调农村发展的自主性与农村比较优势的挖掘，强调对农村价值的科学把握与重新认识，强调新型的城乡关系应该跳出以往"城乡二元体制"中的"城市磁场效应"，认为农村不仅仅是城市的附庸，农村还具有自然环境保护、历史文化保护、可持续发展、乡风文明传承及社会秩序稳定等多方面的价值功能，在城乡融合过程中需要注重乡村内生性发展。因此，"新型城乡关系实质上就是新型的城乡生产关系，也就是城市与乡村共享生产资料，共同参与社会生产从而形成的总体社会关系。改革城乡关系、建立新型城乡关系，这是最大的改革，有助于社会生产力的进一步解放与发

———
① 胡锦涛. 坚定不移沿着中国特色社会主义道路前进　为全面建成小康社会而奋斗 [N]. 人民日报，2012-11-08.
② 中共中央关于全面深化改革若干重大问题的决定 [N]. 人民日报，2013-11-16.
③ 习近平. 决胜全面建成小康社会　夺取新时代中国特色社会主义伟大胜利——在中国共产党第十九次全国代表大会上的报告 [N]. 人民日报，2017-10-28.
④ 吴玉才. 十六大解决"三农"问题的新思路 [J]. 内蒙古农业大学学报（社会科学版），2003（04）：17-18.

展"①。新型城乡关系需要在乡村治理过程中寻求城市与乡村的动态平衡和互补，只有这样才能促进农村的全面发展，才能"加快推进农业农村现代化，走中国特色社会主义乡村振兴道路，让农业成为有奔头的产业，让农民成为有吸引力的职业，让农村成为安居乐业的美丽家园"②。

1. 河北省新农村建设情况

近年来，河北省从经济、社会、生态、文明及民主等方面不断加大对新农村建设的投入力度，使新农村建设在近几年内得到了持续、长足的发展。

农村生产持续发展。改革开放以来，河北省坚持把加强"三农"工作放在首位，提高农业生产能力，促进农村经济繁荣。首先，农业生产迈向现代化。水利设施的建设提高了农村耕地的灌溉效率；农业机械化生产提高了农业的生产效率；省内粮食综合生产能力不断提升，粮食产量实现连续增长；农民也在农业产业化的过程中增加了收入，生活水平有了极大程度的提高。其次，特色农业崭露头角。利用本地区的资源优势，发展粮食种植、果树栽培、牲畜养殖等特色农业。比如满城的草莓、黄骅的大枣、兴隆的山楂，这些地区利用特色农业形成农产品基地，为河北省其他地区发展特色农业树立了典型。最后，农民综合素质显著提高。近些年，河北省以多种形式向农村地区推广农业专业技术，为农民进行有针对性的培训，提高农民素质，普及农业专业知识，如开展"阳光工程"，通过各种职业技能、创业技能及科学技能的培训提高省内农民素质。鼓励农民到城市打工，自主创业，进行小产业经营，促进农民与城市的交流，将农民在城市中学习到的新知识、新技术运用到农村的建设中去，在提高农民自身素质的同时也加速了村庄的建设。

农民生活不断改善。2012年，河北省围绕建设社会主义新农村，着力实施幸福乡村计划，加快建设农民幸福生活的美好家园。首先，农民居住条件发生巨大变化。河北省按照城市化标准设计农村新区，如增加农民住房面积、健全新区基本设施、普及新型能源、提高自来水管道的铺设率及改善医疗卫生条件等，使农民的居住条件毫不逊色于市民社区。其次，大力普及农村地区基础设施和公共服务。在农村进行水、电、天然气等的全面普及，在总体上实现了"村村通"，使农民的生产生活条件得到明显改善。同时，建立健全农村义务教育保障机制，建立农村最低生活保障机制，建设新型农村医疗合作制度、农村养老保险制度等基本社会保障制度，推进河北省社会主义新农村建设。

农村精神文明建设不断深入。在农村，当人们不为生产生活发愁的时候，腐朽的东西就会慢慢地侵蚀人们心灵。近年来，河北省开展了一系列的精神文明宣传活动，如

---

① 武廷海，张能，徐斌. 空间共享：新马克思主义与新型城镇化 [M]. 北京：商务印书馆，2014：17-18.
② 中共中央国务院关于实施乡村振兴战略的意见 [N]. 人民日报，2018-02-05.

"学习雷锋、善行河北""太行山革命老区宣传文化工程""河北省公共文化扶贫工程"等。同时，利用多种媒体形式加强先进文化在农村的传播速度和覆盖范围。通过道德的模范作用和机制的约束，发扬农村自身所拥有的文明传统，弘扬正确的乡风民俗，使农民在思想上树立文明的自我约束意识。用社会道德抵制个人私欲，用文明乡风促进村民和谐。

农村面貌明显改善。近年来，河北省政府从人民满意程度的视角出发，切实解决农民眼中亟待解决的村容村貌问题。实施"村村通"工程，建设新民居，实施农村面貌改造提升项目，把天然气、自来水接入每家每户，改变了以往农村"脏、乱、差"的旧面貌。不仅如此，河北省还通过植树种草等绿化工程来美化农村环境。同时，开展治理与保持相结合的乡村环境保护制度，对垃圾进行分类，设立污水处理厂，发展循环经济，建设文明生态村。

村民自治制度发展显著。近年来，河北省农村基层民主有了较大的发展。首先，村民素质的提高使其对自身民主权利由漠然变为关注，积极参加村民选举以及村务管理活动，在一定程度上抑制了一些不法势力或个人以非法的手段攫取村委会权力的行为。其次，农村干部文化水平的提高为科学决策和民主管理提供了必要的条件。同时，基层党组织建设以及农村工作领导体制建设的不断完善也为河北省农村基层民主建设作出了贡献，让农民群众切身感受到新农村建设带来的实惠。

同时，在当前经济进入新常态背景下，还应清醒地看到，河北省农村发展的所面临的问题具体如下。

农村经济发展不平衡。总体来说，河北省的农村经济发展较快，但省内发展不均衡。由于河北省内11个地级市的情况各不相同，且存在很大的差异，使得区域间的农村经济发展水平参差不一，严重阻碍了区域间经济的协调发展，并使得经济极端化发展。

城乡居民生活差距显著。近几年，河北省城乡居民生活的现状出现新特点。一是城市居民收入水平远远高于农村居民收入水平。二是社会保障方面的差距。河北省建立了较为完善的医疗、教育、养老、失业等社会保障体系，对于城市的覆盖范围较广，而针对农村的覆盖范围还比较小，这导致农村无法享受到与城市同等的社会保障，一方面有损公平，另一方面也加剧了城乡之间的差距。①

农民总体素质尚待提高。尽管河北省为提高农民素质做出了许多努力，如开展"阳光工程"，但与发达农村地区及国家的大政方针要求相比，还存在一定的差距。首先，文体娱乐方式单一，精神文化生活匮乏。其次，农村群众缺乏信仰，封建迷信有所抬头。生病不去就医反而找神婆驱邪，延误治疗的最佳时机，造成严重后果。还有看风

---

① 祝洪娇.人力资本对河北省城乡居民收入差距的影响及对策研究[J].农业经济,2015(02):32.

水、算命等早已消失的封建迷信活动又有所兴起。最后，价值观扭曲，道德出现滑坡。"读书无用论"的盛行、红白喜事的铺张浪费、传统孝道观念淡化及邻里关系冷漠等一定程度上影响了新农村建设的进程。尤其是"读书无用论"在农村的盛行，严重影响了农民对子女教育的投入，严重影响了农民整体素质的提高。

2. 城镇化对河北省新农村建设的影响

（1）城镇化对河北省新农村建设的积极影响

首先，城镇化对吸收农村剩余劳动力、提高农民收入具有重要作用。一方面，城镇化可以吸纳农村剩余劳动力向第二、三产业转移，使农民从土地上解放出来；另一方面，随着进城务工农民的增多，城镇化建设快速发展的同时，投资也会随之增加，作为建设城镇的主力者，农民工的报酬也会随之增多，其消费能力也就大大提升，从而又推动了经济的发展，形成了良性的循环。同时，进城务工的农民增多，相反的是农村人口的减少，在农村土地面积不变的前提下，人口减少，导致人均耕地面积的提高，为农业规模化生产提供了条件。

其次，城镇化可以带动农村公共社会事业发展，降低新农村建设成本。通过对区域规划的统筹设计，在区域中心位置建设医疗、体育、教育、科技等基础设施，打造中心城镇，通过城镇的辐射作用带动周边农村地区的发展。打造城乡共用的公共基础设施，既减少了新农村建设的成本，又带动了农村公共社会事业的发展。

最后，城镇化带动新农村建设。随着城市规模的不断扩大，城市的发展也越来越快，农村人口向城市转移的难度也随之加大。城市较高的消费水平和现代化的生活方式给农民带来了巨大的生活压力。相比之下，中、小城镇有着接近于城市的生活环境，却没有大城市较高的消费水平，准入门槛低。作为农村人口向城市转移的过渡地带，中、小城镇的建设更加符合河北省农村发展的实际。

（2）城镇化对河北省新农村建设的消极影响

首先，城镇化对农村劳动力产生了虹吸效应。虹吸效应是经济发展水平较高的区域对经济发展水平低的地方生产要素的吸纳。也就是说，城镇化的发展吸引了大量农村劳动力，导致新农村建设缺少建设者，而且，城镇化对农村劳动力的择优吸纳——年轻的、有文化的、健康的都转移到了城镇，年老的、没文化的、病弱的都留在了农村，直接导致农村劳动力素质下降。同时，由于大量有知识、有技能的年轻人流向城镇，致使农村干部以中老年人居多，使得农村干部队伍思想僵化，缺乏激情和号召力，不能在新农村建设中发挥应有的领导作用。同时，现在的年轻人大多为"00后"，这一代人基本生活在城镇，对于乡村的认识不深，感情较浅，对于农业更是知之甚少，甚至对农业有所歧视。这种情况使得农村在老龄化严重的趋势下，不得不面临农村后继乏人的现实，这对于新农村建设来说无疑是一个严峻而不可忽视的问题。

其次，城镇化加剧了新农村建设的土地问题。一是城镇化侵占农村耕地资源。尽管河北省的干部群众严格恪守"耕地红线"，但在高速城镇化的背景下，离城较近的土地还是被大量占用。二是城镇化导致农村土地质量急剧退化。一方面是乡镇企业缺乏相应的污染净化处理设施，废弃物质大多只经过简单的处理就直接排放到土地当中，造成了耕地污染，质量下降；另一方面，城镇化的推进挤占了农村用地，城镇化占用了农村的优质土地，通过占补平衡政策，把质量低差的土地替换给农民，尽管在土地数量上没有变化，但是贫瘠的土地使得农业产出下降，降低了农民收入。三是城镇化导致的农村土地利用效率低下。一方面是大量农地闲置，降低了农地资源的开发利用；另一方面是农村大量宅基地的闲置，造成了农村居民区土地浪费，利用低效。

最后，城镇化激化了新农村建设的资金问题。一是城镇化吸纳农村民间投资。一些农民为摆脱农业艰辛劳作和农村贫乏单调的生活，不断进城谋生，带走大量农村资金；还有一些从农村逐渐发展起来的农民为扩大生产经营范围，也逐渐离开农村，进入城市，将资产和资金带离农村地区。二是城镇化吸引了投向新农村建设的金融投资。由于金融机构是自主经营、自负盈亏的经济主体，其运营的基本原则是安全性、流动性、营利性。而与城镇相比，农村投资风险更大，农业本身存在较高的自然风险和市场风险，加之农民经营管理水平有限，又存在经营风险，这使得金融机构不愿向农村扩张，而且金融机构从农村吸纳的资金也大都投向了城市建设。三是城镇化的推进减少了财政对新农村建设投资的力度。城镇的基本公共服务投资主要由政府通过财政手段予以提供，而农村的基本公共服务的投资主要是由农民或集体自行解决或政府只提供适当的补助。随着城镇化的加快，在财力一定的情况下，政府若投资于城镇建设，必然会减少对农村的投资。[1]

① 林少丽.浅析新农村建设中的农村投资行为 [J].新农村（黑龙江），2012（09）：36-37.

第二章　新型城镇化背景下城乡融合发展概述

随着中国特色社会主义进入新时代，中国经济正由高增长转向高质量发展阶段，城乡之间发展不平衡、农村发展不充分问题逐渐上升为我国社会的主要矛盾之一。解决城乡发展不平衡不协调问题，实现城乡融合发展，是推动乡村振兴发展与全面建成小康社会的必然要求。党的十六大以来，中央先后提出城乡统筹发展、城乡一体化、城乡融合发展思想，致力于推进新型城镇化建设，促进乡村振兴和农业农村现代化发展。党的十八大以来，在城乡统筹发展的基础上逐步推动城乡一体化发展进程，力求实现城乡之间的共同发展，改变原来以城市为中心的理念，做到城乡资源均衡共享，实现城乡在基建、教育、公共卫生、社会保障等方面的全方位、多领域的一体发展。党的十九大着重强调要把解决好"三农"问题作为全党工作的重中之重，要建立健全城乡融合发展体制机制，促进城乡之间的相互融合发展，互为发展的条件。在推进社会主义新农村建设、新型城镇化建设的基础上，大力实施乡村振兴战略，加快推进农业农村现代化进程。由于传统城镇化发展忽略了农村发展，只注重城镇的发展速度，导致我国长期存在城乡二元化结构，城乡发展水平差距拉大。而新型城镇化重视城乡间的协调发展，目的是逐渐减少城乡之间的收入差距，走向城乡一体化的道路。

本章从新型城镇化相关概念界定着手，阐述新型城镇化的内涵与模式特点、新型城镇化的建设成就与现实问题、河北省新型城镇化发展现状，进而对城乡融合发展的必要性及可行性、当前中国城乡融合发展的现状，以及河北省城乡融合发展存在的问题及成因进行深入剖析，回答"新型城镇化背景下城乡融合发展是什么"的问题，为本书后续问题的研究提供理论基础。

一、新型城镇化概述

（一）相关概念的界定

1. 城市化

从人类历史上看，在公元前 3000 年左右，历史文明悠久且农业条件、交通条件优越的地区，比如尼罗河流域、两河流域、我国的长江黄河流域，以及古印度地区、玛雅地区等已经有了早期城市的雏形。受到 18 世纪中期工业革命推动,大机器时代促进生产力发展的效应推动了西方城市实质意义上的发展与进步。美国社会哲学家刘易斯·芒福德(L.Mumford)把城市起源解释为人类同许多其他动物一样所具有的群居本性。世界城市化运动发展到今天已经有 200 年左右的历史,由英文单词"urbanization"直译而来,"城市化"一词是伴随着工业社会发展而逐渐兴起的概念。西方国家城市化进程所展现出的思维导向是乡村和城市两极对立的经济社会发展方式,通常被理解为人口向城市及其周围地区集中并导致城市人口比重上升的过程,实际上就是随着城市空间结构的延伸,带动经济、社会结构不断变革的趋势。

1980 年,自吴友仁发表《关于我国社会主义城市化问题》后,我国兴起了有关城市化领域研究的潮流,各学科从地理、经济、城市规划等不同角度入手,对城市化的概念定义、发展机制等诸多要素展开研究,所形成的理论成果构建了大体理论框架。在人口学和社会学的视角中,城市化概念就是农村人口不断向城镇集聚的过程。从经济学角度出发,有学者认为"城市化是由科技进步、社会生产力发展所引起的经济发展的空间集聚与分化的过程,是随着经济水平不断提升,导致产业结构和消费市场向现代城市型社会逐渐转变的历史过程"[①]。城市地理学和城市规划学从城市的形成和发展入手,尤其是城市职能、用地扩展引起的城市化空间生产伴随着人口、产业等迁移,使得乡村景观向城市景观转化和集中。

2. 城镇化

依据我国人口基数和基本国情,城市化进程不仅仅是农村人口进入城市,还有向城镇转移和集聚的客观事实。党的十五届四中全会制定的"十五"计划正式开始使用"城镇化"一词,党的十七大提出走中国特色城镇化道路。我国城镇化建设理念体现出在城市和乡村二者之间寻求平衡及优势互补的发展方式,它从小城镇建设起步,注重无产阶级的主体地位,主张通过产业结构调整和转变实现城乡一体化发展,追求农业人口向城镇聚集、乡村人口在城镇居住和就业,以及生产、生活方式向非农产业转变。中国特色城镇化道路基于我国地域广阔、人口密集、各区域发展不平衡,以及发达的小农经济与薄弱的商品经济的特征而提出,是符合我国经济社会发展现实的正确选择,是推进社会主义城镇化进程的渐进、科学、合理的方式。因此,"城镇化"是更加贴近我国实际、综合全面的概念表述,随着改革开放的深入推进,我国城镇化建设不断加快,其在新时代中国特色社会主义现代化建设中的重大作用也日益显现出来。中国特色城镇化道路基本定义为:在社会主义市场经济背景下的第一、二、三产业结构转型升级的城镇化;是政府与市场双重动力引导的城镇化;是农业转移人口向城市转移或就近转移两种模式的

---

① 倪鹏飞. 中国新型城镇化:理论与政策框架 [M]. 广州:广东经济出版社,2014:34.

城镇化；是在体制转型与制度更迭中反复前进的城镇化。中国特色城镇化是根据我国处于的社会主义初级阶段，将人口城市化与土地城镇化等市民化体制机制相结合，积极地从多种渠道解决城镇化建设中突出问题的科学道路。①

3. 新型城镇化

传统城镇化所有实践模式的单一取向虽然推动了经济社会发展，但我们不得不认识到区域发展失衡、市民化进程落后、生态环境污染严重等一系列问题，这就迫切需要引入新型城镇化理念去引领城镇化建设的实践。新型城镇化的"新"，就是要由过去片面追求以牺牲农业、农村发展和资源环境保护为代价的空间延伸、规模扩张、数量激增的城镇化，改变为以"人"的城镇化为核心，以提升城市质量、现代化水平为重心，着眼农民，涵盖农村，大、中、小城市和小城镇协调发展，城乡同步一体和公共服务均等的城镇化。

党的十八大报告中指出要坚持走中国特色新型城镇化道路，党的十八届三中全会进一步明确要"形成以工促农、以城带乡、工农互惠、城乡一体的新型工农城乡关系"，"完善城镇化健康发展体制机制"②。2013 年 12 月，习近平在中央城镇化工作会议上指出："城镇化是涉及全国的大范围社会进程，一开始就要制定并坚持好正确原则，一旦走偏，要纠正起来就很难了。城镇化不同于其他建设，房子造起来了，路开通了，水泥地铺上了，要走回头路就很难了。基本原则，我看主要是四条。一是以人为本。推进以人为核心的城镇化，提高城镇人口素质和居民生活质量，把促进有能力在城镇稳定就业和生活的常住人口有序实现市民化作为首要任务。二是优化布局。根据资源环境承载能力构建科学合理的城镇化宏观布局，把城市群作为主体形态，促进大中小城市和小城镇合理分工、功能互补、协同发展。三是生态文明。着力推进绿色发展、循环发展、低碳发展，尽可能减少对自然的干扰和损害，节约集约利用土地、水、能源等资源。四是传承文化。"③新型城镇化是通过积极实现农业转移人口就近城镇化和规划政策引导，调整公共资源配置格局向城镇倾斜，充分激发社会资本活力，容纳生态产业、绿色消费等多元可持续经济增长方式的科学道路，其主要内涵就是以人为本、四化同步、布局优化、发展集约、彰显特色。在 2014 年，中共中央、国务院印发了《国家新型城镇化规划（2014—2020 年）》（中发〔2014〕4号），分为八篇，共三十一章，重点论述了我国新型城镇化道路的规划背景和实施路径，提出了在接下来 6 年时间中把城镇化水平提升到六成以上的发展目标④。《国家新型城镇化规划（2014—2020年）》是指导全国城

① 参见辜胜阻, 易善策, 李华. 中国特色城镇化道路研究［J］. 中国人口·资源与环境, 2009（01）: 47–52.
② 中国共产党第十八届中央委员会第三次全体会议公报［M］. 北京: 人民出版社, 2013: 11.
③ 中共中央文献研究室. 习近平关于社会主义经济建设论述摘编［M］. 北京: 中央文献出版社, 2017: 160–161.
④ 参见国家新型城镇化规划（2014—2020 年）［M］. 北京: 人民日报出版社, 2014.

镇化健康发展的宏观性、战略性、基础性规划。当前，党和国家开辟了一条崭新的城镇化道路，把以人的城镇化为核心的新型城镇化道路嵌入新的政策理论体系，在以习近平同志为核心的党中央的正确引领下，将我国城镇化建设推向新的历史阶段。在以人民为中心的发展思想和社会主要矛盾发生转变的新时代背景下，作为新时代中国特色社会新型城镇化道路的方针指南，明确了未来城镇化的发展路径、主要目标和战略任务，统筹制定了相关领域制度和政策创新。

（二）新型城镇化的主要内涵与模式特点

我国人口数量众多、城乡区域之间差异大、资源能源承载能力有限，以及传统城镇化历史时期遗留下的发展困境，决定了我国的城镇化建设不能照搬照抄其他国家或地区的发展模式，而必须走一条真正适合自身基本国情、具有鲜明中国特色的新型城镇化道路。新型城镇化建设将更加注重以人的城镇化为核心的主体思想，实现城镇水平和质量稳步提升、发展模式和发展格局更加科学合理、体制机制不断健全、城镇宜居宜业水平不断提高、城乡差距不断缩小、基础设施和公共服务不断完善等在内的科学目标，探索推进多元化、渐进式、集约型、和谐型、可持续的城镇化模式。

1.新型城镇化的主要内涵

（1）以人为核心与公平共享

走新型城镇化道路，核心是"人"的城镇化，以人民为核心，这与以人的全面发展的思想为核心价值的马克思主义理论是一脉相承的，是其不断发展的产物。马克思认为人的现实需要不仅局限于物质生活资料，更需要对发展成果的享受。每个人在社会中自由和全面的发展是社会主义社会优异于资本主义社会形式最根本的因素，是马克思对于未来社会所提出的美好期望与战略思路。[①]人的自由而全面发展的观点贯穿整个马克思主义，是关于实现全人类的全面解放的必要组成部分，同时这也成为我国新型城镇化以人为本的核心内涵的主要支点。新型城镇化坚持增进城乡居民福祉、促进城乡居民在城镇中全面发展，并将其作为一切工作开展的出发点和落脚点，将以往传统城镇化所提倡的城镇土地扩张、城镇人口急剧增加的"以物为本"的发展模式，转变为更加注重人民的主体地位，建成以人本主义为基础的城乡发展一体化模式。我国作为一个处于社会主义初级阶段的国家，实现社会主义现代化正处在关键时期，如何实现人的全面发展对于城镇化的巨大推动作用已成为新型城镇化、新的发展阶段的重要时代命题。新型城镇化道路归根到底是"人"的城镇化，与产业调整紧密衔接、与城镇承载力相互适应、提高社会公共服务效益、提高人力资源利用效率、构建绿色和谐型城镇、更新城市发展理念等一系列要求，正是在坚持以人为核心的基础上正确规范城市与人之间的关系的有力实

---

① 张晖颖.以人为本是城镇化的根本原则［N］.中国社会科学报，2014-12-29.

践。新型城镇化决定着城镇化发展的前进方向与整体水平，通过更新人的社会观念，提高人的生存能力和基本素质，将在人类社会历史上写下浓墨重彩的一笔。

在中国新型城镇化快速发展、城镇水平不断向世界先进水平迈进的前提和背景下，人的全面发展问题如果不能得到及时关注和解决，势必会对整个社会转型与进步造成无法估量的后果。当农业转移人口市民化成为新型城镇化的主要任务之时，必须着力清除以城市利益群体为主的观念歧视与阻力，合理整顿城市与乡村的利益分配，同时培养进城农民的市民意识，最终使全体社会成员同享新型城镇化建设成果，促进社会包容与公平正义的形成，推动包容型、和谐型城镇化的建设。

（2）四化同步与融合互动

在新型城镇化实践背景中，党中央对于现代化建设中的四个维度做出了重大理论指导性建议，要求坚持"四化同步"，协调发展——"推动信息化和工业化深度融合、工业化和城镇化良性互动、城镇化和农业现代化相互协调"[①]。在中国特色社会主义建设新阶段，我国"四化"建设取得明显成效，并且在工业化、城镇化和农业现代化发展相对成熟稳定后，在 21 世纪历史性地增添了"信息化"这一代表新兴生产力发展标志的重大任务。面对城镇化和信息化、农业现代化、工业化的发展缺乏协调可持续性这一历史遗留问题，适时提出"四化同步"发展对于集约型城镇建设、产业结构转型以及社会经济发展具有重大意义，深入延展城镇化与其他三者之间的协调互动关系，促进"四化"和谐同步的内涵增长。"四化同步"作为重大理论创新，为下一步的社会主义现代化建设明确了目标，指引了前进的方向。

"四化"进程中并不存在单向前进，而是在相互融合与良性互动中同步推进的。"四化同步"主要包括以下几点。

第一，城镇化是工业化发展的基本载体，工业化是城镇化发展的原始动力。从历史发展经验来看，工业化需要城镇集聚先进的技术、高效的生产方式，以及先进的管理经验等生产要素以提供外部环境支撑，扩大新型工业化消费市场，实现规模经济；城镇化则需要产业发展提供资金支持与发展理念的转化，优化城镇就业结构，促进利益合理分配和资源优化整合。

第二，城镇化是信息化快速发展落实的主体，信息化为城镇化发展打好攻坚战役。城镇化通过劳动力、市场、基础设施、经济要素的集聚为信息化的快速发展提供了基本要求；信息化反过来又为城镇提升科技创新能力，解决管理等问题供应了新型技术装备，从而能够促进城镇多元功能的发挥和治理能力的转型升级，建设科学型城镇。

第三，城镇化为农业现代化发展提供交易平台，而农业现代化又为城镇化发展夯

---

① 中共中央文献研究室.十八大以来重要文献选编（上）[M].北京：中央文献出版社，2014：11.

实地基。城镇化能够从正面刺激农产品消费，从而从侧面促进农业机械化规模生产，就近城镇化也能够发展农业基础设施建设，引导先进人才和技术回到农村，提供新的发展机遇；农业现代化又能够为城镇化发展提供粮食保障和乡村智慧，增强农业这一根本产业的根基。由此可见，"四化"发展是一个整体系统，工业化创造供给，城镇化创造需求，信息化和农业现代化提供动力支持。[①]因此，在新型城镇化道路中要把"四化同步"作为主要发展逻辑，不断推进四者之间的融合互动与协调发展。

（3）布局优化与产城融合

新型城镇化道路追求对于城镇主体规模的规划具有前瞻性、战略性和导向性，促进农村诸要素系统化、链条化、结构化的统一和升级[②]，筹划合理城镇布局，形成以大带小、以产促城，大、中、小城市和小城镇协调发展的城镇版图；要求必须深入研究当地人文地理和生态环境综合承载力，正确运用本土空间资源和人文背景的发展优势，避免"千城一面"的城市功能和城镇化效应重复。新型城镇化道路追求提升城镇发展质量，注重因地制宜，从片面追求城镇人口、经济增长过渡到高质量内涵发展，利用当地文化特色和地域资源环境优势，在涉及生产生活方式的产业结构和就业结构等社会民生领域实现质的提升，以推动生态宜居、设施完善、经济发达的特色城镇建设，增添新城镇的吸引力。

对于如何在城镇与产业之间更加紧密的协同联动中推进经济社会进步，正确运用马克思主义空间生产理论对于城镇空间逻辑发挥科学规划的作用，新型城镇化将在优化城镇布局的基础上推动不同城市的质量提升，带动经济增长和城乡融合同步发展，改善城镇产业结构，使其与区域经济水平、产业特色、资源环境承载力相适应，通过夯实产业支撑、优化升级产业结构助推城镇融合。新型城镇化是立足于产业发展这一根本基础，根据城镇定位明确发展方向，合理谋划产业空间布局，集聚产业生产要素，扩展市场需求的城镇化；是结合信息化发展培育新兴产业，延长产业链条，扩大实体经济的城镇化。由此可见，新型城镇化的一个重要内涵就是与产业经济协调发展、互为支撑。

（4）生态文明与绿色集约

城镇化从本质上讲，必须满足经济水平提升和优化生产生活环境两方面的要求。我国城镇化建设当前最大的制约因素就是粗放型传统城镇化增长模式造成的资源过度消耗和环境破坏，"城市病"问题凸显。城镇化加剧了地区能源和环境的承载压力问题，并且在民生领域公共服务体系建设与生态承载力之间存在历史局限性，造成人均资源占有

①　参见冯献，崔凯.中国工业化、信息化、城镇化和农业现代化的内涵与同步发展的现实选择和作用机理[J].农业现代化，2013（03）：269-273.
②　郭永丰.探析新型城镇化道路的显著特点[J].经济研究导刊，2015（08）：83-84.

量、生态环境污染等各个维度的矛盾日益突出。在经济水平日益提高、人民生产生活需求不断发展的新时代，城镇化过程中生态环境建设尤为重要。

新型城镇化道路以生态文明建设为总体要求，以目标清晰、规则明确为导向，以绿水青山为目标，以环保产业为推力，推动城镇向集约化、生态化、品牌化方向发展，向城镇规模、经济效益、建设速度、城乡关系相互协调，自然文明与人类文明相互统一，经济、政治、社会、文化领域与生态文明建设相互融合的新型城镇化高级阶段迈进。

坚持绿色低碳、集约环保是党中央提出建设美丽中国、建设生态文明的总体要求，这与"两型城市"，即资源节约型与生态良好型的城市发展形态是有机统一的，同时也是新型城镇化建设的高级形态。新型城镇化发展模式为城镇由粗放型向集约型、可持续发展转变确立了思路，把生态文明理念全面融入城镇化进程，形成绿色低碳的生产生活方式和城市理念。新型城镇化提出了要尊重自然规律，坚持环境保护优先，科学确定开发项目，构建绿色生产消费体系，坚守生态红线，推动建设生态宜居型城镇等基本要求。

（5）文化传承与彰显特色

新型城镇化提倡传承优秀民族传统文化与彰显乡村地域文化特色相结合。新型城镇化以人为核心的发展理念是从厚植在中华民族优秀传统文化土壤中的"天人合一""仁者爱人"等人本思想发展而来的。最早在《管子》中提到的"以人为本，本理则国固"的"以人为本"的概念，主张通过利民、惠民、富民政策的落实，构架起最早的民本主义思想的雏形，开创了民本主义的先河。自此以后，在春秋战国时期，各家学派将其发扬光大，儒家学派则集大成于一身。孔子的"仁者爱人"思想强调"仁者，人也"，将以人为本作为天地之道的本质特征。孟子的"民为贵，社稷次之，君为轻"以及荀子的"君舟民水"之说更是把民本思想推向了一个高峰。古代传统文化把发挥人的主观能动性和人民的首创精神放在如此重要的地位，为新型城镇化的以人为核心的发展理念提供了历史借鉴，促进了人的全面发展和生活水平的提升，为指导城镇化实践提供了一脉相承的基因。正因此，我们也看到了新型城镇化传承中华优秀传统文化的坚定信念与行动。

城市文化和农村文化皆为中华优秀传统文化的重要分支，是我们国家建设社会主义文化强国、提高文化软实力的主要着力点。然而在长期城镇化道路中，由于"摊大饼"式的粗放发展方式，随着大量农村人口向城市地区转移，渐渐形成以城市文化为主的现代文化体制，慢慢形成以城市文化为优的思想观念，乡村文化在与城市文化实力悬殊的竞争中败下阵来，并开始逐渐消失于大众视野。我们需要认识到的是，乡村文明在历史长河中承载了太多的优秀文化因子，古代优秀文化大多都起源于乡村，乡村文化蕴含着丰富的文化营养。走新型城镇化道路，就是摒弃过去对于乡村文化的全盘否定和抢占掠夺，充分从乡村文化中汲取积极养分来完善中国特色社会主义文化。坚持提升城镇质量建设和内涵，在现代化文化转型之中寻找着力点，逐步提高乡村文化的发展与进步，实现人的文化内涵提升，推进社会主义先进文化向农村渗透，实现农村和城市两种不同的文化各美其美、美人之美、美美与共、和谐共存的文化传承。

走新型城镇化道路，需要我们深刻理解其基本内涵，在以人为核心与公平共享中更好地保障、维护人民的根本利益；在"四化同步"与协调发展中促进我国经济高质量、稳妥地支持城镇发展；在优化布局与产城融合中做到规划先行，统筹城乡新格局、结构新调整；在生态文明与绿色集约的前提下探索最优城镇化发展模式；在文化传承与彰显特色中延续中华文明，维持乡村文化的完整性和协调性。

2.新型城镇化的模式特点

（1）模式多元

城镇化的建设应强调多元并举，充分发挥各主体的作用，探索不同的模式与路径，走多元化之路。中国是一个民族多元、文化多元、发展条件和发展水平多元的国家，我国城镇化建设首先要立足基本国情，走中国特色的多元化城镇道路。首先，经过多年的发展，我国已形成水平多元的多种城镇化阶段共存的格局，各地发展主客观条件差异极大，需要因地制宜，采取不同的战略推进模式：在东部沿海地区建设大都市区和城市群，发挥辐射和带动作用，推动区域经济有序发展；在相对落后的西部地区，重点发展具备特色的专业化中、小城市中心，培育新型小城镇建设，充分发挥农村与大城市之间的纽带作用，形成合理分工、协调发展、等级有序的城镇规模结构。其次，凝聚各方力量，形成动力多元的城镇化进程推进机制。正确协调政府与市场之间的关系，打破城乡隔离、区域壁垒，促进人口和各类生产要素的合理流动。在动力机制多元的产业支撑方面，要深化企业改革，转变发展方式，充分发挥金融支持对地区的资金拉动作用，大力发展和提升第三产业，产生合力，助推城镇建设。

（2）过程渐进

世界城镇化历史表明，积极引导各类要素向城镇集中的过程必然是循序渐进的，必须遵循历史发展规律，切不可急功近利，以免造成城镇化的规模、速度与地区经济发展水平、城镇综合承载能力的失调。新型城镇化建设是一个漫长、渐进的过程，我们必须深刻认识我国当前城镇化发展现状，充分汲取各个发达国家城镇化建设过程中积累的经验和教训，始终坚持以习近平新时代中国特色社会主义思想为指导，合理控制城镇化建设的速度与规模。

新型城镇化发展模式的一个突出特征就是要适度推进城镇化的速度和规模，既要考虑农业人口的总量和土地容量，绝不能以牺牲农业用地为代价，又需要考虑当地财政和经济社会背景，避免城镇化落后或赶超工业化发展。新型城镇化要求保持合理的投融资规模以及合理的空间扩张，保持与工业化、信息化的同步发展，始终立足于与经济发展水平相适应的城镇建设，立足于环境承载力和城镇容纳力的"红线"，切不可盲目冒进。我们要走自主创新的具有中国特色的社会主义城镇化道路，加速农业人口的合理有序流动，加强土地资源利用效益，调整产业结构，提高城镇就业率，改善公共服务、环境污染等涉及民生领域的问题。新型城镇化所带来的"就地城镇化"策略，已经成为合理控制城市规模、实现城乡统筹发展、缩小城乡收入差距、解决大城市负荷严重超标的"城市病"的新的中国方案，是基于中国特色社会主义提出的新的城镇化思维导向。

从推进过程来看，新型城镇化是一个循序渐进的系统过程，主要包含城镇化规模与质量逐步兼容、城市社会治理逐渐深入、人民生活水平逐步提高、社会公平日益完善，以及文化保护日趋完善等几方面内容，为广大人民群众提供了良好的生产环境、生活服务的空间基础，为开展公共服务与社会治理提供了优先保障，为转变观念和促进社会公平提供了正义土壤。

（3）统筹全面

新型城镇化的全面统筹主要表现在三大方面。第一，城乡统筹。直面生产要素在城镇过度集中导致的问题，比如农业、农村发展并没有受到同样的待遇，城市和农村之间收入差距很大。新型城镇化以城乡同步融合发展为根本原则，致力于实现城乡统筹协调发展。城镇化可以实现人力资源与技术在城镇的集中，转变生活方式和消费方式，从而刺激消费需求带动整体国民经济发展；同时还可以激发对于基础设施的需求，带动全社会实现基本公共服务均等化；还能够帮助提高农村居民人均资源占有量和农业生产水平，有利于加快实现农业现代化进程，推动形成以工促农、以城带乡的良好局面，进一步缩小城乡差距，实现城乡一体化发展。第二，系统全面。新型城镇化是综合收入分配、社会服务、就业结构、社区环境、城市管理及生态保护等多种因素的不同层面、不同角度、衔接严密的系统工程，是涵盖多元维度与特质的要素整合。其中，新型城镇化通过引导改善就业结构和社区居住环境，为城镇中的主体——人提供了基本生产生活条件，界定了城镇化发展的空间地理位置；还通过加强社会公共服务与城市综合管理为城镇中的主体——人的全面发展扫除了阻碍；另外，新型城镇化还通过调整收入分配和就业结构刺激了生产消费，调整了社会各群体的不同利益。新型城镇化通过六大维度的有机整合建构起了推动新型城镇化进程的动态系统。第三，项目指标周密。新型城镇化的正确推进对于物质资料增长和精神层面发展具有重大意义，它不只追求"量"的增长，比如财政税收、城镇人口和面积及人均可支配收入等指标，还包括城镇化建设"质"的增长，比如城镇中产业结构的优化、基础设施的完善、空间布局的合理，以及人居环境的优化与社会的安定团结等。从项目层面来看，新型城镇化尤其关注绿色产业和生产消费型服务业的发展。因此，新型城镇化是带动经济领域与社会民生领域协调发展的重要路径。①

依据我国幅员辽阔、人口众多和社会矛盾转变这一基础背景，新型城镇化必须走过程与速度渐进的城镇化模式；依据城镇发展现状和提高城镇效益的这一迫切需要，新型城镇化必须走推进机制、推进路径多元并举模式；依据历史时期遗留下的城乡二元固化、发展不充分这一现实困境，新型城镇化必须走统筹全面的城镇化模式。

（三）新型城镇化的建设成就与现实问题

1.党的十八大以来新型城镇化建设取得的突出成绩

党的十八大以来，新型城镇化建设稳中有进，协调有序发展。党中央在新时代高屋建瓴，加强顶层设计，坚持点面结合、统筹推进：科学统筹规划，逐步深入基层，着力解决了"三个1亿人"的城镇落户、棚户区改造，以及就地城镇化问题，推动大、中、小城市和特色小镇有序布局与合理发展，顺利开展国家新型城镇化综合试点工作，总结凝聚共识，形成了可借鉴的实用方案，新型城镇化纵横联动、协同推进效应发挥显著。

（1）新型城镇化体制机制创新与改革不断推进

推进城镇化实际上是一场全面而深刻的社会变革，这一变革中任何一个环节的突破，都需要与相关领域的改革措施协调推进，通盘考虑，没有体系制度安排的协调配合，单纯某一方面的单兵突进式改革都难以取得应有的效果，带来的将是矛盾、冲突，甚至会引发社会的不稳定，因此必须在深入分析传统发展模式利益格局的基础上，找准突破口，以促进权利公平、机会公平和规则公平为导向，明确改革的方向和推进次序。②国家通过相关制度创新，构建以规划为主、以户籍、土地、财税等制度为框架的新制度体系，完成了与增减挂钩的农村土地改革，在农村经营建设用地的农转非过程中保障农村农民的基本权益；加快了农业转移人口进城落户，完善了更为公平合理和可持续的利益分配格局，破除导致城乡区域分割和要素自由流通的体制障碍；推广社会资本合作模式，营造有利于城镇化健康发展的公平文明和谐的体制环境，为新型城镇化全面、健康、可持续发展注入新生机。

中共中央、国务院印发的《国家新型城镇化规划（2014—2020年）》（中发〔2014〕4号）为城镇体系规划、城市群发展规划、城乡建设总体规划、土地利用规划、各产业发展规划等之间相互衔接、相互融合，形成城乡一体的空间规划体系，提供了重要指导，描绘了城镇化发展的战略性目标和布局。在新型城镇化发展道路上，我国逐步

---

① 参见宋连胜, 金月华. 论新型城镇化的本质内涵 [J]. 山东社会科学, 2016 (04)：47–51.
② 参见卢文阳. 新型城镇化面临的形势及发展路径探究 [J] 农业经济, 2016 (01)：98–100.

建立健全了以制定科学合理规划为政策方针基础的发展战略，稳固了"规划先行"在完善城乡规划体系，促进城镇形态优化布局、资源要素优化配置，产业发展有力支撑、基础设施集约建设等方面的综合指导作用。

（2）城市格局持续完善，城市功能和宜居性稳步提升

当前我国以城市群为主的"东密西疏"整体城市布局、"两横三纵"为主体的城镇化战略格局基本形成，城镇化发展的蓝图基本确定。从各区域来看，东部沿海地区城市化初具规模，辐射能力大幅提升，中部地区区域性中心城市发展潜力彰显，西部地区城市基础能力进一步完善，"一带一路"沿线、京津冀、长江沿岸，以及成渝经济带发展态势良好。[①]在"两横三纵"城镇化总体战略格局中，区域间城市数量、人口规模、城镇化率、经济密度及路网密度等因素合理有序推进，一批参与国际合作和竞争、国土空间均衡开发、区域经济发展的城市群发展建设出现新的重点突破。在以长江中、下游地区为中心的中西部城市群和以中原、北部湾为中心的北部城市群，形成了我国新型城镇化的主要战场，一大批城市群开始组建起来，辐射带动效应逐步开始发挥，以大城市群作为新型城镇化主体格局的发展动向日趋明显。同时，国家加大力度培育发展新型中、小城市和产业特色小镇的规划建设，重点关注省级城市规划编制，着力提升城市的基础设施建设水平，强化县域经济体在新型城镇化改革中的支点作用。

城市功能和宜居水平、可持续发展能力逐步提升，在城市基础设施、公共服务及生态环境"三大短板"的社会民生领域取得重大突破。城镇基础设施建设力度不断加大，新型智慧城市、I型城镇试点示范为基础设施建设积累了经验，城镇中新增棚户区住房改造、城市地下综合管廊、城市轨道交通、信息网络等基础设施建设初见成效。国家推动城乡一体化公共服务的落地生根，进一步实现医疗卫生、创业就业、教育培训、休闲娱乐等重点社会服务，实现城乡同质发展；发挥城镇主体功能，带动农村社会服务改善，使特大镇扩权赋能继续推进，将公共服务按照行政等级划分转变为根据人口密度划分，并向农村延伸。集约绿色的城市特征开始显现，城市污染防治的重要性深入人心，城市水质、大气环境质量限期达标规划管理逐渐完善。绿色产业发展现出新机遇，带动城市生态修复和污染降低，城镇长效可持续发展初露锋芒。

（3）新型城镇化综合试点成效显著

2014年国家发改委等11部门印发《关于开展国家新型城镇化综合试点工作的通知》（发改规划〔2014〕1229号），指出将划分三批开展新型城镇化试点工作。第一批将江苏、安徽两个省和246个城市（镇）列入国家新型城镇化综合试点，为新型城镇化的全面推进开展示范。2017年底，《国家新型城镇化报告2016》指出，在城镇化深入发展的

---

① 参见车艳秋. 以人民为中心的新型城镇化研究［D］. 辽宁大学, 2017.

关键时期，第一批新型城镇化试点的 62 个相关城镇工作任务基本完成，各试点取得的阶段性成果和示范经验显著：在市民化的户籍政策、农村产权制度改革、金融行业动力机制、协调政府市场关系及城乡要素合理流动等方面形成可推广可复制的经验[①]，并加紧推进第二批新型城镇化试点工作的开展，围绕新时代社会主义现代化建设的战略部署，详列任务清单，继续开拓理论实践，推动新时代中国特色社会主义新型城镇化向更高质量发展。

2. 新型城镇化的现实困境

（1）城镇化与工业化缺乏同步协调性

目前学界大多依据工业化发展水平与城镇化发展速度总结出我国城镇化进程的三大阶段，即起步探索阶段（1958—1978年）、快速增长阶段（1978—2002年）以及平稳增速阶段（2002—2020年）。城镇化与工业化二者之间息息相关、休戚与共。从各自角度而言，工业化发展必须依托于城镇化这一基本生存"土壤"来聚集各类生产要素，同时城镇化的进程必须以产业发展为根本动力。城镇化集聚效应可以满足工业化对于各类具备专业能力的劳动力的需求，拓宽了消费市场和生产环境，提供了产业经济持续发展的外部动力，从而又为城镇化发展筹措了资金，方便非农产业人口向城镇转移就业，完善城镇基础设施建设，成为推动城镇化进程的加速器，二者互为补充，相互促进。通览各国城镇化发展史，笔者发现，如果不能保持城镇化与工业化同步发展、协调统一，缺乏合理规划和互动，就会造成国家现代化进程缓慢甚至停滞等种种问题。

我国经济建设发展起步较晚，工业化水平不高，致使城镇化发展速度滞后于工业化发展的速度。其基本特征是农村剩余劳动力不能自由地向城镇迁移，非农产业存在劳动力缺口，城镇化进程和经济发展缓慢。具体来看，自新中国成立以来，由于大力发展重工业以及反城市化等国家策略的限制，我国的城镇化严重滞后于工业化，阻碍了经济社会的进一步发展。社会主义市场经济确立实施以后，国家对于城镇化的重视程度提高到新的层面，但是由于以工业化为主的体制格局并没有改变，导致我国城镇化进程依然落后于工业化发展水平并长期处于追赶阶段。伴随着城镇化的快速发展，我国城镇化率出现显著增长，并且在 21 世纪初逐步超越工业化的增长水平，但由于地方政府片面追求指标增长，城镇化率虚高，使得城镇发展方式不尽科学，产业结构调整困难，产城互动不够密切等一系列问题开始显现，城镇化存在的动力支持不足，与工业化发展不协调同步的"顽疾"始终没有得到根治。因此，中国的工业化和城镇化道路，既存在计划经济与市场经济转型过渡时期经营制度的变化，也存在以乡镇企业纳税为主的地方财政与城镇空间资本积累的密切联动。要实现工业化和城镇化同步发展、逐步加强二者之间的协调

---

① 陈桂龙. "十三五"时期新型城镇化工作展望[J]. 中国建设信息化，2016（09）：12-13.

性，解决传统城镇化的重点难题，强化产业支撑与协调政府与市场关系将发挥举足轻重的作用。

（2）"人-地"失衡矛盾突出，区域发展不均衡

在中国快速城镇化进程中，城镇空间存在盲目扩张与无序蔓延的态势，表现为土地城镇化速度明显快于人口城镇化速度，例如2001—2012年，全国城市建成区面积和建设用地面积分别年均增长6.08%和6.25%，而城镇人口年均增长仅有3.72%。这说明，传统城镇化发展模式下城市土地扩张与人口增长不匹配，土地资源集约配置效率低下，土地城镇化投入粗放无序与人口城镇化虚高的矛盾突出，有悖于人的城镇化进展，对社会结构转换造成不良影响。城镇化历程上相对固化的城乡二元经济社会体制对人口城镇化和土地城镇化的资源空间合理配置也起到阻碍作用，在经济发达地区，建设用地指标存在较大缺口的同时，在经济落后的广大农村地区却出现了土地闲置与浪费，从客观上导致了我国城镇化进程中"人-地"失衡矛盾突出。

具体来说，快速城镇化发展是以无序的土地要素投入、损害农民部分利益，以及牺牲农业土地资源为代价的。一方面，某些地区城市建设用地存在对基本农田、宅基地的无序扩张和肆意吞噬等违规操作，用于追求GDP增长和政绩。根据中国统计年鉴数据分析，截至2013年，土地城镇化年均增长速度大约在城镇人口增速的一倍以上，加之我国城镇化建设取得突破进展，大批农业转移人口开始向东部沿海地区转移，但人口城镇化所涉及的户籍、医疗、儿女教育等配套设施缺乏，基础公共服务等财政负担加重，大量农村居民在短时间内转为城镇居民，造成大城市棚户区严重超标，农民工难以真正融入现代大城市生活，幸福感缺失。同时随着"房地产城镇化"开始蔓延，造成房价虚高、炒房严重、"空城"不断涌现等问题。另外，随着优秀劳动力、资本与技术等积极因素向城市单方面靠拢，大批人口转向城镇，导致农村的老人、儿童留守问题严重。国家认识到这一问题的严重性，开始出台政策，限制大城市建设用地扩张，并开始将有关城镇化优惠政策向中、西部地区倾斜，东部地区大城市用地指标开始下降。另一方面，农村土地被肆意侵占，土地制度不完善，"农转非"土地相关制度不够健全，对农村闲置土地资源在市场交易中有序流动、承包经营权合理配置造成阻碍，土地价格形成机制以及对于失地农民的补偿措施缺失，进一步拉大了城乡收入差距。我们必须认识到，当前的土地征收、获益合理分配机制对于地方政府主导下土地的合理运用还不够成熟，农业人口市民化进程中产权流转与政策支持调配还不够合理，人均土地占有量的空间配置还不够平衡，造成了城镇缺乏合理规划、结构布局失调。

除此之外，长期以来由于工业化和经济发展阶段不相同，中国各地区的城镇空间布局不够合理，区域之间城镇化水平差异显著，城镇化阶段也各不相同。总体来看，东部

沿海地区城镇化水平较高，加速时间点较为靠前，而中部地区城镇化水平相对较低，加速时间点较晚，而东北地区的城镇化基础良好但加速缓慢，西部地区城镇化水平还明显偏低，发展落后，从而导致区域间的发展不平衡问题进一步加重。由此带来的是，中国城市数量和城市规模的分布呈现显著的空间集中性与不均衡性，造成局部地区资源环境的巨大压力、经济社会的发展成本增加、经济发展无法持续性增强、城镇居民人均可支配收入和农村居民人均可支配收入不均衡等一系列问题。同时，由于之前阶段大力发展小城镇的战略，中、西部地区小城镇受到大城市"虹吸效应"的影响以及发展机会的被抢占，导致主体地位不强，规模实力偏弱，小城镇发展滞缓。此外，中国城市之间低水平同质化竞争严重，产业结构同构化突出，城镇定位不清，功能重复，模式不明确，分工不细化，大、中、小城市与城镇的关系更多表现在资源的争抢与"极化效应"，辐射与带动效应还未正确发挥，城镇体系不尽合理，竞争力不够。

（3）"半城镇化"现象凸显，资源环境问题严重

目前，中国的城镇化是一种典型的不完全城镇化，人口市民化程度很低，城镇建设中"半城镇化"问题突出。例如截至 2016 年，我国常住人口的城镇化率与户籍人口的城镇化率相差依然超过 10 个百分点，这说明，进城务工农转非人员仍然游离于城市体制之外，在社会保障、基本公共服务方面与城镇常住人口依然存在较大差距，处于非城非乡的尴尬境地，导致农民工的获得感与幸福感偏低。究其原因，是传统的粗放的城镇化发展模式在经济利益驱动下，着力于 GDP 的片面增长，忽略了人的感受，随之而来的是社会保障体系不健全、城乡基本公共服务发展失衡、贫富分化、资源生态失衡等一系列严重问题，对人民物质生活和精神世界造成巨大威胁，影响城镇化的可持续性建设推进。其主要表现为：以"物"为本的城镇发展理念，导致对公共服务事业投入偏低，城镇基础设施建设不完善，城市管理落伍，"城市病"所带来的交通、医疗、教育、卫生、环境及安保等问题突出，影响人民生活环境和生活质量，给经济社会发展带来隐患。

另外，一些地方政府片面追求城镇化速度，忽视本地生态环境的因素，使城镇化率的提高建立在能源资源过度消耗的基础之上，城镇化的资源浪费、环境污染代价严重，主要表现为以下几点。第一，资源能源消费过剩。中国长期积累的产业结构性矛盾和粗放型经济发展方式造成了在城镇化进程中煤炭、石油、水资源等不可再生能源的过度消耗，资源匮乏、人均占有量严重不足，绿色产业缺乏活力支撑，转型困难。第二，生态保护形势严峻。传统城镇化发展模式走的是一条"高消耗、高排放"的老路，当前社会面临生态急剧恶化、污染严重的双重约束，随着大量人口涌入城市，气候变化问题加大了民众对于减排的呼声，给城市碳排放带来巨大的上行压力。工业的发展产生的固体废弃物、废气排放以及废水排放使空气质量超标和饮水污染问题日益严峻，严重威胁到人

类赖以生存的生态环境，打破了生态平衡，给城镇化的可持续发展带来负面影响。

总而言之，随着城镇化的快速发展与国际社会形势变化，传统城镇化开始日渐显现出与工业化失调、与土地城镇化发展不协调等"半城镇化"现象，以及资源环境等非包容性矛盾，其发展模式所蕴含的各种"红利"也将消失殆尽，难以与当前人民的合理需求相适应。这就表明当前城镇化发展出现了新的趋势，即过去存在的片面追求"量"的增长、速度加快、空间扩张、城乡失衡的传统城镇化将被以人民为发展核心，追求"质"的提高，注重绿色集约、城乡区域平衡、持续高效的新型城镇化发展模式所代替。

（四）河北省新型城镇化发展现状

河北省地处京畿重地，内环京津，外环渤海，历史悠久，文化灿烂，在区位、资源、交通、产业、市场等方面具有独特优势，发展前景广阔。改革开放以来，河北省经济发展较快，人民总体上达到了小康水平，但在发展过程中出现了很多问题，城镇化建设还不够全面，因此既需要肯定其发展成果，也需要从中寻找问题，并据此为河北省的新型城镇化水平研究提供依据。

1. 河北省新型城镇化建设成效

（1）城镇化率稳步增长。河北省自国家提出"走中国特色城镇化道路"以来，不断深化体制机制改革，持续加强城镇化建设，取得了较好成效。例如，河北省常住人口城镇化率稳步提升并于2015年突破50%，城镇人口数量首次超过农村人口数量；城镇数量不断增加，2003年河北省共有城镇数量970个，到2015年时达到1 098个，增长了13.2%，成果显著。[①]

（2）产业持续发展。新型城镇化建设需要以产业发展作为支撑，河北省在发展资金密集型产业的同时，重视劳动密集型产业以及第三产业的发展，以实现经济发展和就业增长的良性循环，如钢铁产量从2000年的1 306.52万吨增长到2015年的25 245万吨，推动了制造业、房地产业等行业的发展；入境旅游人数不断增加，例如，截至2015年底，有138万人来河北省旅游，是2005年的近三倍，带动了住宿和餐饮业等相关行业的发展。

（3）居民生活条件不断改善。第一，居住条件大为改观。例如，截至2015年底，城镇居民人均拥有房屋面积为35.87平方米，农村居民人均拥有住房面积为37.88平方米，比2005年的21.53和28.35平方米分别增长了66.6%和33.6%。[②]第二，居民出行更加便利。首先是交通线路里程数连年增长，出行方式更加多样。如高速公路线路长度从2005年的2 135千米增长至2015年的6 333千米。民用机场由2005年的2个增加至2015年的5个，国内航

① 国家数据［DB/OL］.https://data.stats.gov.cn/search.htm?s=%E5%86%9C%E6%B0%91%E4%BA%BA%E5%9D%87%E6%94%B6%E5%85%A5.
② 河北经济年鉴—2016［EB/OL］. http://www.hetj.gov.cn/res/nj2016/indexch.htm.

线2015年为67条，是2005年的近3倍。①交通线路四通八达，极大地方便了人们的出行。其次，出行工具更为舒适，减少出行阻碍。2015年城镇居民平均每百户家用汽车拥有量636.91辆，是2005年的近10倍。相反，摩托车拥有量呈下降态势，从2005年的31.596辆（平均每百户拥有量）降低至2015年的14.38辆。农村居民家用汽车实现了零的突破，截至2015年底，农村居民平均每百户拥有的家用汽车数量为23.61辆。②第三，日常生活更为便捷和舒适。主要表现在家用电器、计算机及健身器材等现代化设备在城乡居民生活中的使用，如城镇、农村居民每百户拥有的计算机数量在2015年分别达到了76.57台、37.82台。③

（4）城市环境保护得到进一步重视。2005年河北省第十届人民代表大会常务委员会第十四次会议修订了《河北省环境保护条例》（以下简称《条例》），《条例》要求全省上下践行科学发展观，坚持环境建设与经济建设、城乡建设同步规划、同步实施和同步发展的原则，以实现环境效益与经济效益、社会效益的统一。河北省通过对各种空气污染来源的整治，推进工业、建筑业等重点领域的节能减排，以及水污染处理系统的升级改造，取得了一定成效。例如，2011年，河北省设区市全年达到及好于二级的天数为340天，比2005年提高了48天。在之后的城镇化建设中，河北省更加重视重点领域和重点行业的大气污染防治，限制污染气体排放，并印发相关通知，鼓励加快节能环保产业的发展。

（5）发展环境持续优化。近年来，为促进新型城镇化发展，河北省积极出台了多个重要文件，如2007年河北省政府制定的《河北省人民政府关于加快推进城镇化进程的若干意见》，文件就河北省深入实施城镇化战略进程中突出的矛盾和问题提出了若干意见；河北省住房和城乡建设厅于2009年发布了《关于加快壮大中心城市促进城市群快速发展的意见》，文件强调了中心城市和城市群的重用作用，提出要进一步完善城镇化发展格局，统筹中心城区与周边地区的发展，推动环京津卫星城市带与京津全面对接等意见。这些文件以及相关的配套政策为河北省城镇化建设提出了规范性要求，为积极推进新型城镇化建设提供了有力保障。进入"十三五"时期，河北省积极响应党中央要求，制定了《河北省新型城镇化与城乡统筹示范区建设规划（2016—2020年）》，明确了全省未来五年推进新型城镇化和城乡一体化的主要目标、发展路径以及战略任务，为之后一个时期的城镇化建设创造了良好氛围。

---

① 河北经济年鉴—2016［EB/OL］. http://www.hetj.gov.cn/res/nj2016/indexch.htm.
② 河北经济年鉴—2016［EB/OL］. http://www.hetj.gov.cn/res/nj2016/indexch.htm.
③ 河北经济年鉴—2016［EB/OL］. http://www.hetj.gov.cn/res/nj2016/indexch.htm.

2. 河北省新型城镇化建设存在的问题

（1）城镇化建设发展缓慢，城镇化率低于全国平均水平。河北省自古即是京畿要地，位于两大直辖市——北京、天津的外围，地理位置可谓得天独厚；文化基底深厚，全省拥有重点文物保护单位58处，名列全国首位；有亿吨大港——唐山港、秦皇岛港，铁路、公路货物周转量居我国首位。河北省发展优势明显，然而城镇化率却明显低于全国平均水平，和北京、天津两市相比更是相差甚远。2015年，北京城镇化率为86.5%，天津为82.64%，河北省仅有51.33%，比全国平均水平还要低将近5个百分点。河北省城镇化建设还有很长的路要走。[①]

（2）城镇化水平滞后于工业化水平。国际标准值法用IU比和NU比来分析一个国家或地区工业化、非农化和城镇化之间的发展关系，其中，IU是指劳动力工业化率与城镇化率的比值；NU是指劳动力非农化率与城镇化率的比值。当三者发展较为协调时，IU约为0.5，NU约为1.2。若一个国家或地区的IU值大于0.5，NU值大于1.2，则说明大量从事工业和其他非农产业的人口滞留于农村，城镇化发展不足。河北省在推进新型城镇化建设过程中注重产业结构的优化升级，第二、三产业产值比重也有所提升，如2015年第二、三产业产值占GDP比重分别为48.27%和40.19%，贡献率之和更是达到了96.2%，然而河北省的IU值和NU值分别为0.66和1.31，仍然高于国际标准值，表明河北省的城镇化水平仍然低于工业化水平，大量从事工业和其他非农产业的劳动力仍然生活在农村，没有实现人口向城镇的真正转移。

（3）城乡居民收入差距大。城乡一体化发展是新型城镇化的基本特征之一，在城镇化建设过程中需要全盘考虑，表现之一就是城乡居民收入差距的不断缩小。而过大的城乡收入差距不仅不利于社会发展有效需求的增长进而刺激经济增长，也会使得缩小城乡差距的人口流动的内在机制难以发挥效用，从而进一步扩大城乡差距，导致城乡矛盾激化，危害社会和谐稳定。河北省城乡收入比先升后降。虽然从2009年起，该省城乡收入比有所下降，但城镇居民收入仍是农村居民的2倍多；2015年城镇居民人均可支配收入为26 152.2元，农村居民人均可支配收入为11 050.5元，收入差距15 101.7元。由此导致城乡居民消费水平不同：2015年，城镇居民人均消费水平为17 924元，农村居民只有7666元，且食品支出占其消费总支出的近三分之一，用来满足其他需求的支出大幅减少，阻碍了农村居民的全面发展，也不利于农村经济的持续发展。[②]

（4）城镇建设不足。新型城镇化不单单需实现人口的迁移，还要相应的城镇建设以

---

① 国家数据［DB/OL］.https://data.stats.gov.cn/search.htm?s=%E5%86%9C%E6%B0%91%E4%BA%BA%E5%9D%87%E6%94%B6%E5%85%A5.

② 相关数据见国家数据［DB/OL］.https://data.stats.gov.cn/search.htm?s=%E5%86%9C%E6%B0%91%E4%BA%BA%E5%9D%87%E6%94%B6%E5%85%A5.

满足转移人口的生活需要。在城镇化发展过程中容易出现的建设不足主要包括：第一，建制镇和县城的基础设施建设不足，城镇配套功能难以满足居民基本生活需求。河北省建制镇市政公用设施水平总体来看低于全国平均水平，有些差距还较大，基础设施建设水平较低，还需要进一步完善。第二，城市规划不尽合理，交通拥堵，环境污染严重，城中村生活条件恶劣。大城市提供了更多的就业机会，吸引了大批农村人口进城务工。由于农民工处于社会底层，收入有限，城中村应运而生。而这些城中村普遍脏、乱、差，给居民的生命财产安全带来了隐患。此外，由于城市人口密度的不断增大，交通拥堵、医院人满为患等社会现象频繁发生，这些都是城市发展亟待解决的问题。如河北省很多城市的交通拥堵现象并不比北京等大城市轻多少。为了应对此现象，同时减少汽车尾气对空气的污染，石家庄、保定及邯郸等市陆续开始实施机动车限号上路。

总之，目前河北省的城镇建设还存在着很多缺陷与不足，因此科学合理地规划城镇建设，建立健全城镇体系，推动大中城市升级改造和小城镇基础设施建设，提高城镇发展质量是当前河北省新型城镇化建设中的一项重要任务。

（5）环保问题依然严峻。自2012年起，国家在北京、天津、河北以及长三角、珠三角等重点区域、直辖市和省会城市开展了PM2.5和臭氧检测，并于2015年扩大至所有地级以上城市。PM2.5即细颗粒物，在空气中浓度越高，空气污染越严重，对人体健康和大气环境的影响越大，其主要来源为燃料及其他可燃物燃烧、工业粉尘、建筑扬尘等。河北省丰富的矿产资源促进了其工业发展，然而钢铁、石化等企业会排放大量的可吸入颗粒物等有害物质。多年的粗放式发展，给大气环境带来了严重破坏。随着人们生活水平的不断提高，机动车数量成倍增长，出行更加方便的同时，大量的尾气排放又给大气环境带来了沉重负担；小城镇特别是农村冬季生活采暖多使用煤炭、木材等燃料，排放的烟尘成为大气污染源之一。虽然河北省近些年开始采取各种措施防治大气污染，也取得了一定效果，但环境污染问题依然严峻。河北省城市历年空气质量都有不同程度的改善，但在2015年全国空气质量最差城市排名前10名中，有一半的城市为河北省城市，其中辛集市位列榜首，成为全国空气质量最差的城市。新型城镇化的目的是促进经济发展，但不应以牺牲环境为代价。在提高物质享受的同时，欣赏大自然的美的精神享受也必不可少，因此环保问题依然是河北省乃至全国都要重视的问题，环境保护刻不容缓。

二、城乡融合发展的概述

（一）相关概念辨析

1.城乡融合与统筹城乡发展

城乡融合和统筹城乡发展概念上有相似之处，但侧重点有所不同。

党的十六大报告提出统筹城乡发展，以城市作为经济的增长极，发挥城市的扩散效应，通过城市、工业的带动作用来促进农村、农业发展。虽然统筹城乡发展在政策制定上向"三农"倾斜，在具体实施过程中显现出了一定成效，但并没有摆脱以城市为本位的政策思路。由于城市的极化作用较强，"虹吸效应"明显，农村生产要素往城市单向流动的趋势没有明显减缓，农村空心化衰落的局面没有彻底改变，农村的内生发展动力没有得到有效增强。

城乡融合发展注重城乡地位平等，把城市与乡村作为一个整体，统筹规划和整体推进。城乡融合发展强调加强制度创新，保障制度供给，推动农村土地制度、城乡户籍制度、社会保障制度等方面的改革，为城乡融合发展扫清体制机制障碍，促进生产要素在城乡之间的合理流动和优化组合，增强乡村内生动力，缩小城乡差距。同时，通过合理"点轴"规划、功能区规划等方法，不断优化城乡空间结构，逐步建立全面融合、共同繁荣的新型工农城乡关系。

2. 城乡融合与城乡一体化

城乡一体化与城乡融合概念相近，这一概念起源于苏南地区的改革实践，是指"经济发达的城市和相对落后的农村，通过统一规划、合理布局，实现生产要素的合理流动，促进产业格局的合理布局，从而提高农民收入，缩小城乡之间的差距，并最终实现城与乡的共同发展"[①]。党的十七大报告提出"加强农业基础地位，走中国特色农业现代化道路，建立以工促农、以城带乡长效机制，形成城乡经济社会发展一体化新格局"[②]。城乡一体化强调城乡在时间与空间上的有机联系，包括城乡建设、经济发展、公共服务、社会管理、生活方式及生态环境六个方面的一体化。[③]目前我国已经形成各具特色的城乡一体化发展模式，例如"以乡镇企业带动"的苏南模式、"城乡统筹规划"的上海模式、"工农协作，城乡结合"的北京模式，以及"以城带乡，城乡互动"的成都模式等。这些城乡一体化模式可以概括为"小城镇发展模式""城市带动模式"和"城乡综合发展模式"，实践中每个模式的选择，依据的都是不同地区和城市的特点，没有可以运用于全国所有地区的统一模式。

3. 城乡融合与乡村振兴

乡村振兴是新时期我国农业农村发展总的指导方略。2017年党的十九大报告首次提出乡村振兴战略，以"产业兴旺、生态宜居、乡风文明、治理有效、生活富裕"作为乡村振兴的基本目标。这二十字方针相互联系、有机统一，概括了乡村振兴的总体要求，形成

① 赵扬.国内外城乡一体化理论研究与实践的新进展[J].工会论坛,2013(01):93.
② 中共中央文献研究室.十七大以来重要文献选编（上）[M].北京:中央文献出版社,2009:18.
③ 金三林.深刻认识推进城乡融合发展的重大意义[N].中国经济时报,2019-05-07.

比较完备的乡村振兴实施方略，是实施乡村振兴战略的主要内容和农业农村现代化的努力方向。2018年，中央一号文件，即《中共中央　国务院关于实施乡村振兴战略的意见》（中发〔2018〕1号）对乡村振兴战略的实施进行了全面部署。2019年印发的《中共中央国务院关于坚持农业农村优先发展　做好"三农"工作的若干意见》等相关政策文件，强调尊重城乡发展客观规律，立足于乡村现有价值结构体系，稳步开展乡村振兴工作。

乡村振兴战略的实施对于城乡融合发展具有积极的推动作用。新时代工业化和城镇化对农业农村发展的有效带动作用日益增强，农业农村发展水平又反过来影响着我国经济社会全面现代化的实现。城乡发展正由过去的农村单向城市化向城乡互动阶段转变，城乡相互促进、互为依存，有机联系逐渐增加。城市的资金、技术等要素向乡村流动，促进农村产业发展，加快农业农村现代化的进程，也为城市工业生产开辟了广阔的市场；城镇化发展实现了农业人口的大规模非农化转移，既满足了城市对劳动力的需求，也为农业现代化集约经营开辟了空间。当前"新四化"背景下农村发展滞后严重阻碍了我国社会现代化发展进程，实施乡村振兴战略、实现农业农村现代化，是工业化和城镇化发展到一定阶段后，补齐"新四化"短板的必然选择。推进城乡融合发展，既要借乡村的力量实现好城市的发展，也要借城市的力量来解决好乡村的问题。通过实施乡村振兴，可以补齐城乡发展的短板，逐步缩小城乡差距，推动城乡社会、经济、生态平衡发展。

（二）城乡融合发展的必要性及可行性

1.城乡融合发展的必要性

实现城乡融合一直以来都被马克思主义视为社会更高发展阶段的体现，也是未来社会的发展目标。新的时代背景下，实现建设社会主义现代化强国的奋斗目标，对推进城乡融合发展显得更加必要和紧迫。经济社会的不断发展、国家实力和社会文明程度的不断增强，为推进城乡融合发展创造了更多有利条件。

（1）城乡融合是解决城乡发展不平衡问题的重要途径

城乡发展的不平衡是当前社会主要矛盾的集中体现，不可否认，城乡发展的不平衡是综合性的不平衡，包括城乡公共资源配置不均衡、城乡发展权益不平等及城乡居民收入差距大，城市与乡村、工业与农业、市民与农民，在不同程度、不同层面存在着城乡差距，涉及政治、经济、文化、社会及生态等方方面面。城乡融合发展，其核心策略是把乡村作为与城市具有同等地位的有机整体，在城乡之间实现政治、经济、文化、人口、生态和社会保障等全方位的融合。城乡之间发展的不平衡问题是当前经济社会进一步发展必须要解决的现实问题，城乡二元结构的失衡发展已经难以为继，城乡一体化的目标也需要作出具体的路径安排，因此，城乡融合发展是解决城乡发展综合性不平衡问题的重要途径。

（2）城乡融合是保持经济持续健康发展的有力支撑

城乡融合发展是拉动经济增长的强劲动力源。从供给角度讲，乡村经济发展乏力，主要还是在于乡村产业的带动力不足，推进城乡融合发展有利于改变乡村原来的生产方式，促进经济发展方式积极转变。城乡产业的统筹发展，可以强化城乡之间产业链、创新链、资本链及价值链的整合，在城乡之间打破劳动、资本、技术、市场等壁垒，让生产要素得以在城乡之间进行自由流动和有效交换，为生产力的发展及生产效率的提高带来较大的促进作用。同时，城乡融合之所以被视为一次大的发展机遇，除了可以带动乡村的产业兴旺之外，更大的潜力在于扩大内需。当前，旧的发展方式已经难以为继，扩大内需成为经济发展的迫切需要，调整经济结构需要扩大内需，转变经济发展方式需要扩大内需，提高人民生活水平需要扩大内需，而推进城乡融合发展则能够启动最大的内需。截至 2018 年，我国城镇化率已达到 59.58%，随着我国生产力的发展，农村社会向城市社会的转型进一步扩大，城乡建设、产业转型升级、消费，以及在城乡融合过程中给居民带来收入的增加，进而带动全方位需求和发展。因此，城乡融合是扩大内需、拉动经济增长和转变经济发展方式的动力源。

（3）城乡融合是实现社会主义现代化强国的必由之路

通过历史发展规律来看，一个国家要实现现代化，工业的现代化必不可少，但仅仅依靠工业化还不足以满足现代化国家的内涵要求。一个现代化国家的实现，意味着这个国家的发展是全面的现代化，是均衡的、整体的水平的体现，因此，要想实现国家的现代化，就城乡关系而言，必然是协调的、共同繁荣的。城乡关系协调互利、共生发展是世界各国实现现代化的一般规律，马克思就曾指出乡村城市化也是现代化的一个体现。在一些西方发达国家中，高品质的乡村生活被视为现代生活的标志和象征，相对而言，当前我国城市经过多年的发展和积累，与发达国家差距不大；相反，存在巨大差距的是乡村。我国有数量庞大的农村及农村人口，虽然也在逐步发展和改善农村生产生活条件，但目前广大农村在生活条件、产业发展、基础设施、公共服务，以及社会保障方面与城市之间仍然普遍存在较大差距，乡村综合发展动力不足已经成为我国建设现代化强国的最大短板。农业农村的现代化与国家整体的现代化是部分与整体的关系，没有实现农业农村现代化，国家现代化就不能算是已经实现，建设现代化强国的任务就没有完成。因此，我们必须通过促进城乡融合发展，在不断加强城市现代化发展的同时加快农业农村现代化发展的步伐，真正补齐农村发展不充分这个影响经济社会发展的短板，进而为实现建设社会主义现代化强国的伟大目标作必要准备。

（4）城乡融合是实现人的全面发展的重要促进因素

实现人的自由全面发展是马克思主义关于人的发展理论的中心主线，是科学社会主义的核心价值之一，也被看作衡量社会历史进步的重要尺度。人的自由全面发展内涵丰富，既包括人的劳动能力的全面提升，也包括社会交往、社会关系，以及人的个性的全面发展。从实现人的自由全面发展的条件来看，需要有必要的物质保障和思想精神上的支撑。之所以说城乡融合是促进人的全面发展的重要因素，是因为从城乡融合的预期来看，城乡融合可以为乡村带来城市文明和现代化元素，这些现代文明可以从根本上推动农村生产力、教育、医疗卫生及收入水平的全面提高，进而促进人们生活条件的改变，生存型和发展型的需求不断得到满足的良性循环，开辟了实现人的自由全面发展的道路。但总的来说，城乡融合发展能够促进城乡两大主体平等交流，实现资源共享、优势互补、互利共生，是城乡的共同发展、双赢发展，城乡的整体发展可以为人的全面发展提供重要保障。

2. 城乡融合发展的可行性

城乡融合发展对经济发展程度和社会发展阶段是有一定要求的，通过城乡融合的动力机制来看，其推进需要具备一定的条件，尤其是基础条件、技术条件和社会条件等，马克思主义经典作家也曾对城乡融合的条件问题进行过相关阐述。当前，中国特色社会主义已经进入新时代，这是中国发展新的历史方位，推动经济社会向更高质量、更高水平发展，这就需要城乡关系向更高水平转变，因此，是否能够推进城乡融合发展需要审视推动城乡融合发展的现实可行性因素。

（1）综合国力不断增强

综合国力是一个国家实力的象征，是调动、发挥国内、国际两个大局资源为自身发展服务的决定性力量。随着经济的发展，国家综合实力不断增强，我国已经具备了推进城乡融合发展的物质技术条件。党的十九大报告中提出的城乡融合发展思想是在我国具备"以工哺农、以城带乡"的物质条件的基础上形成的。2018年，我国国内生产总值（GDP）达到 90.03 万亿元，按不变价计算为 2012 年的 1.68 倍。工业的现代化发展为我国实现工业反哺农业提供了厚实的物质保障和技术条件。经济指标只是综合国力增强的一个方面。综合国力的增强体现在经济的快速增长、政治的文明进步、文化的繁荣兴盛，以及社会的和谐稳定等方方面面，按照城乡融合的影响因素来看，制度因素和历史因素、生产力因素和生产关系因素，都会影响城乡融合的发展进程。综合国力的全面增强，既增强了城乡融合的内力和外力，又增强了拉力和推力。新的历史条件下我国已经完全具备了推进城乡融合发展的条件，完全有能力彻底破冰城乡二元经济及其社会问题，促进城乡和谐、均衡、互惠、健康发展。

（2）城镇化、新农村建设成就显著

新中国成立以来，特别是实行改革开放以来，我国城乡建设获得快速发展，面貌发生了翻天覆地的变化，传统意义上的农业国开始走向工业化、现代化。城乡面貌变化很大的助推力量在于启动了农村发展向城镇化、城市化转变的发展进程，城镇化水平不断提高。据统计资料显示，我国城市化水平由 1949 年的 10.60%提高到 2018 年的 59.58%，提高了将近 50 个百分点，建设成效显著。城镇作为连接农村发展和大、中城市的桥梁，是城乡重要的结合点，促进着城乡之间生产要素的流动，在整个经济社会的发展中发挥着重要作用。城镇化一直被视为扩大内需、促进发展的有力支撑，因此，多年来，推进城镇化取得巨大成就，为其他战略举措的铺开、推进准备了必要条件。

党的十六届五中全会提出建设社会主义新农村的发展思路，在乡村生产、生活、乡风、管理等方面提出了具体目标要求，乡村面貌发生了很大转变，经济、文化、社会事业都获得了不同程度的发展，乡村文明、基层民主、综合生产能力得到了进一步提升，加之统筹城乡发展、城镇化、城乡一体化进程的不断推进，为农村发展建设带来了发展机遇，为其注入了现代化元素，成为农民实现增收，农村实现转型发展、实现现代化的重要手段。城乡融合发展应该说是经济发展到一定层次和水平的必然要求，随着城镇化发展的持续推进，城乡联系不断深化，城乡之间的交流已经非常频繁，城市与乡村之间发展理念、生活理念也在相互影响、不断同化，因此，理念的变化革新也为城乡融合发展提供了现实可行性。

（3）新时代新理念、新战略应运而生

理念是行为的先导，是发展方向的根本遵循。五大发展理念在党的十八届五中全会上首次被系统提出，明确共享发展是中国特色社会主义的本质体现，从根本上深刻阐明了"发展为谁""依靠谁"的问题，更旗帜鲜明地回答了改革发展成果"谁来享有"的重要问题。从本质内涵上看，共享体现的是一个分配概念，是对共同富裕目标追求的具体落实安排，是实现公平正义的内在要求和路径支撑。新时代，共享发展理念的应运而生，为人们提供了一个通过共享来理解发展的视角，推动人们发展理念的转变，从被动分配化为主动参与，在共建、共享中集聚发展动能，实现经济社会向更高层次发展迈进。当前城乡综合差距大、资源分配不均衡、农村发展不充分，城乡关系发展要想从不平衡转为均衡的高质量发展，与新发展理念、共享发展有无法绕开的联系。

党的十九大报告首次提出要大力实施乡村振兴战略。乡村振兴内涵十分丰富，从"产业兴旺、生态宜居、乡风文明、治理有效、生活富裕"[①]的目标要求中可以看出，乡村振兴是一个全面振兴的综合概念，是社会主义新农村建设基础上的深化发展和升级。乡村振兴战略的内涵在于从推进农业现代化转向推进农业农村现代化、从生产发

---

① 习近平. 决胜全面建成小康社会　夺取新时代中国特色社会主义伟大胜利——在中国共产党第十九次全国代表大会上的报告 [N]. 人民日报, 2017-10-28.

展转向产业兴旺、从生活宽裕转向生活富裕、从新农村的乡风文明到乡村全面振兴的乡风文明、从管理民主转向治理有效、从村容整洁转向生态宜居、从城乡一体化发展转向坚持农业农村优先发展的七大根本性转变。[①]仔细比对社会主义新农村建设的要求之后会发现，诸多方面已经根据新情况进行了调整，更好地体现了全面建成小康社会和社会主义现代化建设的实际要求，是党中央对新时代"三农"工作新蓝图的顶层设计和战略部署。乡村振兴战略的提出，为乡村的发展注入了活力，增强了内生力量。乡村振兴战略是补齐短板、实现城乡融合发展的战略部署，是彻底破冰"三农"问题的一条实际路径。城乡融合发展和乡村振兴战略在发展理念、目标，以及推进方式上存在诸多一致性，因此，将城乡融合与乡村振兴战略对接具有高度的必要性和可行性，彼此互为路径，相互促进，相互成就，实现共赢。

（三）当前中国城乡融合发展的现状

城乡融合发展是社会发展到一定阶段的必然趋势，党的十九大首次将城乡融合发展置于城乡发展的大框架下，标志着中国城乡关系进入城乡融合发展新的历史时期。诚然，就中国的发展水平和历史方位而言，当前已经不再是对城乡融合必要性的论证阶段，而是应该立足当前世情国情，在新的历史条件下明确推进城乡融合发展面临什么样的困境、存在什么样的问题，进而明确采取什么样的可行路径、如何推进才是最重要的。城乡非对称性关系问题由来已久，党和国家在不同发展时期、不同发展阶段针对改善城乡关系问题采取了不同的发展举措，城乡融合旨在推进城乡关系健康协调发展，因此，审视城乡融合发展存在的问题，既要看到存在的宏观难点，又要看到具体的微观困境；既要立足当前问题，又要放眼未来的潜在隐患，防患于未然。唯有这样，才能更高质量地推进城乡融合发展，避免偏离最初的设想。

1. 城乡融合发展存在的突出问题

（1）城乡生产要素流动不合理

习近平同志在中共中央政治局第二十二次集体学习时指出，由于欠账过多、基础薄弱，我国城乡发展不平衡、不协调的矛盾依然比较突出。的确，由于种种历史原因，在改革开放初期，我国走了"以农哺工"的道路来保障工业发展，在经济发展上采取了"以城市为中心"的策略来促进城市发展，这样一来，使包括资本、劳动力等在内的生产要素资源不断地流入城市和工业部门，造成城乡不平衡的发展态势，城市得到了充分的发展保障，获得了快速发展。相比之下，农村发展的动力机制缺乏，农村发展需要的要素严重短缺，造成农村的"空心化"现象较为严重。新时期，城乡关系不断调整、缓和，经济社会获得快速发展，但农业依然是"四化"同步的"短腿"。工业强、农业

① 蒋永穆. 基于社会主要矛盾变化的乡村振兴战略：内涵及路径[J]. 社会科学辑刊, 2018（02）：15.

弱，城市强、农村弱的这种城乡发展不平衡的状况已经成为一种常态，城乡之间的强弱对比，生产要素的不合理流动造成农村生产要素短缺成为当前推进城乡融合发展、实现城乡良性互动面临的最大制约。

（2）城乡居民收入差距大

居民收入差距是我国城乡差距最直接的体现，也是社会最关注的一个指标，国家统计局统计年鉴的数据显示，我国城乡居民人均可支配收入从 2013 年农村的 9 429.6 元、城镇的 26 467 元，到 2020 年农村的 17 131 元、城镇的 43 834 元，农村居民人均可支配收入增长了 7 701.4 元，城镇人均可支配收入增长了 17 367 元。农村 2013 年到 2020 年的增长率分别为 11.23%、8.89%、8.24%、8.65%、8.82%、9.6%和6.9%。由此可知，近几年农村居民人均可支配收入已经得到了长足的发展。但是与城镇相比，2013 年至 2020 年城镇比农村多增长了 9 665.6 元。此外，从城乡收入比的指标来看，从2013 年的 2.81，到 2017 年的 2.71，再到 2020 年的 2.56，虽有缩小趋势，但是仍然保持了较大的绝对差距，城乡居民收入差距的固化倾向正在成为影响中国发展稳定的重大问题和引发各种社会问题的深层原因。

另外，从城乡居民的收入来源上来看，增收基础、增收渠道以及增收能力的各个方面都成为难题，农民收入渠道比城市居民匮乏，增收基础也比较薄弱。尽管历年的中央一号文件一直在为拓展农民的增收渠道而不断探索，近些年农民通过外出务工获得工资性收入也在增加农民整体收入，但由于受制于自身增收能力和劳动市场的规则制约，要想实现持续性增收，难度依然较大。

（3）城乡融合发展动力支撑不足

从促进城乡融合的动力机制来看，城市化拉动、生产率促进、市场的推动，以及政府推进都会对城乡融合的发展产生积极影响[1]，但就目前城乡融合发展的情况来看，城乡发展，还是过分依靠政府的推动。城乡融合本应该是城市和乡村两个主体在发展过程中鉴于两者各自的比较优势而自发形成的一种互动、互补的共生关系，是社会自身的城乡融合，而不应该是政府推动的城乡融合。这种由政府推动的城乡融合也带来了一系列的问题。首先，城镇化推进的过程中，"土地城镇化"快于"人的城镇化"，存在"重物轻人"、盲目追求城镇化率的倾向。伴随着城镇化的加速发展，土地升值的巨大收益驱动着各地出现大规模的圈地、占地情况，倡导城乡融合发展，推进城镇化进程越来越有演变成"房地产化"的趋势。其次，城乡一体化建设存在着"程式化"和"蜂窝化"的倾向，各地都在积极响应并加速推进城乡一体发展，但是存在着推进方式冒进和单一的现象，出现了"千城一面"的现象，无法凸显本地特色，使得传统的文化元素在城乡一体

---

① 参见周凯.中国城乡融合制度研究［D］.吉林大学，2012.

化、市民化的进程中丢失。总的来看，城乡融合发展的动力过分依靠政府推动，农村自身发展动力不足，城市化带动和市场推动力不明显，成为城乡融合发展亟须解决的问题。

（4）城乡公共资源配置不均衡

城乡资源配置的不均衡，主要体现在包括基础设施、教育、医疗以及社会保障在内的基本公共服务非均等共享，城乡之间的公共资源配置差距依然较大。党中央一直强调，民生是最大的政治，公共资源的有效供给，体现的是对人的权利的充分尊重，是对生存和发展的有效保障，是真正的民生所在，因此，在公共资源的提供上，不能对城乡区别对待，厚此薄彼。当前，城乡差距主要体现在公共资源的配置上，就城乡的综合差距来看，究其原因，最终还是要回到公共资源非均衡配置这个最根本的原因上来。

新时代，社会主要矛盾发生转变，其中很重要的一方面就是从物质文化需要升级到了人们对美好生活的向往。美好生活一词，具有更为全面的综合性内涵，农村居民也是一样，对美好生活有了更大的需求，渴望更好的教育，更便利的交通，更优质的公共卫生条件，更全面的社会保障，对发展成果更多的获得感、幸福感。对于城乡资源的享有问题，处理得好，会促进社会的和谐进步；如果处理不好，分配明显不公平、不均衡的话，这种非包容性问题就会引发人们内心的不公平感，增加社会治理风险。

（5）城乡共建共享格局尚未形成

随着改革不断向纵深推进，虽然在很多方面取得了不错的成绩，但是在实现共享方面，尤其是全民全面共享上还存在较大差距和不足。国家统计局发布的数据显示，2018年末，我国城镇常住人口达到 83 137 万人，比上年末增加 1 790 万人。城镇人口占总人口比重（城镇化率）为 59.58%，比上年末又提高了 1.06 个百分点，户籍人口城镇化率达到 43.37%。随着城乡融合的不断推进，市民化不再仅仅只是进城农民工市民化的问题，还包括农村转移人口的市民化。首先，农民工市民化，由于落户门槛高，难以在城市扎根下来。从总的城镇化率和户籍人口城镇化率数据上就可以看出，2018 年，两者之间依然相差 16 个百分点，16 个百分点的背后就意味着很大的一个群体，他们虽人在城市，但并未享受到与这个城市市民同等的福利待遇，这也就形成了城市的新二元结构。其次，农村转移人口的市民化，转移居民在市民化转型的过程中，需要面临的困难较多，陷入难留下、难融入的尴尬局面。新型城镇化在不断推进，乡村振兴战略全面启动，市场调节下的城乡要素流动更加频繁，"在地化"和"飞地化"相互交织，使得当前的社会治理呈现碎片化、原子化的倾向，快速变迁的社会给社会治理带来了前所未有的挑战，相关制度建设的滞后，加之一直以来社会事务被政府包揽过多、公众以及其他社会主体参与过少的现状，使得共建共享格局的构架面临诸多困境。

2. 城乡融合发展存在问题的成因

城乡差距是综合差距，在新时代、新发展背景下推进城乡融合发展，实现城乡之间良性互动，最为紧迫的任务就是扭转城乡之间最为显性的城乡差距，改善城乡关系，实现城乡之间初步均衡。当前城乡融合发展面临的突出问题主要集中在生产要素流动、城乡居民收入、城乡融合发展动力支撑、城乡公共资源配置，以及城乡共建共享方面，问题的多样性也决定了造成当前问题的原因的多样性，既需要从历史发展角度来阐明如何演变，又要立足当前，结合新背景、新形势、新变化来准确分析。

（1）发展理念和思维认知的偏差

首先，在思维认知上存在偏差。城乡融合作为经济社会发展的必然趋势，所包含的内容非常丰富，但就本质而言，是让人们共享现代城市文明成果和改革发展成果。一些地方将城乡融合发展片面地理解为城市规模的扩大和城镇人口比重的提高，盲目推进，造成人地矛盾紧张和其他社会问题的产生。长期以来形成的"城市偏向"的资源配置，导致城乡发展的不平衡问题。其次，发展理念转变的滞后。重物轻人、重城市轻农村、重速度轻质量的发展理念，加剧了粗放型增长的发展态势。目前，我国经济的发展非常迅速，经济的总量已冲到了世界第二位，与此同时，不合理的发展观和绩效评价体系片面强调增长速度，有的甚至把发展和经济的增长量相提并论，不惜以资源环境为代价。这种以增长为核心的发展观，一方面加快了土地城镇化速度，增加了农民的就业岗位；另一方面，也造成了生态环境的急剧恶化。

（2）规划指导和政策落实不到位

科学规划是实现城市建设和管理的前提。然而，在城乡融合的实践中，有的地方并没有真正将统筹规划放在推进城乡融合的第一步，有的边建设边规划，有的甚至先建设后规划。由于各地区具体发展状况不同，本来完全可以依据自身的特点来进行发展设计，凸显特色，增强比较优势，然而各地方为了追求短期利益和政绩，盲目快速推进，出现"蜂窝化"和"程式化"的现象，造成缺乏特色优势和不可持续发展的新问题。缺乏规划指导和盲目落实的行为使得本来应当是打破城乡分割、实现城乡协调发展的机遇，变成城乡发展不平衡的新问题、新挑战，为经济社会的持续健康发展带来了很大的制约。因此，应抓住城乡融合、缩小城乡差距的机遇期，坚持规划先行，发挥规划的先导性和约束性，坚持整体思维和系统思维，将好的规划和政策真正落地，造福人民。

（3）传统二元体制安排的多重影响

传统二元体制性安排主要是指计划经济时期遗留下来的体制问题，表现在城乡关系上的体制性安排就是城乡分割的二元结构。这种城乡二元结构集中在城乡之间的收入、消费和社会保障上，具体表现在户籍、土地以及行政管理等多个方面。这种传统二元体制安排，使得城乡居民，仅仅是户籍之差，就附着较多的区别，在教育、医疗、就业及社会保障等多方面被区别开来，严重影响了农村居民的市民化进程。二元体制的安排不仅影响着劳动输出的这一群人，更影响着生活在农村的居民，二元体制下的行政管理，在资源配置上以城市为优先，在资金投入方面，农村也成为弱势的一方，使得农村在包括基础建设在内的民生改善方面明显滞后于城市发展。因此，要想重塑城乡关系，就要真正以打破城乡传统二元体制为重点，全面深化改革，与时俱进地进行制度的改革创新，形成城乡融合、城乡发展一体化新格局。

（4）相关配套制度体系尚不完善

科学的制度设计是推进城乡融合科学发展的根本保障。配套制度改革滞后已经成为阻碍中国城乡融合科学发展的深层原因，通过中国城乡关系的演变历程来看，尤其是每年的中央一号文件，其实都聚焦在"三农"问题，并有针对性地提出了改善城乡关系的指导思想、政策和制度法规，一直在聚焦改革，以改革促进城乡关系的发展。但是之所以出现城乡关系改善缓慢甚至反复的情况，根本在于改革的单一性，城乡问题是综合性问题，需要进行系统性改革，相关配套改革及时跟上才能发挥出改革的效力。单个的、局部的、保守的改革不足以彻底解决问题，城乡二元的经济社会结构，催生了二元的体制机制，城乡二元户籍制度，使城乡居民无法享受同等待遇，户籍制度滞后在一定程度上阻碍着农民市民化进程，土地制度改革的滞后使农民土地权益得不到应有的保障，市场制度改革滞后使要素不能自由流动。虽然改革一直在不断推进，但是缺乏整体性的配套改革，单方面的改革注定无法弹奏出协奏曲，无法从根本上重塑城乡关系。

（5）农民社会事务参与度低

城乡居民参与公共事务关系到他们的生存和发展权益的保护，也是维护其基本权益的重要方式和途径。然而，从城乡融合推进的整个过程来看，无论是规划建设还是社会治理层面，城乡居民的参与度整体都是比较低的，农村居民的参与积极性和自觉性比城市居民要更低，主要表现在两个方面。一方面，对公共政策的设计和安排不了解，主动参与公共事务及实施的居民较少，他们潜在地认为社会建设和发展都是政府的事情，与自己没有关系，不清楚自己在公共事务过程中的权利和义务，亦不知道如何参与。另一方面，主要还是由于农村生产力发展水平相对较低，农民更多地关注物质层面的获得和满足，关注自身较多，加上自身文化水平的限制，不会主动参与公共事务，对基层条件改善有诉求但是不太会表达。因此，本身在城乡建设的过程中就或多或少存在政府部门实地调研缺乏与宣传不足的情况，缺少对居民意愿的全面了解，加之城乡居民参与公共政策制定的积极性的先天不足，缺少共建使得政府在政策的制定和设计中不能很好地满足居民的实际诉求，不能被大众所理解。社会事务参与度低，共建共享格局尚未形成，缺少城乡居民主体性的发挥，这在很大程度上制约了好政策的落地以及城乡基层的发展建设。

（四）河北省城乡融合发展现状

1. 河北省城乡融合发展的成就

为推进新型城镇化与城乡统筹示范区建设，在《京津冀协同发展规划纲要》的指导下，河北省制定了《河北省新型城镇化与城乡统筹示范区建设规划（2016—2020年）》。在相关文件的指导下，河北积极推进城市建设，不断完善城市基础设施，提高城市公共服务供给能力，推进城乡一体化建设，缩小城乡发展差距，新型城镇化与城乡统筹示范区建设成效明显。河北省在建设新型城镇化与城乡统筹示范区的过程中，还努力推进城乡统筹发展，缩小城乡发展差距。用人均 GDP 来衡量整体发展水平，可以看出人均 GDP 增长较快。从城乡人均可支配收入比和城乡人均消费支出比来看，2013 到2017 年，城乡人均可支配收入比和城乡人均消费支出比整体上比较平稳，变化不大。城乡人均可支配收入比从2013 年的 2.42 下降到 2014 年的 2.37，一直到 2017 年，均维持在 2.37 左右，2019 年城乡人均可支配收入比下降到 2.32。城乡人均消费支出比由 2013年的 2.03 下降到 2014 年的1.96，一直到 2017 年，均维持在 1.96 左右，到 2019 年下降到 1.9。从上面的数据变化可以看出，河北省城乡发展差距不断缩小，城乡统筹政策成效显著。

河北省深入推进城乡统筹发展，积极推进精准扶贫，2019 年共有 35.4 万贫困人口实现脱贫；促进县域经济发展，2019 年制订了 107 个县域特色产业振兴计划；有序推进乡村基础设施建设，2019 年，河北省完成农村危房改造 7.7 万户，建成农村公路 9 741 千米，启动治理 1 073 个"空心村"。

2. 河北省城乡融合发展存在的问题

虽然河北省城乡融合发展取得了一定的成就，但也存在一些现实问题，反映为河北省新农村建设与城镇化的不协调，具体表现如下。

（1）城乡生产要素分配的不协调

随着城镇与乡村之间关系的不断加强，生产要素间的流动也愈加频繁。由于城乡之间的发展存在着明显的差异，生产要素间的流动并不是平衡的。在城镇地区，由于城镇的经济发展水平较高，生活环境较为优越，现代化气息浓厚，吸引了优质的生产要素向城镇聚集，如优秀的人才、高端的技术等。而在农村地区，生活环境差，经济发展水平低，信息化程度不高，使得生产要素的流出多于流入。如果农村为避免这种流出多于流入的现象而盲目地封闭生产要素，不但不会解决本质问题，还会导致故步自封的结果。对于河北省来说，城镇化的推进，使得大量的人力、物力、财力向城镇集中，尤其是人才的涌进。一方面是大量的外来人才向城镇涌入，另一方面是农村人才向城镇的涌入，农村人才本就数量不多，又受到城镇的吸引，不断流入城镇，更加剧了农村人才的匮乏。尤其是河北省处于京津冀都市圈内，京津两地经济水平远远高于河北省，使河北省的经济发展受到了巨大的虹吸效应影响。这样循环下去，新农村建设与城镇化协调发展必然会面临巨大困难。

（2）城乡用地的不协调

主要表现在城市建设用地和农村土地之间的不协调。城镇化建设的突出表现就是城镇数量的增多，城镇面积的扩大，这就使得城镇建设对土地有着迫切的需求。而作为农业发展的基础，土地也是农村最为宝贵的不可再生资源，这就导致了城乡之间用地的矛盾。城镇建设占用了农村大量的土地，这其中不乏许多用于精耕细作的农田，农田的减少不仅损害了农民的利益，减少了农民的收入，还在一定程度上限制了农村的发展，更重要的是威胁了农业生产，无法保障粮食安全。同时，大量农村耕地被占用，也导致一部分农民失去土地，失地农民没有了依靠，生活就得不到保障。尽管政府或者开发企业会对失地农民进行一定的资金补偿，但是失地农民没有劳动技能，不懂得投资理财，往往会在钱财散尽之后面临生活的窘境；同时，也会带来一系列的社会问题，影响社会安全。

（3）城乡环境不协调

乡村的田园风光与城市的高楼大厦相比，应该是更适于人居的。但是目前，农村的环境也变得越来越差，主要表现为生活、生产及生态方面的污染。在生活方面，缺少垃圾处理的基础设施使得农村垃圾随意堆放，许多可以循环再利用的废弃物得不到利用，导致浪费。在生产方面，尤为突出的是工业生产。城镇的企业为降低生产成本，将工厂转移到租金更为廉价的农村地区。短期内，这些企业确实为农村地区的经济发展作出了贡献，但这些企业大都为高耗能、高污染的工业企业，其排放的废气、废水、废渣等未经处理就排放到空气、水源、土地中，对农村生态环境产生了极为恶劣的影响，对农民的健康生活、粮食的安全生产也产生了极其严重的影响。在生态方面，一方面农业生产过程中农药的使用对农村生态环境造成了不可逆的破坏；另一方面工业"三废"的排放对农村的生态环境而言更是雪上加霜。相反，随着高耗能、高污染的企业向农村的疏解，以及城镇对生态环境的重视，使得城乡间的环境差距愈来愈大。这不仅违背了新农村建设中"村容整洁"的要求，也影响了新农村建设与城镇化协调发展的进程。

（4）城乡居民消费能力不协调

从农村角度来说，一方面，农村的消费市场不丰富，为消费者提供的多为基本生活用品，基本上都是与吃、穿、住、用有关的消费品，而玩乐方面的消费市场有限，在一定程度上也导致了消费者想要消费而无处消费的现象存在，局限了农村消费市场的发展。另一方面，仅有的玩乐方面的消费，也因客流量小而面临着经营惨淡的窘况，大多数农民对此方面的消费不感兴趣，感兴趣的一部分农民也会到城镇中进行消费，加之农村外来人口少，导致玩乐的消费市场发展严重不足。从农民的角度来说，一方面，农民收入有限，且收入水平低，这就导致农民没有足够的能力进行生活必需品之外的消费，表现为购买力的不足。另一方面，离开农村进城务工的农民减少了农村的消费者数量，同时，进城务工的农民由于在城市中收入不稳定，没有完全融入城市，找不到归属感，想消费而不敢消费，也在一定程度上影响了城乡的消费水平。因此，农村虽然有着巨大的消费潜力、广阔的消费市场，但是较低的消费水平严重制约着内需的扩大，也影响着新农村建设与城镇化的协调发展。

　　3.影响河北省城乡融合发展的因素

　　（1）城乡二元户籍制度问题

　　由于历史原因，我国有着长时间城乡之间相互分离的户籍管理制度。随着社会主义市场经济的建立，大批的农村劳动力冲破了这种户籍制度的束缚，形成了现如今的农民工群体，使城乡之间的劳动力得到了合理流动。但是不得不看到这种制度在某种意义上限制了人口由农村向城镇的转移，造成城镇化进程大大落后于工业化进程。

　　①农业规模效应难以形成

　　城乡二元户籍制度无法实现农民转为城镇居民，因而农村人口减少十分缓慢，又由于耕地面积是恒定不变的，因此人均耕地占有量有限，难以形成农业规模效应。只有破除这种城乡二元的户籍制度才有可能实现农村人口向城镇居民的大量转换，为农业规模效应释放巨大的空间。

　　②城乡差距的存在

　　城乡二元户籍制度，造成城镇居民在医疗、就业和教育等方面有着明显优于农民的优势，造成同劳的农民得不到与城镇居民同等的待遇。这样的现状持续下去只会使得城乡间的差距越来越大，不符合城乡科学发展的总体规划和要求。首先，农民在城乡之间钟摆游离似的迁徙状态不仅会给交通带来无形之中的压力，也给社会的有序管理埋下了隐患。其次，城乡之间的游离造成农民无法长期地在一个企业完成正常的工作，尤其是无序的流动在一定程度上使得企业的员工没有定性，造成"培训—流失—补充—再培训"的不断反复，大大增加了企业的成本，影响了生产效率，阻碍了生产力的发展。再次，对于农村而言，这种制度又造成了农村留守儿童、留守妇女、空巢老人、离婚率高等社会问题，产生了社会不和谐、不稳定的因素。最后，农民相比城镇居民而言缺少各种保障，他们赚到钱后往往因为有后顾之忧而舍不得消费，成为抑制内需扩大的重要因素。综上所述，城乡之间的二元户籍制度在一定程度上严重影响着农民的生活质量，制约着整体社会经济的良性发展。因此，解决农民工户籍问题迫在眉睫。

（2）土地问题

在新农村建设与城镇化协调发展过程中，土地问题是无法回避的问题。如何在保障粮食、生态安全及维护农民合法权益的条件下，解决不断加剧的土地供需矛盾是一项极具挑战的任务。

①土地用途确定过程应公开、透明

土地制度的一个关键问题便是土地产权的相关问题，因此，土地制度必须考虑制定清晰的产权，从而维护产权人应有的合法权益。另一个关键问题是土地用途和土地使用条件的问题。由于土地是不可再生资源，所以土地的利用关系到国家、社会，以及与土地有关的个人。合理的土地利用利国利民，否则就会产生各种社会经济问题。而在土地改革的过程中，很多时候都在强调保障土地产权人的权益，忽视了土地必须服从用途管制的问题。而事实上，任何一个可以在土地上获利的个人，其权益的维护与实现必须在土地用途与土地使用条件的规定范围之内。也就是说，在土地上获利的个人与规定土地用途和使用条件的政府之间，要达到一个平衡的状态，其关键在于土地规划的制定过程是否科学、合理、公开透明。比如，一块农地，无论买卖多少遍，还只是一块农地，价格的升值是有限的，但在规划中，明确了它的土地用途和土地条件可以用于建设开发，土地价格马上就会升值。因此，在确定土地用途和使用条件这一问题上，一定要把好规划这一关，广泛征求社会各阶层的意见。

②农村集体建设用地用途应坚持原则

农村集体建设用地主要是指经过上级的批准，土地归农民以及农村集体经济组织所有，可以建造为自己所用的建筑。也就是"土地自有，建筑自用"。目前，城镇的高速发展，使国有建设用地面积紧张，许多人都把眼光放在了农村集体用地上。而如果农村集体建设用地要流转，对政府来说就获得了计划外的建设用地，对于农民讲又可以得到可观的收益。但对于农村集体建设用地而言，就打破了"自有自用"的原则，跟一般的建设用地就没有区别了，农地也就守不住了。因此，建设用地"自有自用"是在农村搞建设务必要坚持的原则之一。

（3）农村教育问题

党的十八大报告指出，要坚持走中国特色社会主义道路，均衡发展九年义务教育。准确把握农村义务教育在新农村建设与城镇化协调发展过程中的重要作用，科学应对农村义务教育面临的各种挑战和问题，促进农村义务教育持续健康发展。

①城乡人口受教育程度差距大

因全国第七次人口普查结果尚未正式公布，笔者选取了2010年第六次人口普查中的相关数据加以举例说明：河北省城镇人口平均受教育年限比乡村人口多 1.91 年；城镇每十万人中拥有大学学历的人口比乡村多 12 985 人，高 8.17 倍；城镇每十万人中拥有高中学历的人口比乡村多 12 190 人，高 1.66 倍；城镇人口文盲率比乡村人口低 2.07 个百分点[①]。由此数据可以看出当前河北省的城乡之间在受教育程度上还存在着很大的差距。农村劳动力如此的文化素质现状很难使得他们由第一产业向文化程度要求较高的第二、三产业转移，不利于产业结构的优化升级。

②农村教育条件简陋

在农村人口向城镇流动过程中，一方面，为农村孩子接受更加高水平的教育制造了大量的机会；另一方面，由于农村学龄人口的减少及农村学校的撤并，也在一定程度上造成了一系列值得全社会广泛关注的问题。首先是由于生源的减少带来的学校撤并，造成部分学生上学路途遥远和上学途中的安全问题。其次是大量的寄宿学校办学条件较差，加之学校的撤并，生源在很短时间内在一所学校集聚，使得床位紧张及卫生、安全设施跟不上等问题愈加突出。

（4）公共服务制度问题

河北省积极响应党的十六大以来公共财政向农村生产、服务和基础设施上倾斜的号召，对农村生产、服务和基础设施建设的投入力度可以说是史无前例的，推动农村基础设施及社会事业不断发展。但是，也必须清晰地看到城乡之间基本公共服务水平还有相当大的差距。

①公共服务覆盖面窄

目前，城镇公共服务的覆盖范围仍不全面，尤其体现在流动人口方面。一是农民工子女的教育问题。虽然农民工子女可以随父母进城，但其无法进入流入地的公办义务教育体系。城市公办学校的数量未能随着农民工子女的涌入而得到相应的扩充，他们只能就读于办学各方面条件相对差高的农民工子弟学校。二是表现在农民工的公共卫生服务上。农民工的疾病预防和监测系统覆盖范围有局限。进城务工农民不能享受和城镇居民平等的城市公共卫生服务。三是在参加城镇的养老、医疗等社会保险方面，进城务工人员还面临着比较突出的现实问题。由于进城务工人员的流动性大，就业不稳定，如若用人单位给进城务工人员缴纳社会保险，一旦务工人员辞职，就会增加用人单位的人工成本，因此，少数用人单位不愿意为进城务工人员缴纳保费。

②社会保障体系"细碎化"

社会保障体系的细碎化，尤其是在养老及医疗保障体系方面表现突出，某种程度上造成劳动力在市场上的分离，制约着人口的合理流动。例如，各省市、县乡之间的社保制度不同，缴费率及管理方式方法又参差不一，从而在一定程度上加剧了各个城市之间

---

① 河北省统计局. 2010 年第六次人口普查［EB/OL］. http://www.hebei.gov.cn/hetj/tigbtg/101374627640719.

社保顺利转移的难度。虽然河北省出台了《关于推进新型城镇化的意见》，指出要健全城镇基本公共服务体系，提高社会保障、医疗卫生、子女就学、技能培训、住房保障等公共服务能力；扩大社会保险覆盖面，完善城乡居民社会保障制度，推行社会保障一卡通，探索城镇居民、职工和新农合医疗保险衔接机制，但是，加强对于"细碎化"社会保障体系的整合，建立良好的社会保障体系仍然任重道远。

第三章　新型城镇化背景下河北省城乡融合发展的理论渊源与现实依据

河北省的城镇化进程和质量从某种角度来讲，制约着京津冀一体化。因此，《京津冀协同发展规划纲要》对河北省的定位之一就是新型城镇化与城乡统筹示范区，在河北省探索城镇化发展的新路径。新型城镇化，是坚持以人为本，以新型工业化为动力，以统筹兼顾为原则，推动城市现代化、城市集群化、农村城镇化，全面提升城镇化质量和水平，是功能完善、城乡一体、大中小城市和小城镇协调发展的城镇化。建设新型城镇化能有效地改善城乡产业结构、就业结构与消费结构，统筹城乡共同发展，破解城乡二元结构，创新城乡发展一体化体制机制；有利于弥补河北省城镇化发展的短板，弥补河北省在京津冀协同发展中的不足，与京津共同打造京津冀世界级城市群。可以说，河北省作为新型城镇化与城乡统筹示范区，其城乡融合发展是中国城镇化的重要推动力量。在新型城镇化背景下研究河北省城乡融合问题，必须追溯其理论渊源，寻找其现实依据，为探讨新型城镇化背景下河北省城乡融合发展的对策提供理论遵循。

一、理论渊源

（一）城镇化发展的理论基础

城镇化问题的理论研究涉及区位理论、结构理论、刘易斯拐点理论、现代化理论、社会生态学理论以及全面发展理论等，这些理论本身发展得比较成熟，且已有不少前人把这些理论运用到解决各种实际问题之中。国外的城镇化研究起步早，研究也较为深入，为我国学者研究城镇化问题提供了丰富的理论依据，具有重要的参考价值。

1. 区位理论

1826年，德国经济学家杜能（J.H.Thunen）在其著作《孤立国同农业及国民经济的关系》中提出了农业区位论的观点。1909年，德国经济学家韦伯（M.Weber）将不同的聚集区位划分为城市经济、地方性经济和工业中心区经济三种经济布局。1933年，德国地理学家克里斯塔勒（Christaller Walter）的"中心地理论"指出，城市可以被划分为若干等级，各个等级的城市会组成一个有规则的层级关系，不同层级的城市具有不同的区位优势和地位。1939年，德国经济学家廖什（A.Losch）指出，非农企业的集聚是城市产生的重要因素，它通过集聚同种类或不同种类的企业组成生产综合体系，实现大规模企业的内部经济与外部经济发展，进而产生或拓展城市规模。

对当代产业集群的研究出现于20世纪70年代，意大利学者巴格那斯科（A.Bagnasco）通过对本国中部及东北部地区的调研发现，产业集中区域具有相同社会背景的人们往往会形成一种地域生产、生活的集合体，这就是著名的"第三意大利"概念。目前，产业集聚问题的研究逐渐增多，相应的研究成果也不断涌现。1985年，欧洲创新研究小组提出，区域空间集聚与该区域的社会、经济、文化等要素之间存在关联关系。美国经济学家弗里德曼（M.Friedmann）也指出，区域创新网络会对区域产业的发展产生重大影响。

2. 结构理论

1954年，威·阿·刘易斯（W.A.Lewis）提出了著名的"农村-城市人口转移模型"，拉尼斯（G.Ranis）等在1961年进一步发展了刘易斯的研究成果，提出工业发展和劳动力转移的前提是农业生产效率的提升，并形成了"刘易斯-拉尼斯-费景汉（W.A.Lewis，G.Ranis，John C.H.Fei）结构模型"。美国经济学家乔根森（D.W.Jorgenson）也于同年构建出基于新古典经济学的二元经济模型，进一步突出了市场在经济发展和劳动力迁移过程中的作用。20世纪60年代末，美国经济学家托达罗（M.P.Todaro）建立了人口流动的预期收入模型，重点探讨了发展中国家城市的失业、农村人口大量进入城市的问题，指出预期的城乡差异会对发展中国家的人口流动发挥更大的影响作用。舒尔茨（T.W.Schultz）则认为农民是非常理性的经济主体，农民在生产生活的资源配置方面具有很强的能力，同时指出，发展中国家的人力资本问题必须依靠自身努力化解。70年代中期，切纳里（W.Rchenery）揭示了各个产业部门的经济发展与劳动力就业之间的关系，他指出，发达国家的工业产业转换的速度和劳动力就业转移的程度是相伴进行、同步变化的，而在发展中国家，劳动力就业的转换速度落后于产业转换的速度。80年代以来，有经济学家主张大城市区域的扩展，并针对亚洲国家的实际情况提出了农村转型的一个阶段，即传统农业与现代非农产业共同发展，农村逐渐实现城镇化，但尚未达到城镇化标准的一种中间形态，基于这一发展阶段，提出了"农村聚落转型"的概念。

此外，产业结构理论认为随着经济的发展、人均国民收入水平的提高，第一产业国民收入和劳动力的相对比重逐渐下降，第二产业国民收入和劳动力的相对比重上升，经济进一步发展，第三产业国民收入和劳动力的相对比重也开始上升，这也被称为"配第-克拉克定理"。相类似地，美国经济学家库兹涅茨（S.S.kuznets）采用统计分析方法，把总量分析与结构分析结合起来，创立了把经济增长与制度、结构、意识形态等因素联系起来的"库兹涅茨经济曲线"。该理论认为：产业结构的变化会对经济增长产生影响，欠发达国家经济停滞的原因之一就是受传统产业结构束缚的影响，而制度结构因素是现代经济增长的主要障碍。

3. 刘易斯拐点理论

刘易斯是诺贝尔经济学奖获得者，其认为经济发展过程就是对以往农业部门进行拓展，这一拓展会在以往农业部门中进行聚集，对所有的劳动力进行全面转移，一直到城乡一体化劳动力市场形成时结束，此时出现的就是"刘易斯第二拐点"。对于传统部门来说，其和现代部门的边际产品是相同的，全面解除二元经济，经济发展向一元经济进行转变。在这一时期，劳动力市场中的工资，就是结合新古典学派的理论，对均衡的工资进行制定。

对于刘易斯提出的二元经济来说，其发展过程主要有两个阶段，第一阶段就是劳动力供给没有限制，这时劳动力出现过剩的情况，工资与生活必需品的价值密切相关；第二阶段劳动力十分缺失，这时现代工业部门对农业部门的劳动力进行吸收，工资与劳动的边际生产力密切相关。自第一阶段向第二阶段过渡，劳动力自剩余向缺失转变，使得劳动力供给曲线不断向上变化，劳动力工资越来越高。在经济学中，将这两个阶段有机结合，其交汇处就是我们所说的刘易斯拐点。

倘若二元经济自第一阶段向第二阶段进行过渡时，劳动力自无限供给向缺失转变，这时，因为农业部门的影响，现代工业部门的工资越来越高，第一个转折点就是我们所说的"刘易斯第一拐点"即将出现。第一拐点没有出现时，二元经济发展向劳动力产生缺失的第二阶段转变，由于农业生产率越来越高、农业剩余不断增长，使得全面地解放了农村剩余劳动力，工业部门的快速发展使得其与人口增长相比要高出许多，这一部门的工资会不断增加。倘若农业部门和工业部门的边际产品相同，就意味着农业部门和工业部门的工资水平差不多，这代表着城乡一体化的劳动力市场基本产生，在经济发展过程中科学地配置劳动力，从而使商品化得以实现，经济发展使得二元经济的劳动力剩余得以完成，其逐渐向一元经济状态转变，在这个过程中，第二个转折点，也就是我们所说的"刘易斯第二拐点"即将出现。很明显，第一和第二拐点的含义是不一样的，然而后者的意义是具有关键作用的。与"费景汉-拉尼斯模型"中三阶段分类进行比较，这一模型中自第一阶段向第二阶段进行转变，其转折点就是我们所说的"刘易斯第一拐点"，在这一模型中自第二阶段向第三阶段转变，其转折点就是我们所说的"刘易斯第二拐点"。

和"刘易斯拐点"相匹配的就是我们所说的人口红利，年轻人越来越多使得劳动力价格下降。针对大多数发展中国家来说，劳动力价格便宜是发展的关键要素，从这一方面来看，其在国内经济发展过程中非常突出。"刘易斯拐点"没有出现时，是人们在找工作，工资不增长也会有很多的劳动力；而"刘易斯拐点"出现后，是工作在找人，工资不增长就不可能拥有员工。春节过后，发达地区的缺工情况十分突出。在这之中，珠三角地区的缺工情况有200万左右。安徽省是农民工外出务工的大省之一，每年外出的农民工达到1200万，这里的用工荒十分突出。有学者认为，随着国内社会经济的发展，人口红利逐渐消失，以往劳动密集型产业的优势将逐渐消失。这是不是代表着中国的"刘易斯拐点"已经形成？结合国际发展实践，出现"刘易斯拐点"之时，要尽可能使资本深化出现得早一些，要使劳动力创新得以充分发挥，使非技术劳动力的有效利用得以确保，唯有剩余劳动力不存在时，实际工资方可不断地增长，资本浅化式增长得以产生后，方可使资本深化得以产生。

在我国总人口中，农业人口的占比不断增长，在就业人口中，农业劳动力的占比在百分之五十以上，这一实际使得在我国"刘易斯拐点"的出现过程要长一些。这意味着在今后一段时期里，我国不会放弃发展劳动密集型产业，而是会结合国际产业的变化实际，充分发挥劳动力创新的作用，使劳动力的能力不断提升。

4. 现代化理论

现代化理论是指关于发展中国家发展研究的一种学说，主要探讨发展中国家社会、政治、经济、文化和教育现代化的理论、模式、战略方针乃至具体政策。该理论源于19世纪盛行的关于社会经济变迁与发展的一般理论，创立者主要是美国的一批社会科学家，以帕森斯（T.Parsons）的结构-功能主义学派为代表，特别是涂尔干（E.Durkheim）和韦伯（M.Weber）的思想，盛行于20世纪五六十年代，主张：①现代化是一个向欧美型发达国家的社会、经济、文化系统演变的过程；②发展中国家在从传统社会向现代社会转变的过程中，主要受内部因素（道德规范和价值体系等）制约，其中，价值观的转变是社会变革最基本的前提；③发展中国家通过接受西方发达国家的先进技术、科学文化以及思想观念，克服传统的障碍，必将走上与发达国家相同的道路；④处于不同发展阶段的国家，在输入具有现代化特征的先进技术、科学文化和思想观念上，成功率存在差异。该理论影响了20世纪60年代西方半数以上的比较教育研究项目，一些政府以此为基础大量拨款，发展教育，但并未取得预期效果，许多比较教育学家开始对其提出质疑。60年代末，受到依附理论的批评，该理论被指责为无视帝国主义和殖民主义对发展中国家的影响，未正视经济增长在很大程度上取决于对资源的控制权。

现代化是20世纪以来世界各国发展的一个共同主题。改革开放以来，伴随着思想的解放、生产力的发展和社会活力的增强，中国发展主体性的生成、培育与成熟，以及四十多年来的社会转型与结构变迁，充分体现了中国现代化道路的独特性，如果将其提升为现代化的一般理论，总结发展规律，必将为现代化范式的多元建构贡献独特的中国视角、中国经验。也可以为农业农村现代化提供参考，进而推进乡村振兴和城镇化的顺利实施。

5. 社会生态学理论

社会生态学是研究动物和人类的社会组织及社会行为与生态环境之间关系的学科。20世纪20年代初由美国学者帕克（R.E.Park）等人最早提出。60年代后，其研究发生革命性变化，由注重自然生态转变为侧重社会生态，逐渐形成独立学科。主要研究方向有三：①从社会生物学的角度，研究生物的社会行为，研究方向偏向行为科学。研究表明，动物的社会组织，包括群体的大小、雌雄的性配比、婚配的方式，以及各种社会交往的形式、保卫领地和防御捕猎者等，都是适应生态环境压力的结果；②从社会学的角度，研究社会文化与生态环境的关系，着重研究土地利用、土地利用模式变化和空间组合；③从人类生态学（亦即人与自然关系）的角度，研究社会与自然界的相互作用，其中两个方向的研究内容主要有人口与环境、资源开发和利用、社会生态系统、城市生态系统、社会生态系统、社会生态理论等。

马克思认为，人类社会是人与自然的有机结合，是两者的统一，自然主义得以实现，人本主义得以实现，是两者的有机整体，也就是我们所说的"自然化人"与"人化自然"确已"完成了的本质的统一"体系。今天，我们从社会生态的视角来看，亦即当我们站在社会生态学的科学前沿来思考时，马克思所定义的"人同自然界的完成了的本质的统一"[①]，亦即"自然化人"与"人化自然"的辩证统一体系，显然就是达到与维持社会生态平衡优化的最佳社会生态系统；同时，也是不再"陶醉于我们对自然界的胜利"和忧惧"自然界报复"人类的人天和谐依存的良性社会生态系统。无疑，马克思主义关于人类社会是"自然化人"与"人化自然"所"完成了的本质的统一"体系的重要论断，同当代最佳即良性社会生态系统及其平衡与优化的基本理论，本质上是彼此相通的和一致的。可见，当代的社会生态学理论与马克思主义的基本原理是并行不悖、相辅相成的，由此，自然成为党的十八大以来我们落实新发展理念、构建和谐社会与建设生态美丽中国不可或缺的科学基础和理论指导。

6. 全面发展理论

实现社会主义全面发展是马克思主义基本原理之一，这些基本原理包括：①人类社会基本矛盾原理。生产力和生产关系、经济基础和上层建筑之间的矛盾是人类社会发展的基本动力。生产力决定生产关系，经济基础决定上层建筑，生产关系一定要适合生产力的

---

① 　马克思. 1844年经济学哲学手稿［M］. 北京：人民出版社，2000：83.

发展状况和客观要求，上层建筑一定要适合生产力的发展状况和客观要求，由此决定了社会主义首要的根本任务是解放和发展生产力。②以人为本，使人的全面发展得以实现的原理，以及使共同富裕得以实现的理论。马克思指出："从来的一切运动都是少数人的或者为少数人谋利益的运动。无产阶级的运动是绝大多数人为了绝大多数人谋利益的独立的运动。"①③以经济建设为重点，使其和政治、文化以及环境建设得以协调发展原理。社会主义社会不仅是人与人和谐发展的社会，同时还是人与自然和谐共生的社会。

新时代全面发展理论是对马克思关于全面发展理论的传承和弘扬。马克思提出，对于人的全面发展来说，其和人的片面发展是对立的，对于全面发展的人来说，就是指其在精神、身体等方面均得到全面的发展。"习近平同志提出的'坚持以人民为中心''党性与人民性的统一''人民对美好生活的向往就是我们的奋斗目标'等一系列新思想、新观点、新论断，与马克思关于人的全面发展学说具有同理性、一致性，体现了鲜明的政治导向、积极的价值取向和明确的工作方向。"②在新时代背景下，习近平新时代中国特色社会主义思想对怎样走中国特色社会主义道路进行了全面的解释，对如何发展中国特色社会主义这一关键内容进行了深入的探讨，实际上也是在回答新时代怎样更好地促进人的全面发展这一理论命题。

（二）城乡融合发展的理论基础

1. 马克思列宁主义中的城乡关系理论

（1）马克思、恩格斯的城乡关系理论

由于生产力的飞速发展、社会分工不断细化，城市和农村在社会中的角色定位正在逐步转化，各自功能不断明晰并随之出现差异。随着时间的推移，这个差异有愈发扩大的趋势。19世纪中期，马克思、恩格斯批判地吸收了空想社会主义关于城乡关系发展的观点，形成了马克思主义城乡关系理论。马克思、恩格斯深刻揭示了城乡关系从统一到对立再到融合的总体演进趋势，为习近平关于城乡融合发展的论述奠定了理论根基。

马克思、恩格斯城乡关系理论虽然对城乡关系发展和变化的客观规律作出了判断，但无论是依存、对立还是统一，其核心还是落在了的城乡融合上面。正如恩格斯在《反杜林论》中提到的那样："只有通过城市和乡村的融合，现在的空气、水和土地的污染才能排除"③，其推断"城乡关系最终走向融合"的观点在《共产主义原理》中也可窥见一斑。只有通过城乡融合，社会全体成员才能得到全面发展。

而城乡融合要真正得以实现，其过程非常漫长，马克思、恩格斯虽然批判了城乡对

立带来的危害，主张把人从城乡对立的关系中解放出来，并指明了城乡融合的必然性，但这种必然是建立在很多前提之上的。

①城乡融合的必然性

社会历史发展的必然趋势是城乡融合，它同时也是随着共产主义社会的实现而最终得以实现的。关于这一论点，恩格斯曾提到，只有实现共产主义，阶级之分才会随之消灭，而到那时，城市和乡村之间的对立也必将消失。此外，恩格斯在其著作《论住宅问题》中也提到了城乡融合的必然性，城乡对立的根基在生产力得到大发展，但资本主义生产资料私有制消灭后就消失了，并终将走向灭亡。这些观点，恩格斯在与蒲鲁东和米尔伯格等人的论战中或多或少都有所体现。针对蒲鲁东提出的在资本主义条件下就可以化解住宅问题这一观点，恩格斯坚持反对，并批判了工人应当拥有属于自己住宅的观点。恩格斯认为解决住宅问题的根本途径在于消灭资本主义的生产方式，消除城市与乡村之间对立的关系。米尔伯格认为，城乡对立是自然的，是历史形成的，城乡对立的危害可以通过某种政治和社会形态来消除，消灭城乡对立的思想就是一种"空想"。恩格斯则坚定反对这一无知言论，指出："消灭城乡对立并不是空想，正如消除资本家与雇佣工人间的对立不是空想一样。消灭这种对立日益成为工业生产和农业生产的实际要求。"①马克思、恩格斯通过对资本主义工业发展趋势的分析，认为随着科学技术的发展，人们会去逐渐适应生产要求和人的全面发展，建立农业和工业的新的联合。但是资本主义永远解决不了城市人口愈发畸形的趋势，更解决不了城市和乡村之间、工业和农业之间在利益上的对立，唯有共产主义才能缩小乡村差距，拉近城乡融合。而从公共卫生及生态环境这一个层面，马克思、恩格斯也论述了城乡融合的必然性。他们认为，在城乡对立的情况下，城市的生活及生产废物无法回归农村，导致农村土壤缺乏必要的肥料。这些废物长期存在于城市之中，也会对城市的公共卫生及生态环境安全带来危害，只有通过城乡融合，城市中的居民才不会因为自身的粪便而引发疾病，这些污染物最终回归农村，还可以作为土壤的肥料，空气、水包括土壤污染才会排除。所以，城乡融合是必然的。

②城乡融合的前提

马克思和恩格斯认为："消灭城乡之间的对立，是共同体的首要条件之一，这个条件又取决于许多物质前提，而且任何人一看就知道，这个条件单靠意志是不能实现的（这些条件还须详加探讨）。"②在他们看来，促使城乡最终走向融合的前提主要有以下几个方面。

① 中共中央马克思恩格斯列宁斯大林著作编译局. 马克思恩格斯全集(第18卷)[M]. 北京: 人民出版社. 1964: 313.
② 中共中央马克思恩格斯列宁斯大林著作编译局. 马克思恩格斯选集(第1卷)[M]. 北京: 人民出版社. 2012: 185.

一是物质前提：高度发达的生产力。马克思和恩格斯一直认为消灭城乡对立、实现城乡融合最终要依赖于"许多物质前提"，其中最关键的"物质前提"则是高度发达的生产力，这为城乡融合的实现提供了物质基础。

首先，高度发达的生产力能够使城市和乡村在生产力发展水平上的差异得以消除。这个时候，物质商品已经得到极大程度的丰富，根据马斯洛需求层次理论，当人们的温饱等基本生存需求得到满足时，人便开始追求更高层次的发展，从而开始为了推动整个社会发展和人的全面、自由发展而劳动，这样一来，城乡之间的差距势必逐渐缩小。

其次，社会生产力的高度发达也为人与人之间实现自由沟通提供了前提。马克思和恩格斯认为，人们的普遍交往和联系是建立在生产力普遍发展的基础之上的，生产力的发展促使更多的人投入生产领域，要促进生产，人与人之间的交流自然也变得日益频繁。此外，社会生产力的高度发展，使得社会商品不断丰富，人们不再按照旧式社会分工而进行限制性的劳动，个人与他人的交流不再仅仅局限在某一个狭小的领域。

最后，社会生产力的高度发展还能促进城乡文化的充分融合。当社会生产力高度发达的时候，每个人都为了个人发展需要和实现自身价值积极参与到社会分工中来，并且能够和其他人进行充分交流，在交流的过程中汲取先进的理念以及最新的知识，不断充实和提升自我，最终整个社会的素质将得到提高，城乡之间的文化差异也将被逐渐打破。

二是制度前提：私有制的消除。马克思和恩格斯认为，在私有制的前提下，城乡对立的局面才会存在。所以，只有消灭私有制，建立共产主义公有制，才能动摇和破除城乡对立的制度根基。在马克思、恩格斯看来，随着生产社会化与生产资料私有制之间的矛盾日益突出，私有制已经逐渐无法适应生产力发展的需求。到这一阶段，生产力被严重束缚，当这种困境无法得以解决时，最终只能爆发经济危机，这样才能使生产力与生产关系之间的矛盾有所缓解。而随着世界各国之间频繁的贸易往来，整个世界之间的联系也日渐紧密，废除私有制的呼声甚嚣尘上。随着资本输出范围和规模的不断扩充，资本主义私有制引发的经济危机开始逐步演变成全球共同的危机，各国经济均遭到了严重的冲击，产生了难以估计的损失。因此，社会化大生产和全球化大生产对废除私有制的需求也是极其迫切的，只有彻底废除私有制这一制约生产力发展的根本因素，才能使生产力重获"新生"，为后来生产资料公有制的实现打下坚实的基础。

③城乡融合的基本内涵

马克思、恩格斯的"城乡融合"概念主要包括三个方面的内容：工业与农业的有机结合、城乡人口的均衡分布及城乡文化与生活方式的融合。社会分工是伴随着生产力和生产关系的变化而变化的现实规律，当资本主义发展到大工业时代时，社会分工更为细化，这时工业发展迅猛，对人力资源的需求也越来越旺盛。于是，大量的人口开始往城市聚集，人口的快速增长随之带动了服务业、商业的发展，城市规模逐步扩大。资本主义的生产方式改变了城市和乡村的关系，从以往城市只作为乡村的附属反过来变为城市胜过乡村，这种"战胜"，实则就是工业对农业的压倒性态势。既然这种生产方式和社会分工使城市和乡村的关系变得"疏远"，工、农业发展出现了失衡，那么要实现城乡融合，就是要使得工业和农业有机结合，最终实现二者均衡发展。

其次，城乡人口均衡分布。恩格斯曾高度认同空想社会主义者关于人口均衡分布的主张："欧文和傅立叶都要求将消灭城市和乡村之间的对立，作为消灭整个旧的分工的第一个基本条件。他们两人都主张人口应分成一千六百人到三千人的集团，分布于全国"，"他们两人都远远超出了杜林先生所承袭的剥削阶级的思维方式"①。资本主义时期，大量的人口涌向城市，这导致农村的人口日渐稀少，从事农业生产的人更是变得寥寥无几。工业化固然让人与人之间发生了更多的交流和流动，人类也开始接触到了工业文明，但多数从农村转移到城市的人却并没有摆脱贫穷和痛苦，他们当中很多人忍受着资产阶级无情的剥削与压迫，过着艰苦的生活，他们的居住环境、生活条件相当恶劣，这种恶劣也正是城市问题暴露的开端。恩格斯曾在《英国工人阶级状况》中详细描述了19世纪中叶，英国各大城市工业阶级的悲惨遭遇，反映出人口聚集给城市的住房、环境、治安等各个方面带来的负面效应，甚至发生了疾病的肆意蔓延。因此，工、农业的生产要紧密结合、城乡的发展要协调融合，便要使人口在城乡间均匀分布。

最后，城乡文化和生活方式融合。资本主义社会中，城市因工业不断发展，人口不断聚集和生产力发达、社会商品丰富等诸多优势，发展较为迅速，其文明也远远超过农村，那时农村文明依然处于落后而愚昧的状态。城市文化和其生活方式的先进性在于以下几个方面。一是城市里充斥着丰富的精神生活。一方面，随着城市人口温饱的满足，人们开始追求更高层次的精神满足。这个时候，大量的学校、文化机构开始出现在城市里，培养了大量的人才，创造了大量的知识财富，这些又反作用于城市文化，促进其愈发兴盛。另一方面，来自不同地域人口的不同思想在城市中碰撞，不同文化之间开始发生交流、融合及创新等"化学反应"，这都极大地丰富了城市文明。二是来自城市市场的激烈竞争，驱动了科学技术的不断更新和发展。资本家们为了超过竞争对手，不惜代价地不断在科学技术创新方面加大投入和研发力度，科技的运用对于提高劳动生产率、促进工业发展起到了"助推器"的作用。因激烈竞争而带来的科学技术上的发明创新，也同时促进了科技文明的不断发展，人类的生产及生活方式也随之受益，发生了巨大的

---

① 中共中央马克思恩格斯列宁斯大林著作编译局. 马克思恩格斯全集（第20卷）［M］. 北京: 人民出版社. 1971: 317–318.

变化。三是城市分工的不断细化形成了城市特有的生活秩序。在城市社会中，人与人之间变得更加谦和与包容，更加注重秩序和规则的运用。相对于城市机体的有序运转，农村地区则显得愈发封闭和落后。但农村也并非一无是处，这里有新鲜的空气和水土，有淳朴的民风、闲适的生活，以及单纯的人际关系。值得注意的是，马克思、恩格斯的城乡融合理论并没有简单归结于乡村就应该"落寞"和失去"自我"，而是提倡二者优势互补。

④城乡融合的路径

关于如何实现城乡融合，马克思、恩格斯给出的"答案"在《共产党宣言》《共产主义原理》《反杜林论》等著作中均有体现。除了大力发展社会生产力、逐步消灭私有制这一大方向之外，充分发挥城市的带动作用显得尤为重要。资产阶级工业革命时期，城市彻底与乡村对立，这个时候的城市，无论是在经济还是在政治、文化及社会等各个领域，都远远胜过乡村并成为主导，且随着资本主义社会的发展，这种差距还有加大的趋势。在马克思、恩格斯看来，要实现城乡融合，彻底消灭这种差距，就必须发挥城市的中心辐射作用，发挥其在经济、政治、文化等多方面的内在优势和带动作用，使城乡在多个角度、多个层面实现协同发展。

政治上，在马克思和恩格斯生活的资本主义社会，阶级之间的矛盾已经到了非常尖锐的地步，因受到资本主义生产方式的压迫，人们不得不受制于旧式社会分工，这不仅阻碍了生产力按照其本身的规律发展，也阻碍了人的全面发展，使人成为生活在城市和乡村中的"困兽"。在城市里，工人阶级是庞大的群体，同时也是推动发展的主体，但他们长期被压迫，毫无政治权利可言；在乡村，人们居住偏远、分散，加之生活封闭，占据他们头脑中主导地位的是封建落后的小农意识。因此，要彻底解放人们的思想，使人们在思想意识和政治觉悟上达成共识，充分意识到只有消除资本主义私有制，才能实现城乡融合和人的全面自由发展。而建立工农联盟，就是马克思、恩格斯认为实现人们在政治觉悟上相统一的有效手段。马克思和恩格斯认为，只有建立工农联盟才能使无产阶级真正拥有话语权，将命运牢牢掌握在自己手中，这时，人将彻底得以解放。那个时候，人们的政治觉悟大大提高，推动共同治理、实现共同进步的意识逐步形成，城乡居民开始一起管理公共事务，城市和乡村因此联系得更加紧密，这为消除城乡之间的对立矛盾、实现城乡融合奠定了基础。

经济上，随着工业的繁盛和科学技术的不断注入，城市迅速崛起，但随着城市这种发展趋势的不断演进，越来越多的"城市麻烦"随之而来：日趋激烈的市场环境导致劳动力成本增加、土地价格不断攀升、生活成本持续提高，这些都严重制约了城市的进一步发展。相比于城市，农村的土地、劳动力、生活资料都很低廉，生活、生产成本很低，于是，城市的商业和工业找到了这一方"宝地"，开始往农村转移——这种转移实则就是城市在经济领域的辐射和带动，它极大地促进了当地经济的增长、人们生活水平以及农村现代化水平的提高，从而为城乡融合的实现提供了物质条件。

文化上，相比于城市文化的繁荣及人们思想意识上的觉醒，农村因地处偏远，毫无区域优势可言，显得闭塞而落后，"封建"成为乡村的代名词。这种人们对乡村普遍的文化认知更是加速了城乡的对立。相比政治、经济来说，文化更能传递人与人之间的情感，文化不融合，情感注定难以融入。因此，应当充分发挥城市在文化方面的带动和辐射作用，从而推动乡村文明加快发展，不断提高农村人口的文化素养和精神追求。当乡村文化水平发展到一定阶段的时候，人们便会渐渐对乡村的认知发生改变，从而使文化壁垒得以打破，实现乡村融合发展。

（2）列宁、斯大林的城乡关系理论

列宁的城乡关系思想，是在充分汲取了马克思、恩格斯的城乡关系理论，同时又结合了俄国社会资本主义现实，以及苏联社会主义城乡发展实际的基础上形成的。列宁认为，社会分工的出现直接决定了商品经济的发展，它加快了工农和城乡分离的进程，是社会关系发展的内生逻辑。他提出，资本主义社会的必然结果就是走上城乡对立的局面，其缘由是随着俄国资本主义生产力的飞速发展，彼此之间竞争越来越激烈，致使城乡矛盾不断加深，最终导致二者割裂。但列宁也借鉴了马克思、恩格斯的城乡关系理论，他认为，随着生产力的不断进步，城市与农村之间的界限终究会被打破，届时俄国"村野的务农者过去同整个外界隔绝的状态就被彻底打破了"[①]。对于如何从根本上消除城乡对立，列宁也指出，必须建立"生产者联合起来的社会"，也就是最终实现共产主义。

斯大林将建立城乡融合的社会关系作为党和国家的重要问题来考虑，并提出了工业化和农业集体化的思路，这在一定程度上解决了"城市和乡村之间、工业和农业之间关系破裂的危险"[②]。他在《苏联社会主义经济问题》中还进一步阐述了"三大差别"的思想，丰富和发展了马克思、恩格斯的城乡关系理论。他认为，城市与乡村、工业与农业、脑力劳动与体力劳动之间对立的基础必定会伴随着社会主义制度的不断巩固和完善而渐渐消失。他的理论不但契合苏联社会主义发展的路径，也能够解决社会主义现代化建设中遇到的一些难题。

2. 中国实践中的城乡关系认识

（1）毛泽东的城乡统筹兼顾思想

统筹兼顾是毛泽东处理城乡关系中的核心要义。他曾在党的七届二中全会上强调

[①]　中共中央马克思恩格斯列宁斯大林著作编译局. 列宁全集（第3卷）[M]. 北京：人民出版社，1984：280.
[②]　中共中央马克思恩格斯列宁斯大林著作编译局. 斯大林选集（下卷）[M]. 北京：人民出版社，1979：155.

了城乡统筹的重要性，指出只顾城市、丢掉乡村的做法是完全错误的。新中国成立后，针对当时城市建设和工业被过度重视，而农业农村发展滞后导致的城乡发展失衡现状，毛泽东在《关于正确处理人民内部矛盾的问题》中进一步阐述了"统筹兼顾"的深刻内涵——统筹兼顾、适当安排，概括起来包括以下几点。

第一，在城市与乡村经济利益方面统筹互助。新中国成立初期，农村经济发展较之城市来说存在较大差距。针对这一问题，毛泽东提出了当时的经济政策，即处理好"四面八方"的关系，实行"公私兼顾，劳资两利，城乡互助，内外交流"[①]的政策。而对于如何实现城乡互助，他则认为要工农互助，一方面，农业为工业生产提供原材料，为工人和城市居民提供必要的农副产品；另一方面，工人则通过工业生产，为农民及农业生产提供必要的设施设备。此外，毛泽东还主张工人和农民要多增进交流，通过通信、联谊等方式加强必要的联系，以进一步巩固工农联盟，促进工农互助，实现工业和农业的协同发展。

第二，坚持工农并举，并充分重视农业发展。毛泽东充分吸取了苏联忽视农业而导致粮食长期供给不足，最终严重影响工业发展的深刻教训，提出了在大力发展工业的同时要将农业的基础地位摆在重要位置，他强调农业关系着千亿人的吃饭问题，并能为轻工业提供重要原材料，也能为重工业提供市场。因此，毛泽东强调中国经济发展要坚持工农并举的原则，并指出坚持优先发展工业固然没有问题，但必须实行工业与农业并举的政策，在大力推进工业现代化的同时，必须将农业现代化囊括其中。此外，为防止重走苏联工、农业严重失调的老路，他还提出了投资比例在农业、轻工业、重工业之间的合理分配问题。

第三，充分维护农民利益。因从小长在农村的关系，毛泽东对农民有着深厚的感情，注重维护农民的利益是毛泽东城乡兼顾思想的一项重要内容。早在根据地建设时期，他就组织过小范围的土地改革，为农民争取土地；新中国成立后，又领导了农民进行了大规模的土地改革，并大力推动农业合作化，力图让农民真正当家作主，成为土地的主人，过上富裕的生活[②]。他同时强调要处理好税收与农民收入的关系，确保农民逐年增收。在社会事业上，他清楚地看到了城乡在教育、文化、医疗卫生等方面的差距，曾公开批评卫生部将大量精力侧重在城市，提倡应该把工作重心放到农村中去。

（2）邓小平的城乡互动发展思想

党的十一届三中全会以后，邓小平在充分继承前人关于城乡关系理论的基础上，对其进行了进一步的丰富和发展，其主要内容包括以下几个方面。一是强调始终坚持好农

① 中共中央文献研究室.毛泽东思想年编: 1921~1975 [M].北京: 中央文献出版社, 2011: 652
② 白雪秋.党的三代领导核心统筹城乡发展思想之演进 [J].毛泽东思想研究, 2004（02）: 111–112.

业的根本地位是前提，强调"三农"稳定发展是城乡互动的前提。邓小平认为："农业搞不好，工业就没有希望，吃、穿、用的问题也解决不了。"[①]对于如何夯实农业的根本地位，邓小平认为一方面是要依靠政策，用政策的红利充分调动农民的积极性；另一方面要靠科学，发展适度规模化经营和集体经济，促使农业发生质变，实现快速发展。二是强调工业农业相互支援是城乡互动的核心。邓小平认为，支持农业的工业不仅不能减少，而且还要搞好；工业的首要任务是促进农业的现代化；工业城市要对附近农村起到良好的帮扶带动作用，帮助其发展小型工业，搞好农业生产，同时，农业发展了又要转向来支持工业，农村剩余劳动力的转移，农副产品增加等，都会进一步推动工业发展。三是强调变革是消除城乡之间壁垒的根本路径。他主张改革一切不适应生产力发展的经济、政治、文化、社会领域机制体制，从教育、医疗、卫生、户籍制度、住房等多个方面入手，大胆革命，打破城乡互动的机制体制障碍，实现城乡良性互动。邓小平的城乡互动发展思想，本身也是一场伟大的变革。

（3）江泽民的城乡协调发展思想

江泽民的城乡关系理论概括起来就是城乡协调的发展思想，主要包括以下几个方面。一是注重农业的地位。改革开放后，我国农业农村取得了很大的发展，但比起城市的发展进度还很滞后，尤其是在教育、医疗和文化等方面，更无法与城市企及。2000年，我国在"十五"计划中提出要走一条大、中、小城市协调发展的中国特色的城镇化道路。2002年，江泽民在党的十六大上明确提出统筹城乡经济发展，全面建设小康社会是党带领全国人民在21世纪头二十年的奋斗目标，并强调了要实现这个目标，关键在农村，所以必须充分重视农业的地位，将农村经济的繁荣作为当前工作的重中之重，大力推进农村现代化发展，不断提高农民收入。二是大力发展城市工业。江泽民认为，城市的发展关键还是要靠工业来支撑，而只有发展好国有大中型企业，才能为工业发展注入动力。江泽民将国有企业，特别是国有大、中型企业的发展上升为关系国民经济发展、关系我国社会主义制度的重大政治问题，足见其在重视农业地位的同时，并没有忽视工业的发展。他认为，国有企业成功改革不仅能为农村经济发展提供可参考的经验，更重要的是能提供丰富的物资基础，促进农村经济更快发展，最终缩小与城市的差距，实现城乡协调。三是工农业应该互动支援。市场经济建立之后，受城乡二元体制机制的影响，农村发展落后，农民收入偏低等问题成为制约城乡发展良性互动的关键问题。为了进一步推动城乡协调发展，以江泽民同志为核心的党的第三代中央领导集体提出了"城乡互动"的思想，强调理顺经济结构，适当、合理地调整生产力布局，充分发挥城市的带动作用，努力实现城市与乡村、工业与农业的良性互动局面。四是坚持走中国特色城

① 邓小平. 邓小平文选（第1卷）[M]. 北京：人民出版社，1994：322.

镇化道路。党的十六大报告对提高城镇化水平、坚持大城市与小城镇协同发展做了重要论述，其核心要义就是探索一条符合中国国情的城镇化之路。当时，中国大量剩余劳动力在农村滞留，只有大力推进农村城镇化建设才能加快农民市民化进程，否则，庞大的农村人口将很难发生转移，剩余的劳动力也会白白浪费，并不能有效发挥作用。江泽民高度重视小城镇建设，多次强调"小城镇，大战略"。在他看来，建设好了小城镇，当时中国农村二到三亿的剩余劳动力就有了新的就业途径，这样不仅可以缓解大、中城市的就业压力，还能解决农村大量人口的收入来源问题。同时，小城镇的繁荣又进一步加速了工业的发展，小城镇建设犹如连接城市与乡村的一条纽带，不断增进着城乡之间的互动，带动着城市与乡村的同步发展。

（4）胡锦涛的城乡一体化发展思想

党的十八大报告中的一大亮点，就是胡锦涛同志提出的推动城乡发展一体化，其城乡一体化发展思想主要包括以下几个方面。一是坚持"五个统筹"。2003 年，胡锦涛在党的十六届三中全会上首次提出"五个统筹"的发展理念，并将统筹城乡发展置于关键地位。此后，以胡锦涛同志为总书记的党中央多次就"统筹城乡"发展作出重要论述，以此来深化城乡一体化发展的理念。例如2004 年，中共中央、国务院印发《关于促进农民增加收入若干政策的意见》（中发〔2004〕1号），再次提到了统筹城乡工作的"多予、少取、放活"方针[1]，虽然此方针在党的三代中央领导集体的城乡发展理念中均有提及，但胡锦涛将侧重点放在"多予"上，提倡进一步加大各级财政对农业的投入力度，建立健全有利于农业的投资体制，以进一步发展农业，缩小城乡差距。二是大力推动城乡经济社会一体化。2008 年 10 月，党的十七届三中全会作出了"我国总体上已进入以工促农、以城带乡，加快破除城乡二元结构、形成城乡经济社会发展一体化新格局的重要时期"[2]的重要判断，并对推动经济一体化和推动城乡社会一体化均分别作了详尽的阐述，内容涵盖了进一步做好城乡统筹的发展规划、创新经济管理体制、增强城乡一体的经济核心竞争力等多方面内容。三是把城乡统筹纳入全面建成小康社会的目标之一。党的十八大提出了全面建成小康社会的崭新目标，在这一总体目标中，统筹城乡发展的目标占据着关键的一环，党的十八大报告从政治体制、经济体制、资源、人居环境及城乡人民生活水平等多个方面描绘了城乡统筹发展的美好蓝图，可以说，城乡一体化的实现，标志着小康社会建设的成功。

① 中共中央　国务院关于促进农民增加收入若干政策的意见_2004年第9号国务院公报_中国政府网[EB/OL].http://www.gov.cn/gongbao/content/2004/content_63144.htm.
② 中共中央文献研究室.十七大以来重要文献选编(中)[M].北京:中央文献出版社,2011:301.

（5）习近平关于城乡融合发展的重要论述

习近平关于城乡融合发展的重要论述，是在继承马克思主义经典作家们的城乡关系思想和总结我国城乡建设历史经验的基础上发展创新而来的。党的十八大以来，习近平同志立足于我国城乡关系及城乡经济社会发展的具体实际，准确把握当前我国发展的时代背景与现实需要，强调树立新发展理念，提出实施乡村振兴和城乡融合发展战略，赋予城乡建设新的时代意义和理论内涵，形成习近平关于城乡融合发展的重要论述，为新型城乡关系发展指明了方向，是对中国特色社会主义城乡关系理论和习近平新时代中国特色社会主义思想的丰富和发展。

①促进"三次产业"融合发展

现阶段我国经济社会发展不平衡、不充分最突出的表现，在于农业农村发展滞后、城乡二元化对立、城乡三次产业融合度较低问题仍然未得到彻底解决。习近平指出："众所周知，在工业化、市场化、城市化的进程中，农业占国民经济的比重会有所下降，这是经济发展的一般规律。但是不能以为工业和服务业越发展，农业就越成为一种萎缩的产业。"[①]"三农"问题存在的根本原因在于工业与农业、城市与农村的发展结构失衡。当前我国社会系统中呈现出的结构问题，造成了农业农村与工业化、城镇化发展的不相适应，不能很好地解决"三农"问题导致农业农村发展滞后，成了"新四化"发展的短板。乡村振兴的前提条件和第一要务就是促进农村"产业兴旺"，要"用现代发展理念指导农业，抓住当前科技进步、产业重组、生产要素转移加快的机遇，建立现代生产要素流向农业、现代生产方式改造农业的有效机制，着力转变农业增长方式，促进农业与工业、农业与服务业的融合，不断提高农业的产业化、国际化、现代化水平"[②]。三次产业融合即农产品的生产、加工以及销售服务融合。其发展可以促进生产者、加工者以及消费者从中获益。农业生产者可以增产增收、扩大销路；加工者有更加稳定的农业原材料来源，对农产品进行精细化加工，可以获取更多工业附加值；随着工商业繁荣，物质产品的极大丰富，满足了消费者的消费需求，提高了人民的生活水平。习近平指出："加快建设现代农业，转变农业增长方式、全面提高农业综合生产能力，是当前十分重要而紧迫的任务。"[③]以农业工业化和经济生态化理念为指导，以提高农业市场竞争力和可持续发展能力为核心，深入推进农业结构的战略性调整，大力发展高效生态农业。

①　习近平. 之江新语[M]. 杭州: 浙江人民出版社, 2007: 191.
②　习近平. 之江新语[M]. 杭州: 浙江人民出版社, 2007: 192.
③　习近平. 之江新语[M]. 杭州: 浙江人民出版社, 2007: 109.

②实现"人的全面发展"观点

习近平一贯重视"三农"问题，特别强调社会发展要坚持"以人民为中心"，通过推动实施乡村振兴、开展精准扶贫、促进农民增收、完善农民工市民化政策措施，保障全体人民共享社会主义发展成果。在《务必以人为本谋"三农"》一文中，习近平强调要"明确'三农'问题的核心是农民问题，农民问题的核心是增进利益和保障权益问题"[1]。改革开放四十多年来，工业化、城镇化给我国社会结构带来了巨大变化，在农业人口中从事非农生产的人员大幅增加。作为劳动力主要供给群体，农民工在社会环境差异巨大的城乡之间往返迁徙，脱离了农村扶贫体系，在社会福利保障等方面又不能加入城市社会保障体系，无法和普通市民享有同等待遇，因而直接承担着经济资源"两头落空"的社会压力。由于就业的临时性和非正式性，农业转移人员往往可能会"因病、因业、因伤、因老"而陷入贫困的境地。当前城镇化发展和进入逆城镇化阶段之间还存在很长一段距离，城镇化向前发展的趋势是长期的、稳定的。在城镇化过程中，农业劳动力非农化转移和市民化的速度，应该与城镇化发展阶段、工业化发展程度相匹配。我国户籍人口城镇化率偏低，户籍人口城镇化率低于城市常住人口所占比例，表明当前我国仍处在城镇化加速发展阶段。在《从"两种人"看"三农"问题》一文中，习近平强调必须"逐步消除农民与市民在实质上的差别和身份上的巨大落差"[2]。在党的十八届五中全会上，习近平同志提出"对2亿多在城镇务工的农民工，要让他们逐步公平享受当地基本公共服务"[3]，农业农村现代化离不开"农民现代化"，要实现"新四化"，就必须帮助农民工摆脱常住人口中弱势群体的地位。解决好"三农"问题，就是要增加农民收入、改善农民生活状况，帮助农民工摆脱贫困、融入城市生活、实现个人全面发展、共享社会发展成果。

③坚持"以工补农、以城带乡"

党中央在解决"三农"问题的实践中积累的新观点、新办法，逐渐体现出明显的城乡融合理论内涵。习近平指出："没有农业农村现代化，就没有整个国家现代化。在现代化进程中，如何处理好工农关系、城乡关系，在一定程度上决定着现代化的成败。"[4]

乡村振兴战略的实施有利于解决好农业农村发展问题，有助于推动实施城乡融合发展战略，促进形成新型工农城乡关系。首先，乡村振兴战略的出发点，不是为农村贫困弱势群体和进城失败而返乡的农民工提供最低的生活来源和保障。这种观点存在着两个明显的认识缺陷：第一，受制于传统的城乡二元发展思路，仍然将乡村看作我国现代化

① 习近平.之江新语[M].杭州：浙江人民出版社，2007：102.
② 习近平.之江新语[M].杭州：浙江人民出版社，2007：188.
③ 习近平.习近平谈治国理政（第二卷）[M].北京：外文出版社，2017：80.
④ 习近平.习近平谈治国理政（第三卷）[M].北京：外文出版社，2020：255.

进程中，为城市建设输送劳动力的来源地；第二，忽略了农民工自主选择的过程，仅仅把农民工返乡的原因归结为他们无法在城市长期立足、被动地选择返乡务农，从而忽略了返乡的其他原因（例如部分农民工在外出务工过程中，积累了足够的返乡创业资本和技能，自主选择回乡创业）。其次，乡村振兴战略的出发点也不是改变人口迁移的总体方向，使农业转移人口返回农村地区。乡村振兴过程中始终尊重农民自主选择权，尊重农民工意愿，坚持"自愿、分类、有序"的原则，保障进城农民工的土地财产权益，使农业转移人口在新型城镇化进程中进退自如，可以在城市定居，也可以返回原来的土地生产、生活，免去其后顾之忧，使社会结构具有张力。

解决好"三农"问题，要提高农业支持保护政策效能，使公共资源的配置向农业农村倾斜，加快实施乡村振兴战略，促进城乡融合发展。在《务必统筹城乡兴'三农'》一文中，习近平指出："工农关系、城乡关系始终是现代化建设进程中必须处理好而又容易出偏差的一个具有全局意义的问题。正确处理城乡关系、工农关系，实现一、二、三产业协调发展和城乡共同进步，是构建现代和谐社会的重要基础，是现代化进程中最重要、最棘手的一大难题，也是关系'三农'发展能否取得成效的重大问题。"[①]要想处理好"三农"和"三化"的关系，从根本上解决"三农"问题，就必须以"'三化'带'三农'，城乡共繁荣"[②]的策略来把握城乡、工农关系。首先，要以新型城镇化促进农民现代化。以城镇为节点完善城乡区域空间结构，通过发展特色经济来加快区域产业和人口的集中，推动农村地区实现就业非农化和人口城镇化发展。其次，要通过新型工业化带动农业现代化。不断提高农业机械化水平，加快农业科技成果转化，用完善的农业基础设施开展农业生产，从而使农业劳动生产率和土地出产率得到有效提高。再次，要以市场化促进农业产业化。为农业发展提供体制基础和制度保障，巩固和完善农业基本承包经营制度，统分结合，适度开展土地规模经营，培育壮大新型农业经营主体，推动农户和现代农业发展有机衔接，提高农业竞争力，扩大农业对外开放格局，鼓励农企扩大对外投资参与国际竞争。通过不断完善工农城乡发展的政策体系、建立健全城乡融合发展体制机制，使农业农村现代化与工业化、市场化、城镇化相互促进、向前发展。

二、现实依据

（一）世界城镇化发展历程与经验借鉴

1.世界城镇化发展历程与典型道路

城镇化是社会经济发展到一定阶段的必然趋势，城镇化过程伴随着人口、土地、

---

① 习近平.之江新语[M].杭州：浙江人民出版社，2007：103.
② 习近平.之江新语[M].杭州：浙江人民出版社，2007：168.

资金等要素在空间上的聚集和利用。在传统农业社会，人类的生活以自给自足的小农经济为主，城市规模较小，城市功能更多的是军事防御和举行祭祀活动，随着工商业的发展，真正意义上的城市才发展起来，因此，学者们普遍认为城市是工商业发展的产物。世界城镇化发展历程可分为三个阶段：一是工业革命前（1850年以前）的城镇化发展的初期阶段，该阶段城市和城镇化进程非常缓慢，城市规模很小，城市人口在世界总人口中的比重也很低，1850年全球城镇化率仅为6.4%；二是工业革命后的城镇化的快速发展阶段（1850—1950年），得益于新技术的运用和工商业的发展，该阶段世界城镇化水平迅速提升，英国、法国等发达资本主义国家在此阶段基本完成了本国的城镇化进程；三是二战后的全球城镇化的全面发展阶段（1950年至今），二战之后许多国家取得独立，努力发展本国经济，加之以原子能、电子计算机、空间技术和生物工程为标志的第三次工业革命开始，全球工业化程度和经济总量迅速提升，带动了城镇化水平的快速提高，自1950年至今的七十余年里，全球城镇化水平提高了约22个百分点，超过了50%，人类社会发展步入了城市为主的新的历史阶段。

由于世界各国城镇化发展面临的国际环境、经济基础、禀赋条件及发展战略等均具有较大差异，所以在城镇化过程中形成了具有自身特色的发展道路。根据发展阶段、发展速度、发展质量等因素，世界主要国家的城镇化道路有不同的划分。综合来看，较为典型的城镇化道路主要有以下四种。

一是政府调控下市场主导型城镇化模式。其主要特点是市场机制在城镇化进程中发挥主导作用，政府则运用法律、行政、经济等多种手段，对本国的城镇化发展进行有力保障和合理引导，以英国、德国、法国等西欧国家为主要代表。

二是政府调控下的积极推进型城镇化模式。其主要特点是政府在城镇化过程中发挥主导作用，通过有力的政府干预来配置资源，市场在资源配置中的作用得到抑制，城镇化发展道路更多的是政府意志的体现。由于有政府的强力推动，城镇化发展速度较快，往往能在短期内实现城镇化水平的快速提升，但是对政府的执政能力和水平有较大依赖。该模式以日本、韩国等东亚国家为典型代表。

三是市场机制主导下的自由放任式城镇化模式。顾名思义，此种城镇化模式是市场经济自由发展的结果，政府的掌控能力较弱，城镇化所需要的资金、劳动力及土地都主要以市场配置的方式获得。美国是此种模式的典型代表。

四是受到殖民历史制约的城镇化。在拉美、加勒比海、非洲等地区，一些国家曾是西方资本主义国家的殖民地，社会经济受到宗主国的深刻影响，导致其在城镇化发展中表现出一定程度的共性，如城镇化水平高于工业化水平，城市发展与经济发展脱节；政府忽视传统农业的改造与发展，城乡差距巨大，城市因农村人口的大量涌入而不堪重负，从而导致社会矛盾突出，落入"中等收入陷阱"。巴西、墨西哥等国是此种模式的典型代表。

2. 世界城镇化发展的经验借鉴

第一，统筹城乡关系。城镇化是由以农业为主的传统乡村型社会向以工业（第二产业）和服务业（第三产业）等非农产业为主的现代城市型社会逐渐转变的历史过程。城镇化过程也是第一产业和第二、三产业，农村与城市关系地位转换的过程，但二者并不是非此即彼的零和关系，而更多的是一种相互促进的关系。如果农业农村问题得到很好的解决，那么城镇化的阻力将大大减小。农业的发展不仅为城镇化提供充足的劳动力资源和原材料供给，还为城镇工业品提供了广阔的销售市场。世界主要国家的城镇化历程也证明了农村、农业、农民是城镇化的先决条件和重要基础。比如韩国在城镇化过程中，虽然农业在国民经济中的比重有所下降，但是农业的基础性地位一直未能动摇，韩国政府通过实施一系列的农业支持政策保护本国农业，改善农村地区基础条件，保障农民收入稳定。与此相反，巴西在城镇化过程中过于强调工业化，虽然进口替代战略的成功实施提升了国家整体工业化水平，但与此同时，却忽视了农业领域的变革和发展，导致农村地区生产生活条件严重滞后于本国的经济发展水平，从而制约了本国工业化程度的进一步提升，同时大量农村人口迫于生计涌向城市，成为"城市病"爆发的主要原因。

第二，形成合理城镇体系。城市的形成是产业发展、人口聚集到一定程度的结果，人口的聚集带来了城市规模的扩大。但是，就如经济学中的规模经济效应，当城市规模在一定范围内时，城市的运行和居民的生活是高效而便利的；当城市规模超过一定界限，便会导致城市运行效率的降低以及交通拥堵、环境污染等一系列负面问题的爆发，因此，城镇化过程中不应片面追求城市规模，而应着力构筑合理的城镇体系。在这一体系中，大、中、小城镇功能明确、定位清晰、分布均衡，互相带动、形成合力，才能提高城镇化的发展质量。世界主要国家的城镇化过程也大都经历了从放任城市规模一味扩大，到控制城市规模，兴建中、小城镇的过程。如在韩国、巴西等国，都在中心城市周边兴建了一些配套完善的中小城镇和卫星城，以分担中心城市的人口、交通、资源环境等压力和城市功能，促进区域经济协同发展。

第三，注重环境保护。纵观世界主要国家的城镇化历程，往往伴随着生态环境的污染与治理。在城镇化发展最快的时候，往往是对生态环境破坏最严重、资源环境压力最大的时候，出现了一系列的环境问题，如英国的伦敦烟雾事件、日本的米糠油事件等。随着城镇化进程的基本完成，世界主要国家往往采取了许多措施、投入了大量人力物力去解决城镇化带来的资源环境问题。这一发展路径与世界主要资本主义国家先污染、后治理的工业化道路十分相似。我国人口众多，人均资源占有量较低，环境污染问题已经显现，因此，在我国今后的城镇化建设过程中，应更加注重对资源环境的充分利用和保护，创新环境治理工具，促进环境治理技术的研发推广，推动产业结构优化升级，努力建设资源节约型、环境友好型的新型城镇，发展循环经济和低碳经济，努力避免世界主要国家城镇化发展历程中伴随的环境污染问题，保障我国城镇化建设的质量与水平。

城镇化是经济社会发展到一定阶段的必然产物，其路径依赖在不同国家有所差异。在城镇化已经成为世界潮流的21世纪，如何科学有效地选择城镇化路径，既是一个需要认真研究的理论问题，也是一个需要不断摸索的实践问题。受历史条件、自然地理及资源禀赋等诸多因素的作用，城镇化的实现没有固定范式，发达国家和发展中国家的城镇化道路各有不同。通过对发达国家、发展中国家，以及国内既有城镇化路径选择实践的经验与启示的探究，不难发现：城镇化路径选择应以现代农业发展为前提，以政府和市场的有机结合为保障，以新型产业发展为基础，以经济发展和工业化为动力，以深化制度创新和体制改革为要求，最终回归到城乡关系如何融洽的层面上来。

（二）中国城镇化地方实践与经验启示

1.中国城镇化地方实践

（1）成都市城镇化发展实践

成都市在城镇化建设中形成了以大城市带动大郊区发展的成都模式。其基本思路是推动农村土地确权颁证，建立农村土地产权交易市场，设立建设用地增减指标挂钩机制，一方面增加城市建设用地供给，另一方面促进农村土地流转，增加农民土地级差收入，使农村农民分享到城市发展的红利；同时根据自身产业优势，大力发展地方经济和产业集群，吸纳失地农民就业。改善农村公共品供给，建立健全社会保障体系，提高农村居民生活质量，实现城乡一体、协同发展下的城镇化。

（2）苏南地区城镇化发展实践

"苏南模式"是学者对江苏苏州、无锡、常州等地区自20世纪80年代以来经济和社会发展道路的概括和总结，被称为工业化、农村城镇化的样板。其主要依托临近上海的区域优势，通过发展乡镇集体经济的方式，推动小城镇发展，实现就地城镇化。在发展集体经济时，土地、劳动力及、资金等生产要素均由乡镇政府部门进行统筹，发展乡镇企业，并指派所谓的"能人"来对企业进行管理。这种方式把"能人"的管理能力与各项生产要素结合起来，促进了乡镇集体经济的快速发展，同时推动了大量农村剩余劳动力从农业劳动中脱离出来成为产业工人；集体经济的发展也为当地完善社会保障体系提供了资金支持，农村地区的公共基础设施得到改善，农民的生活水平不断提高，从而实现"离土不离乡，进厂不进城"的就地城镇化。特别是，20世纪90年代以后，苏南地区抓住经济全球化的机遇，大力发展外向型经济，经济总量不断扩大，并通过乡镇合并进一步扩大了城镇规模，减少了建制镇数量，提升了城镇化发展质量。

（3）温州市城镇化发展实践

温州模式是对温州地区城镇化发展历程的一种理论概括。温州地处浙江省南部，境内多山，早期集体经济薄弱。其城镇化的主要特点是在改革开放后，在市场经济的作用下依靠个人私营经济的发展，实现了"自下而上"的城镇化。温州地区人多地少，农业要素禀赋缺乏，因此当地居民通过经商谋取生计的传统自古就有。改革开放之后，随着国内经济领域的管制逐渐放开，温州的个体私营经济快速发展起来，并形成了特色鲜明、劳动密集型的小商品经济和许多专业市场，带动了相关产业的发展，吸纳了大量就业人口，小城镇的规模和数量也得到扩大，城镇化水平不断上升。除了扶持私营经济的发展，温州市还在城市建设、户籍管理及土地使用等方面制定了一系列的配套改革措施，提高了资源配置效率，如在城镇基础建设中积极吸收社会资本的投入，政府仅投入少量资金以发挥"种子资金"的作用。

（4）广东省城镇化发展实践

通过产业集聚带动人口集聚，促进中心城镇发展，是广东省城镇化的主要模式。但根据资金来源和发展路径的不同，广东省内的城镇化发展又可分为两种主要类型。

一种是珠三角模式。改革开放后，珠三角地区利用其毗邻香港的区位优势，积极吸引外商投资，通过"三来一补"、中外合资等方式，大力发展外向型经济，为城镇化建设奠定了经济基础。乡镇企业和民营企业的集中导致大量农村剩余劳动力流向珠三角地区，人口的聚集也促进了该地区城镇化的发展。

另一种是山区模式。与珠三角地区不同，粤东西北地区的自然环境和区位优势相对较差，经济基础薄弱，在吸引外资方面无法与珠三角地区竞争。因此，其城镇化的发展路径是更多地通过省直管县的方式来推动县级中心的做大做强，并推动专业镇的发展。

2. 中国城镇化发展的经验启示

（1）要处理好政府与市场之间的关系

从国内城镇化发展历程来看，健全的市场机制和科学的政府治理是城镇化健康发展的重要保障。只有充分发挥政府与市场的比较优势，才能提高资源配置效率，解决好城镇发展中的公平与效率问题。我国过去的城镇化建设，主要是一种政府主导的模式，而在今后的城镇化过程中应重新定位政府与市场的关系，强化市场的作用。要想处理好市场与政府的关系，重点是要防止政府职能的"错位"与"越位"，明晰政府职权，将其功能定位在对市场交易原则和社会公平正义的维持上，发挥好引导与监督的角色，积极强化其在制度创设、公共服务及社会管理等方面的职能，破解制约城镇化发展的体制机制问题，推动公共服务的均等化。河北省政府在推进城镇化发展方面，应着力改善当地的公共服务和公共设施的供给水平，改善当地农村居民的转移就业、医疗、住房等保障条件；在公共服务的改善方面，应通过加大政府投资来推进城乡居民在就业、教育、住房、医疗等基本公共服务方面的均等化；在公共设施的完善方面，应以改善交通、能源、水利、信息等基础设施薄弱环节为重点，提高网络化、智能化水平，推进一体化相互融合，打造适度超前、功能配套、管理科学、安全高效的现代基础设施体系。

（2）城镇化过程中要解决好"三农"问题

城镇化程度的提升，包含了人口和土地两方面的内容。目前，我国城镇化存在的突出问题是人口的城镇化严重低于土地的城镇化。农村土地被大量征用用于城镇建设，而失地农民往往享受不到城镇化带来的福利，从而导致部分地区社会矛盾激化。因此，在城镇化建设过程中要特别重视农村地区的发展，统筹协调好城乡发展的关系；落实最严格的耕地保护制度，杜绝违法违规征地行为，缩小征地范围，完善补偿机制；加快推进农村土地确权登记颁证工作，鼓励土地经营权流转，赋予土地承包经营权抵押、担保权能，给予农民更多的财产权利；完善包括医疗、养老在内的农村地区社会保障体系，解除农民的后顾之忧；完善农民职业技能培训体系，提升劳动力素质，提高农村劳动力转移的层次；提高全县城乡建设、片区建设和村庄建设规划编制的科学性，加强道路、水电等农村地区基础设施投资，加强农村地区环境整治，建设美丽乡村，改善农村地区的人居环境，积极开展省市区精品村建设。

（3）城镇化发展要有产业做支撑

我国的城镇化发展多以产业化发展作为基础和动力，但是目前我国城镇建设中普遍存在特色产业不明显、主导产业不突出等现象，因此，各地在城镇化发展的过程中，要结合自身的自然资源禀赋和产业基础，优化生产力布局，培育本地区的特色优势产业，通过产业的发展提升区域竞争力，增强城镇发展的水平和可持续发展的能力。与此同时，要避免传统粗放型发展的道路，通过建设产业园区、延伸产业链等方式增强产业关联度和协作性，逐步形成具有区域特色的产业集群，形成一批辐射带动力强的专业镇、专业县，从而推动整个区域经济的发展和城镇化水平的提升。今后，河北省在产业发展方面应做好两方面的工作。一是应立足自身产业基础和资源禀赋，发展特色产业、优势产业，提升产业竞争力。二是要积极推动产业结构升级换代，提升产业发展质量。重点引进发展可再生能源、医疗保健、航空航天等战略性新兴产业，同时以创新为驱动力，加快对传统产业的改造提升。

第四章　新型城镇化背景下城乡融合发展的
目标、内容与意义

在完成了对城乡关系"历史与现实"（是什么）与新型城镇化背景下城乡融合发展
问题"诱发机制"（为什么）的分析后，本章探讨了"城乡融合发展"（应是什么）。
"是什么""为什么"着眼于过去和现在的理论阐述、分析，而"应是什么"则着眼未
来的理论阐述，主要在于回应"中国城乡融合发展应走向何处"，归根结底在于回答新
型城镇化背景下河北省城乡融合发展应走向何处。本章主要从利益共享的发展理念、互
惠互利的发展路径路及共生和谐的发展格局等三大维度阐述城乡融合发展目标；构建政
治融合、经济融合、文化融合、社会融合、生态文明融合五位一体的全面发展的城乡融
合发展内容。并从城乡融合发展是全面建成小康社会的迫切要求、城乡融合发展有利于
开启中国特色社会主义现代化建设新局面、城乡融合发展是破解社会主要矛盾的关键抓
手，以及城乡融合发展为社会和谐稳定发展提供有效保障等四个方面阐述城乡融合发展
的重要意义。

一、新型城镇化背景下城乡融合发展的目标

中国现行"二元化"的城乡结构是城乡非对称、非均衡发展的结果，因此秉承着城
乡关系"固化—调整—融合"的发展规律以及对"人的全面自由发展"的渴求，在此提
出城乡融合发展的应然逻辑，旨在解构城乡二元化发展，建构起"城乡共同体"的发展
目标。所谓"城乡共同体"主要包括三层含义：一是利益共享的发展理念，即城乡统筹
与社会正义；二是互惠互利的发展思路，即城乡双向合作与互补；三是共生和谐的发展
格局，即趋向城乡一体化的发展框架。

（一）"利益共享"的发展理念

"利益共享"是城乡融合发展的基础，和"马克思恩格斯共同体思想"的理念一脉
相承。恩格斯曾说过："每一既定社会的经济关系首先表现为利益。"[①]特殊利益与共

---

① 中共中央马克思恩格斯列宁斯大林著作编译局编译. 马克思恩格斯文集（第3卷）[M]. 北京：人民出版社，2009：320.

同利益矛盾消解而形成的真正共同利益是"真正共同体"诞生的基础。习近平曾指出："全球治理应该以共享为目标，提倡所有人参与，所有人受益，不搞一家独大或者赢者通吃，而是寻求利益共享，实现共赢目标。"①自新中国成立以来，中国城乡关系"异化"发展，始终坚持着以城市工业为核心的发展侧重，并由此逐步形成了关于政策、制度及资源等方面"农村支援城市、农业支持工业"的城乡二元体制。从本质上看，如今城乡融合发展所面临的问题是以"城市工业对利益超额占有"为基础的城乡二元体制所造就的，无论是改革开放前工农产品"剪刀差"对农业剩余的汲取，还是改革开放后对城市工业发展的巨额财政投资，这种城市工业利益独享的体制对农业农村的排斥、摒弃，根本性地造成了农业农村的衰败与社会的边缘化，从而引发了严重的"三农"问题。直至新农村建设的提出与实施，农业农村开始逐步受益，但是城乡之间差别已然形成且固化：比如城乡之间、区域间相差甚远的教育资源；就业上，城乡户籍、身份歧视，同工不同酬；在医疗卫生商方面，乡村医疗设施、人员的匮乏等。习近平指出："农业农村农民问题是关系国计民生的根本性问题，必须始终把解决好'三农'问题作为全党工作重中之重。要坚持农业农村优先发展……"②

针对城乡利益分配失衡的发展现实，提出城乡"利益共享"的发展理念具有现实的紧迫性，也只有理念的调整才能带来实践的变革，从而回应民众对发展机遇、社会环境的诉求。土耳其学者库苏拉蒂认为，"在当今的许多发展中国家，社会非正义之所以存在是由于政府没有平等地进行分配。"③虽然平等分配未必能带来社会正义，但是偏向城市工业的不平等分配必然造成社会的失衡。"利益共享"发展理念主要体现为政府统筹分配，以维护城乡社会正义。具体来说，一是主体的均衡分配，也就是注重城市和乡村的整体规划，统筹区域内城乡协调发展，不以牺牲农村作为城市或城镇化发展的代价，注重城乡发展机会平等。"个人权利保护、竞争机会均等、对弱者更多关怀，这是社会公平公正必备的'硬件'。"④在统筹分配资源的基础上，对城乡弱势群体给予必要的资源倾斜，才能真正保障乡村居民与城市市民有着同等的竞争力，从而维护个体的地位与权益。二是规则的均衡公正，这是城乡"利益共享"的根本保障。城乡间必须建立开放、互容的均衡政策体制，破解城乡二元结构对城市工业的偏向，从而真正实现城乡的"利益共享"。

① 习近平. 在二十国集团工商峰会开幕式上的主旨演讲 [N]. 人民日报, 2016-09-04.
② 习近平. 决胜全面建成小康社会 夺取新时代中国特色社会主义伟大胜利——在中国共产党第十九次全国代表大会上的报告 [N]. 人民日报, 2017-10-28.
③ I. 库苏拉蒂, 赵剑. 正义：社会正义和全球正义 [J]. 世界哲学, 2010 (02)：150.
④ 朱可辛. 公平正义与中国梦 [C] //中国科学社会主义学会当代世界社会主义专业委员会. "公平、公正、平等：世界社会主义的理论与实践"学术研讨会暨当代世界社会主义专业委员会 2013 年年会论文集. 中国科学社会主义学会当代世界社会主义专业委员会, 2013：2.

（二）"互惠互利"的发展路径

"利益共享"是城乡融合发展的发展理念，主要体现为政府统筹分配，以维护城乡社会正义。在实践中，"利益共享"的实施离不开对"互惠互利"发展路径的坚持，主要体现为城乡间"双向交流与合作互补"。"合作是一种社会生活形态，是有着明确方向的连续性过程，在合作中考虑的是合作行动的总体收益，合作在结果上必然导致合作各方的互惠互利以及社会整体利益的增益。"[①]

双向合作是以"利益共享"理念为支撑的。共同体思想作为城乡融合发展的理论指引，根据"异化—回归"的演变过程，催生出城乡作为共同体单元间的双向交流合作与合作互补的路径来实现城乡融合发展中"利益共享"的发展理念。在城乡融合发展的进程中，城乡间的互惠互助的发展路径，从总体上看，主要表现为城市、工业对农村、农业的反哺以及农业、农村对城市、工业发展的支持；从主体上看，主要表现为城乡居民、政府非政府组织之间凝聚"利益共享"的共识，共同合作推进城乡融合发展，形成一个紧密相连的城乡共同体；从客体角度来看，双向合作应以"五位一体"的城乡融合发展为指向，构建城乡共同体。双向合作是对城乡间弱势群体的补充。当下，城乡关系失衡与差距巨大的原因在于农村的衰败、发展滞后以及农村居民权益的缺乏保障，比如城乡就业、教育、社会救助、保障及住房等基本公共福利的二元化。故而，双向合作要从"乡村本位"出发思考城乡融合发展问题，通过政策法规保障他们的基本权利，增强城乡弱势群体参与合作的能力与积极性，这种补充也是对"利益共享"发展理念的回应，即政府统筹分配以维护城乡社会正义，从而实现理念结合实践发展。

双向合作是多元主体的平等对话协商。在城乡融合发展中，社会主体（包括城乡居民、公益组织等）对社会管理、政治事务的参与程度较低，实际效果不明显。一方面应推动协商主体的成长，扩大协商主体来源，以保障与协商事宜有关的利益主体能被包容进对话协商进程以表达诉求。另一方面，要促进社会主体参与意识、能力和社会责任感提升，从而提升对话协商质量，通过协商对话的途径逐步解决城乡融合发展问题。社会主体的参与可以保障自身权益，有助于提升对城乡融合发展的认同，形成城乡融合发展的社会氛围。多元主体的平等对话有助"创造一种有志于将上百条不同观点的线索编织成一条毯子的互惠互利"[②]，进一步回应了"利益共享"的发展理念。

（三）"共生和谐"的发展格局

"利益共享"是城乡融合发展的发展理念，即城乡统筹与社会正义；这一理念在实践中表现为互惠互利的发展路径，即城乡双向合作与互补；最终可以形成共生和谐的发

①　张康之. 论合作 [J]. 南京大学学报（哲学·人文科学·社会科学版），2007（05）：115.
②　[美] 本杰明·巴伯. 强势民主 [M]. 彭斌，译. 长春：吉林人民出版社，2006：216.

展格局，即趋向城乡一体化的发展框架。共生和谐将城市与乡村视为整个体系的组成单元，保证城乡发展的统一性与共生性，这种理想状态下的城乡关系，旨在引导城乡关系趋向城乡一体化发展。共生和谐的发展格局重点强调城乡融合发展过程中还须兼顾城乡区域所固有的特性与城乡个体间区别，在城乡融合发展的进程中保留个性与差异化。一方面，城市工业与农村农业、城镇居民与农村居民都要纳入城乡一体化的统筹规划中；另一方面，又要基于城乡不同区域的差异特征推动城乡融合发展，使得城乡能够尽可能保留其固有特征，以城乡天然属性差异形成一种多要素交织共生、和谐共享发展效益的城乡一体化格局。

城乡政治关系作为城乡融合发展的核心，是城乡间政治权力、利益等政治资源的分配及占有问题的表现。就目前而言，人为设计的城乡二元结构对城乡间政治资源的划分是极不平等的，城市工业对政治资源的支配是远超农业农村的。这种缺乏公平的政治资源分配离不开现代化的发展体制与城乡利益集团的博弈，因此笔者提出构健城乡"政治融合"机制，包括政治实体性资源，即政治权力、组织的合理性架构，经济实体性政治资源，即国家财政的统筹分配，规范性政治资源，即政策、体制、机制等方面的合理调整，最终实现城乡间要素自由流通、利益分配均衡、社会公平正义。

城乡经济关系作为国家与社会关注的焦点，事关城乡利益主体的切身利益，因此社会财富生产分配的平等与正义就成了社会群体，特别是乡村主体关心的重点。自 20 世纪 50 年代以来，我国的城乡二元经济就十分突出，改革开放后，这种二元经济出现了反复变化，如今呈现出刚性的态势。[①]笔者由此提出城乡"经济融合"机制，就城乡经济分配问题主要讨论两点：一是城乡土地增值收益的分配问题；二是农业发展的滞后影响了经济的全面发展，工业应加大对农业的支持与反哺力度。

城乡文化关系作为社会发展的精神内核，与政治、经济发展同等重要。《中共中央国务院关于建立健全城乡融合发展体制机制和政策体系的意见》中鲜明指出应健全城乡公共文化服务体系，推动文化资源对乡村的倾斜。反观当下，城乡文化冲突与割裂现象显著，其典型就是乡土文化的社会认可度低以及农村居民对自身归属的迷茫。由此，笔者主要提出城乡"文化融合"发展原则，主要包括：一是对城市工业文明所推崇的消费主义价值观进行反思，以权衡我们发展的目的；二是对农村传统文化、记忆的包容与接纳，最终实现城乡文化的多元互动与融合。

城乡社会建设这里着重指社会城乡民生事业建设与管理，即教育、就业、医疗等公共服务体系的一体化建设与完善。当下城乡社会建设各方面均存在显著差距，民生事业的发展与完善一方面离不开政府统筹的建设管理，另一方面也离不开社会各界的协作。

---

① 蔡雪雄. 我国城乡二元经济结构的演变历程及趋势分析[J]. 经济学动态, 2009（02）: 37.

对此，笔者提出城乡"社会融合"的基础准则，以实现城乡间公共服务一体化的社会共识与认同。具体包括：一是城乡民生事业的官民合作，以政策营造城乡共建的发展氛围；二是其他社会主体间自发合作，推进城乡民生事业建设，助力融合发展。这种统筹一体的合作机制亦是对"乡村空心化"所带来的城乡融合发展动力不足、村社基础消失的回应。

城乡生态文明作为现代化发展的特征之一，是"两个一百年"宏伟目标的组成部分，是弥合发展与环境分离的基础。当下城乡生态建设失衡，城市以牺牲农村环境为代价实现自身的快速发展，因此环境群体性冲突事件时有发生，农村居民所承担的生态责任与其难以量化的生态权利严重不符，从而导致污染下乡的事件屡禁不止。由此，笔者认为生态文明建设作为城乡融合发展的原则之一，具体应包括：坚持马克思主义学习、实践；坚持党的领导；应坚持经济利益与环境利益的统一，以环境利益促进经济利益，以保护生态环境为新的经济增长点。

总之，城乡和谐共生的发展格局，是对城乡差异这一客观事实的尊重，以合理的机制与原则构建保留城乡特色的融合发展模式，旨在通过政策、制度的设计解放和发展农业农村生产力，做到农民脱贫有依靠，致富有方向，实现城乡间社会公平公正的发展，从而实现城乡融合、乡村振兴的目标。

二、新型城镇化背景下城乡融合发展的内容

城乡融合发展以利益共享为理念，互惠互利为发展路径，共生和谐为格局，以政治、经济、文化、社会、生态文明"五位一体"，全面发展的城乡融合发展为原则，共同构建新时代城乡共同体。具体包括：政治融合，即政治资源在城乡间统筹分配；经济融合，即城乡间经济协调共生；文化融合，即城乡间文化的交织融合；社会融合，即城乡间民生事业的建设与融合发展的目标认同；生态文明，即城乡生态、人与自然和谐发展。

（一）政治融合发展

在城乡融合发展中，政治融合主要表现为城乡间统筹分配政治资源，保障政治权力、权利的平等，构建有利于城乡要素合理配置的体制机制。从广义上看政治资源主要包括三类：一是以政治权力、政治组织为主的政治实体；二是以国家财政和国有企业为主的经济实体；三是法律、政治等制度规范、意识形态等规范性政治资源。[①]城乡政治共享机制的建立，是对当下政治资源配置向城市工业偏向的纠正，具体包括：政治实体性资源，经济实体性政治资源，规范性政治资源，最终实现城乡间要素自由流通、利益分配均衡、社会公平正义。

---

① 参见陈文新.改革开放以来中国政治资源配置的变迁与动力[J].湖北行政学院学报,2007(03)：5-9.

1. 政治实体性资源的合理结构

当前城乡间政治实体资源配置上以城市为中心进行设计，中央、地方、农村呈现领导与被领导的权力架构，这种农村的被领导的弱势地位与城市对自身权利与利益的维护必然导致城乡群体权益进一步的丧失，甚至会带来农村利益群体对政权的抵触与信任削弱，从而制约了城乡融合发展的步伐。城市政治强势地位是由城乡人民共同赋予的，理应为城乡人民，特别是城乡弱势居民提供服务，这种城乡间政治资源的差异必须得到改变，应当建立健全农村群体利益诉求的发声渠道，通过合理的组织架构和管理机制协调权力分配，进而达到城乡政治实体资源的均衡配置。

城乡政治实体资源的均衡配置，一方面，应做到城市政府对公权力的合理运用，表现为组织架构的调整和利益诉求渠道的完善，构建城乡一体化的政府机构与政府职能来保障村民权益与资源的合理分配，从而获得城乡间对政府管理的认同；另一方面，要摒弃以往强势的行政管理方式，在维护城乡社会正义的基础上以"城乡融合发展"的理念、路径构建城乡联系，通过治理能力的现代化协调政治资源分配，强化基层农村的管理能力，加强城乡互信。

2. 经济实体性政治资源的统筹分配

国家财政的统筹分配对城乡融合发展具有不可或缺的作用，"实现利益均衡，是我们建设和谐社会的根本性途径"[①]。在城乡间经济实体性政治资源是明显偏向于城市工业的，所以要实现城乡经济实体行政资源的均衡配置，应解决以下问题。首先，要建立统筹分配的财政结构。这里需要注意的是对财政的统筹分配不代表城乡之间公共财政的绝对平均分配，城市与乡村作为不同的生存空间，其生存场景、发展方式都存在差别，故应当优先保障城乡基本公共服务的普惠共享，解决农民进城参与市场竞争的后顾之忧；加大对农村弱势群体就业教育补贴，从根本上改变农村弱势群体风貌，提高其竞争力，推动城乡融合发展。其次，财政分配要"公平优先，兼顾效率"。党的十九大报告指出："让改革发展成果更多更公平地惠及全体人民，朝着实现全体人民共同富裕不断迈进。"[②]在财政的初次分配上，要提高劳动者，特别是农业劳动者分配比例，避免地方权力或垄断资本对利益的不合理截取。在再分配方面，完善的城乡一体化福利体系让城乡弱势群体生活获得基本保障。最后，保障财政分配制度的监督、反馈机制。保障城乡弱势群体利益表达渠道的通畅以及表达机制的健全，充分响应民众诉求，确保弱势群众在追求利益时机会的均等、公正。

---

① 王晓玲, 谢金林. 利益均衡：和谐社会建构的基本途径 [J]. 江西社会科学, 2007 (05)：193.
② 习近平. 决胜全面建成小康社会　夺取新时代中国特色社会主义伟大胜利——在中国共产党第十九次全国代表大会上的报告 [N]. 人民日报, 2017-10-28.

3.规范性政治资源

即政策、体制、机制等方面合理调整，打破制度障碍，从行政层面推进城乡要素的自由流动。一方面，要培育城乡融合发展市场机制，各级政府在城乡融合发展进程中围绕乡村全面振兴进行统筹规划，探索城乡二元户籍制度改革，构筑跨越城乡区域的要素自由流动机制。在此基础之上，构建城乡一体化的土地供给机制，破除资本下乡难的制度障碍。另一方面，重视居民权利意识的觉醒，培育城乡居民参政、监管意识，赋予城乡居民同等政治权利，保障宅基地农户资格权和农民房屋财产权，让城乡弱势群体真真正正地参与到利益分配中去。

（二）经济融合发展

经济融合，主要表达的是城市工业与农业农村协调发展，构建有利于乡村经济多元化发展、农村收入持续增长的体制机制。对本书来说，该体制机制主要涵盖两个方面：城乡土地增值收益的均衡分配；工业对农业的支持与反哺，助力乡村产业振兴。

1.城乡土地增值收益分配

土地增值的收益来源于建设用地与农业用地的价值差，本质是中国对土地用途的管制与土地不可移动的特征形成了不同区位的差异，对于资本聚集的城市工业来说，区位差异直接带来价值差别。如果农业用地转为建设用地，就可以从农业耕种条件的价值估算变更为工商业资本聚集的区位价值估算，也就是说土地价值"是因为经济发展和城市扩张需要在特定位置土地上形成经济积累，从而在特定区位土地上附着价值"[①]，巨大价值的分配便成为各方利益主体争夺的焦点。目前，国家按土地原用途补偿农民，按建设用地价值将土地推向市场，从而获得了土地农转非的巨大收益。土地征收的"涨价归公"形成了地方政府土地财政的基础。

城市化发展意味着城市的扩张，必然伴随着城市对人口、土地的吸纳。土地的城市化是城市发展中资本聚集扩张的产物，是全社会共同努力下经济蓬勃发展的结果，在土地收归国有的今天理应有全社会共享发展红利，"涨价归公"作为政府推行城市化的源动力之一，理应值得鼓励。部分地方政府为了增加财政收入，利用房地产拉动地方经济，人为地拉高地价用于抵押融资，这则是我们需要警惕及监管防治的重点。

土地增值收益重点在于失地农民的利益分配问题。土地作为农民生产生活的根本，关系到农民自身利益，自然催生了对利益分配不满的群体事件。对更多征地补偿的期待是人之常情，因此单纯加大征地补偿的方法并不可取。重点在于征地补偿应由"现金补偿变为

---

① 贺雪峰，桂华，夏柱智.地权的逻辑3——为什么说中国土地制度是世界最先进的[M].北京:中国政法大学出版社,2018:6.

建立基本的社会保障"①，货币与社会保障相结合，从而维护失地农民的基本权益，不会因脱离农业生产造成缺乏谋生技能。通过失地保障满足农民基本生活需要，培训其职业技能，增强社会竞争力，实现失地农民的增收。比照现行土地农业产值，土地增值收益分配应做到对农民有利，即失地保障应高于农地收入且不低于城乡同期标准并满足农民合理的家庭购房需求，从而实现经济合理分配、增加农民收益、促进经济共荣的目标。

2. 工农业产业融合发展

工业与农业作为国民经济发展的两大支柱，农业发展的滞后影响了经济的全面发展。党的十九大要求"坚持农业农村优先发展"②，这种工农业间共荣的发展原则具体应包含：①建立工业反哺农业的制度与政策，摈弃工业发展对农业剩余的汲取，建立工业对农业发展的资金、技术支持，通过"一二三产业融合发展"重振农业产业活力；发挥农村合作经济组织用作连接工业与农业生产整体，整合生产要素，助力农民就业增收。②在制度与政策"反哺"的基础上，实现本质上工业对农业的财政"反哺"。通过支持农业财政推进农村基础设施建设，通过以金融信贷创新化资源为资本保障农业农村金融供给服务，通过以对农民和农业补贴来增加农业投入，提高农民收入、促进农业发展。通过技术支持、制度改革、财政创新实现工业反哺农业，最终实现工业与农业融合发展。

（三）文化融合发展

文化是凝聚社会融合发展的重要力量。"文化即人化，是在'人化自然'和'自然人化'的双重建构中所形成的文化，从这个意义上说，文化的境遇反映了人的命运。"③当下城乡文化冲突与分离重点表现为城乡居民普遍对乡土文化认同的下降以及农村居民对城市文化的向往而引发对自身归属的困惑。城乡融合发展中文化共融的发展原则，即通过对城乡文化的整合与吸纳，弥合文化的冲突与分离；是对乡土文化转型与再包装，重构地方经典文化，增加城乡居民文化归属感，促进城乡文化的认同而实现共融。

①文化融合是对城市工业文明所推崇的消费主义价值观进行反思，以权衡我们发展的目的，即我们"如何发展"以及"发展为了什么"。中华民族有着传承上千年的文化底蕴，传统文化中和谐、生态等发展理念可以极大弥补工业文明非可持续的发展思路，从而构建现代工业的生态文明发展理念。工业作为现代发展的主导产业，是人类现代化发展的必然选择，因此面对消费主义对自然资源的挥霍，我们在坚持工业发展的同时，必须权衡发展的弊端，从而建立起独具中国特色的生态文明工业体系，为城乡文化共融

---

① 贺雪峰, 桂华, 夏柱智. 地权的逻辑 3——为什么说中国土地制度是全世界最先进的 [M]. 北京: 中国政法大学出版社, 2018: 15.

② 习近平. 决胜全面建成小康社会　夺取新时代中国特色社会主义伟大胜利——在中国共产党第十九次全国代表大会上的报告 [N]. 人民日报, 2017-10-28.

③ 李梦云. 建设人类命运共同体的文化构想 [J]. 哲学研究, 2016 (03): 22.

塑造良性的发展理念。

②文化融合是对农村传统文化、记忆的包容与接纳。无论是家乡的风俗习惯还是长辈的言传身教，传统文化与中国人都是难以分离的，维系着群体的归属感与城乡社会的稳定。首先，虽然城乡发展差距形成了社会的分层，部分社会精英群体接纳了所谓现代性的工业文明，但是对于其他群体对传统文化的信赖，理应受到城乡社会的尊重与认可。其次，可以选择重塑的传统文化，重构后地方性文化记忆与现代城市文化相融合，增强群众的认同与归属。

文化的传统与现代本身就是一个传承、再生的过程，而非对传统的彻底否定与取代，并非割裂民族的过去。城乡文化的整合是强势的工业文明对弱势的农业文明的认可与接纳，以及弱势农业文明对强势工业文明合理因素的消化吸收，最终实现城乡文化的多元互动与融合。

（四）社会融合发展

城乡融合发展是城乡全面的融合，本节所说的社会融合，是指城乡民生事业建设与管理，即教育、就业、医疗等公共服务体系的一体化建设与完善，这是城乡融合发展的基础保障。当下城乡间在文化、教育、社保、医疗等公共服务的建设上差别显著，城乡融合发展应以社会共建为原则，实现城乡社会成员对城乡间公共服务一体化的共识与认同。具体可分为两大方面：一是政府与其他社会主体之间的"官民合作共建"，即通过政策制定以及与非政府组织、城乡居民的合作来推进城乡民生事业一体化；二是其他社会主体间自发合作共建，即通过非政府组织、城乡居民之间自发合作来推进城乡民生事业发展，助力城乡融合发展。

1.城乡民生事业的官民合作

从政府的角度出发，官民合作需要通过城乡一体化的政策设计以及其他社会主体参与、监督的渠道完善，以政策营造城乡共建的发展氛围。具体而言，第一，应扭转城市偏向的政策，增强城乡融合发展认同。城乡融合发展需要加大对农村民生事业建设的投资力度，弥补现有社会建设差距，增强社会主体，特别是农村居民对乡村发展的信心以及对政府的认同，从而动员社会主体积极参与合作。第二，政府应立足乡村本位，改变命令式的治理方式。现行基层政府治理能力多数仍表现为一种行政干预以获取"人、财、物"等社会资源，"乡村关系冲突最突出的表现是乡镇政府仍然把村委会当作自己的行政下级或派出机构，仍习惯于传统的命令指挥式的管理方式，对村委会从产生到日常工作进行行政干预"[①]。这种强制性的治理模式极大地抑制了乡村自治组织的发展以及群众参与、监督机制的形成。所以，应尊重城乡现实诉求，通过引导、服务提升基层政

---

① 金太军，董磊明. 村民自治背景下乡村关系的冲突及其对策[J]. 中国行政管理，2000（10）：56.

府治理能力，推动基层政府官民合作。第三，建立建全城乡民生事业参与渠道与监督机制，为基层群众及社会组织权利的行使提供便利。构建城府与其他社会主体之间从"认同—信任—合作"的共识，从而在合作中推进社会融合，实现城乡融合发展。

2.其他社会主体间自发合作

即通过非政府组织、城乡居民之间自发合作来推进城乡民生事业建设，助力融合发展。首先，立足于城乡融合发展的制度规章，以合作共建为共识强化主体联系，进而形成自发的集体性行为。在农村现代化的发展中，收入问题事关农民群众切身利益，农业、农村滞后的发展导致农村集体促进农民增收的手段匮乏、农业生产经济效益低下，农民利益诉求无法在农业、农村得到满足，自然逐步丧失了对农村的认同，在现代因素的裹挟下农民几乎丧失了村建制的行动意愿。所以城乡融合发展仍需立足于村民本位的立场，因地制宜地促进农民增收增产，以此为基础增加农民对村社、集体的认同。其次，合作共建应采取多元合作方式，比如促进社会资本下乡，以产业融合助力农民增收增产，通过规模经济提升合作主体间市场竞争力，也保障了农民的自身利益，增强了农民参与乡村建设的合作积极性；促进文化下乡活动，通过集体的文娱活动丰富农民生活，增强村社凝聚力；促进司法下乡，通过法律道德的宣传，维护城乡统一的道德水平，增强城乡认可等。

（五）生态文明融合发展

生态环境是城乡融合发展的基础，环境与发展的矛盾作为我国经济快速发展中的主要矛盾，在局部地区甚至处于尖锐的对抗状态。随着生态环境问题的日益严重，生态文明建设自诞生之初便成为我国的国家战略之一，党的十九大更是将其纳入了"两个一百年"的宏伟目标。广义生态文明包括自然观念、生产消费方式、环保机制及法律法规等，是系统解决生态环境的理论指导。本书中，城乡生态文明发展的原则主要基于城乡生态环境治理问题，以"绿水青山就是金山银山"的新理念，指导城乡融合发展中经济利益与环境利益的内在统一与发展，从而实现绿色循环、可持续性发展。

①生态文明的发展应体现经济利益与环境利益的统一，即"绿水青山就是金山银山"。在过去城乡融合的发展中，人们虽然注意到了经济利益与环境利益的矛盾，但环境作为公共品难以量化的特性使其并没有被记入经济发展的成本中，对环境利益的忽略使得生态文明发展缺乏现实合理性。实际上，经济利益发展并不必然以牺牲环境利益为代价，相反，它们作为生态文明发展的主要矛盾相互依存，也可相互促进。党的十八以来，"绿水青山就是金山银山"这一理念的提出形象直观地"体现了对生态环境保护、

民生福祉和构建人与自然关系的关注"①。

自然承载着人类存在，彼此交互影响。人类对于自然资源的渴求与利用不代表必须要破坏它："利用自然资源不见得必须破坏它……所有可以更新的自然资源，诸如土壤、森林、草地、水与野生生物等，在有效的资源保护计划下能比单纯的掠夺式经营生产出更多的产品，而且它们的生产能力还能不断地世代递增。"②农业的现代化发展应注重科技对生态环境的保护作用，以生态环境承载力为基础，合理发展生态农业，其产业融合发展需注意农业规模化发展对环境的压力，以及农业对农村居民基本生活的保障功能。

②生态文明发展离不开对马克思主义的学习和实践。习近平指出："人类在同自然的互动中生产、生活、发展，人类善待自然，自然也会馈赠人类，但'如果说人靠科学和创造性天才征服了自然力，那么自然力也对人进行报复'。"③如果说"真正共同体"中"人的全面自由发展"是实现了人与自然的和解，那么生态文明发展就是人与自然和解的方向。

以人为本的发展理念，就是响应人民对美好生好的向往，满足人民群众对良好生态环境的需求。新时代，民生问题不能只聚焦于经济发展，更要以保护生态环境为发展前提，以人与自然和谐共生的发展理念创新发展方式，改变生活理念。

三、新型城镇化背景下城乡融合发展的重要意义

中国特色社会主义进入新时代以来，城乡融合发展战略的提出，尤其在城乡要素自由流动制度性通道的打通、城乡发展差距和居民收入差距的缩小、城乡基本公共服务均等化发展的实现、城乡普惠金融服务体系的建立和完善等方面的体制机制构建，是新时代全面建成小康社会的根本要求。同时，城乡融合发展有利于开启中国特色社会主义现代化建设新局面，具体表现为：有利于实现工业现代化在城乡之间的双向突破，有利于发挥农业现代化在发展中的根基保障作用，有利于利用信息化为现代化建设注入新鲜活力，有利于推进新型城镇化建设为高质量发展助力赋能。而且，在破解新时代中国社会主要矛盾的过程中，城乡融合发展在新发展理念的指引下把握城乡融合发展方向，在农业和农村优先发展中打破城乡失衡困局，在推进高质量发展中打造城乡特色融合模式，在改革发展稳定中坚持人民群众的共享发展。与此同时，城乡融合发展为社会和谐发展提供制度保障：城乡产业融通发展制度的建立促进了城乡发展的平衡化、充分化，统筹城乡的民生保障制度满足城乡居民美好生活需要，共建、共治、共享的社会治理制度保

---

① 彭文斌,胡孟琦,路江林."绿水青山"理念的绿色分工演进与实践路径[J].湖南科技大学学报(社会科学版),2018（04）：120.

② ［美］弗·卡特,汤姆·戴尔.表土与人类文明[M].庄峻,鱼姗玲,译.北京:中国环境科学出版社,1987:.

③ 习近平.在纪念马克思诞辰200周年大会上的讲话[M].北京:人民出版社,2018:21.

持城乡社会稳定发展。

（一）是全面建成小康社会的迫切要求

在新时代中国特色社会主义发展进程中，城乡融合发展制度的构建，以城乡要素自由流动制度性通道的打通为根本，以城乡发展差距和居民收入差距的缩小为目标，以城乡基本公共服务均等化发展的实现为途径，以城乡普惠金融服务体系的建立和完善为保障，是全面建成小康社会的迫切要求。

1. 城乡要素自由流动制度性通道的打通是根本

城乡要素自由流动制度性障碍的破除，是打开城乡融合发展大门的钥匙。党的十九大报告明确指出"我国社会主要矛盾已经转化为人民日益增长的美好生活需要和不平衡不充分的发展之间的矛盾""我国社会生产力水平总体上显著提高，社会生产能力在很多方面进入世界前列，更加突出的问题是发展不平衡不充分，这已经成为满足人民日益增长的美好生活需要的主要制约因素"[①]。中国特色社会主义进入新时代，我国当前面临的最大不平衡就是城乡发展在诸多方面表现出来的不平衡，最大不充分就是乡村发展过程中诸多环节体现出来的不充分。而造成这种不平衡、不充分发展现状的根本原因是城乡发展的二元结构制度。站在新时代历史的交汇点上，如何打破这种制度性藩篱，为城乡之间的要素自由流动打开通道，是解决城乡发展的不平衡、乡村发展的不充分问题的关键。

在中国历史的漫漫长河中，户籍制度对居民自由流动的限制由来已久。客观地说，在特定的历史发展阶段，户籍制度的确立和施行对中国的整体发展和社会稳定起到了至关重要的推动作用，但是随着时代的变迁、社会矛盾的转化、人民生活需求的不断更新，户籍制度的弊端日益明显，并逐渐成为中国城乡互联互通发展的巨大障碍。城乡融合发展体制机制的初步确立，打破了户籍制度对居民，尤其对农村居民身份的限制，城市落户限制逐步减弱。就业方面，农民进入劳动力市场受到限制甚至歧视的现象逐渐减少，农民工可以享受到很多当地的社会福利保障；教育方面，外来务工子女接受教育的门槛在放低。

2. 城乡发展差距和居民收入差距的缩小是目标

中国社会发展的不平衡问题主要是城市和乡村发展差距以及城市居民和乡村居民收入差距的普遍性存在，这也是城乡融合发展战略要重点解决的问题。

（1）城乡融合发展制度的有效运行促进城乡发展差距的缩小

城乡融合发展机制的建立健全就是对缩小城乡教育差距（尤其是心理教育）、缩小医疗卫生差距（尤其是家庭及个人疾病防控、治疗以及卫生观念）、缩小就业差距（尤

---

① 习近平. 决胜全面建设小康社会　夺取新时代中国特色社会主义伟大胜利——在中国共产党第十九次全国代表大会上的报告 [N]. 人民日报, 2017-10-28.

其是就业主体对自身工作价值的认定）等方面重要举措的落实。

第一，教育方面（尤其是心理健康教育）。众所周知，由于城市在地缘以及发展态势等众多方面的先天性优势，中国的城市化进程大大促进了城市对教育的投入，城市居民对教育的重视程度加深，这种发展形势的逐渐固化致使乡村与城市的教育差距越拉越大。随着时代的进步和人民生活水平的提高，乡村居民对教育的渴望也随之日益强烈。国家逐渐有意识地将教育资源向乡村合理分配。乡村的教育资源日渐丰厚，这在乡村师资力量的不断壮大、网络课程等优质教育资源的不断涌入、基本教育设施等硬件设备的不断改善等方面都有明显体现。然而随着社会的不断进步，我们要解决城乡教育的最大差距不再局限于教学硬件设施以及优秀教师、优质课件知识体系等所谓的"软件设施"，而是人们对教育的最根本的认知、人们在心理上对教育的终极依附。多年来，城市和乡村发展差距的增大导致了一系列衍生的问题，如农民工这一群体的涌现导致留守儿童的诞生，且伴随着心理教育的缺失；而能够跟随父母入城的儿童却也因享受不到公平教育以及缺乏父母足够的关爱而无法保证心理上的健康；再加上乡村居民中留乡人群对持续接受教育的盲区以及离乡人群对社会教育的盲从，这些都是社会发展不断出现各种问题的源头。城乡融合发展战略的实施，打破了原有的城市与乡村相对禁锢的发展状态，加速了城市与乡村之间各要素的自由流通，留守儿童问题逐步得到解决，其心理健康问题也得到及时的教育疏导，随父母入城的学生在教育上逐渐受到公平对待，留乡居民和离乡人群均能接受到更多的有形以及无形的教育，这些进步都促进了城乡教育发展的均衡。

第二，医疗方面（尤其是医疗观念）。医疗卫生始终是人类广为关注且距离生活最近的服务。生命是唯一的、没有复制、代替品的存活体，是万事万物发展的起点。很多人选择离开土生土长的乡村到城市打拼，很大程度上是因为城市有着优质的生活环境，尤其是拥有相对比较先进的医疗设施和拥有精湛医术的医务人员。所以，城乡融合发展中城乡医疗卫生的均衡发展是不可忽视的重要一环。随着我国对城乡发展平衡化的重视，国家对乡村医疗建设的投入不断加强，在乡村医疗设施、医疗技术，以及医护人员等方面进行广泛的投入和增援。乡村卫生院的环境以及医疗技术水平得以提升，使得村民的基础医疗需求得到更大程度上的满足，加上国家出台针对残障人群、低保人群，以及贫困人群实施免费医疗的政策，在很大程度上减缓了人民群众的生活负担，增加了人们的安全感、获得感和幸福感。然而，城市和乡村的医疗差距除了体现在我们日常普遍看得见、感受得到的医疗设施、医疗技术，以及医务人员综合素质上的差别之外，还有常常被我们忽略、却尤为重要的城乡医疗差别，即家庭及个人疾病防控与治疗以及卫生观念。乡村居民相较于城市居民更多地接触大自然，生产、生活方式几乎和自然浑然一体，所以在很多时候表现出更加随意的品性。这些品性体现在日常生活中是构建和谐社会的优势，即不拘小节、宽宏大量、处事和谐，但在疾病健康面前却成为致命的弊端。过于随意的日常卫生习惯导致病毒的感染进而为健康留下后患，生病不及时就医以至小病拖成大病、大病拖成绝症，对疫情防控不主动、不积极，以至造成不该有的麻烦。

第三，就业方面（尤其是价值认定）。就业是为了解决日常生活需求，切实提高人民群众的生活水平。随着城乡融合发展战略的实施，城乡就业一体化进程不断加快。统筹城乡就业问题，是解决乡村剩余劳动力向城市的有序转移，同时加快全面建成小康社会的必经之路。我国在社会主义现代化发展过程中因各种内外因素造成了当前就业形势面临严峻考验：由于劳动生产率的快速提高以及科技投入的大量增加，农村剩余劳动力逐渐增多，直接导致了农村就业压力的不断加大；加上乡村居民自身普遍性存在的素质偏低、文化素养偏差、科学技能缺乏等，造成其在就业过程中竞争力弱、找不到合适的工作。除此之外，还有一点非常重要却又往往被大家忽视，就是就业人员对自身劳动价值的认定。为了生计考虑，大多数从业者都是从就业本身的价值考量，能赚到多少工资、工作量与工资是否匹配、工作量是否适合自身体能；但是却没有认真思考自己所从事的这份职业是否实现了自己的人生价值、是否对社会发展无一害而具百利、是否能够推动整个人类社会向前发展。城乡融合不仅是形式上的融合、体制机制制度上的融合，还要有思想上的融合。在当前的社会发展态势下，人们只有将疾驰的脚步慢下来，在追求发展的同时更要有深入的思考，思考我们每天所从事的职业、所谋之事、所思之理，是否是先进的、有价值的、对人类发展有意义的。

（2）城乡融合发展制度的有效运行促进城乡居民收入差距的缩小

城乡居民收入差距的存在，是中国特色社会主义发展的重大阻碍。建立健全城乡融合发展体制机制，打破城乡二元结构发展藩篱，是缩小城乡差距、缩小城乡居民收入差距的有效途径。城乡融合发展战略实施以来，通过政府力量的推动，企业以及市场的发展对劳动人员需求量急剧增加，使得更多的贫困农民有机会走出乡村，走向城市，成为增强经济活力的一份子，进而摆脱原有的贫困状态；通过对户籍制度的全面改革、对农业转移人口市民化制度的陆续铺开，逐渐提高了这一部分农民的收入水平。与此同时，城乡融合发展政策提倡劳动力的双向自由流动。更多更广范围内的城市科教、医疗、环卫等社会人才在政府一些扶持政策的感召下涌入乡村建设中来，促进乡村基础设施建设、医疗保险保健及教育等诸多因素的完善和发展，自然带动了乡村与城市更多产业链条的对接，为解决农村剩余劳动力起到巨大的助推作用。此外，在城乡融合发展的大环境下，农民被赋予更多的财产权利，在坚持以家庭经营为基础的农村经营体系中，创新发展集体经营、合作经营，以及企业经营等农业产业化经营方式，同时鼓励发挥地方特有的历史、文化、环境、人才及技术等方面的优势来发展特色产业，拓宽农民增收渠道，增加农民收入，进而缩小城乡居民的收入差距。

3. 城乡基本公共服务均等化发展的实现是途径

政府在城乡融合发展进程中对就业、养老、社会救助等基本民生性服务，公共文化、教育、卫生等基本公共事业性服务，生态环境保护、公共设施管理等基本公益性服务，社会治安、生产消费安全等基本公共安全性服务等方面，越来越好地体现了社会公平正义原则。城乡居民在享受这些服务的同时更是在共同享受改革开放和社会发展成果带来的满足感。基本公共服务均等化水平的稳步提高主要体现在"供给"和"享受"两大方面。

①在供给方面表现为制度供给、财政供给、人员设施设备供给的逐渐扩充。在制度供给方面，实现城乡义务教育、公共设施及环境卫生等均等化程度的稳步提高，对新型农村合作医疗制度加强普通疾病的医疗保障，对城镇及广大农村困难居民的失业保险进一步提高制度上的保障。在财政供给方面，缩小中央与地方以及地方财政辖区内的分配与支出分担的失衡比例，在国家"工业反哺农业，城市扶持农村"的大政方针指引下，财政在分配支农方面向乡村倾斜的比例增多，成效显著。在人员、设施、设备供给领域，城乡在医疗卫生、义务服务及环境设施等诸多方面对优秀人才的配备更具均衡性，在基础设施设备的数量和质量分配上更注重公平。

③在享受方面主要表现为城乡公共服务在数量和质量上的均衡。新时代中国特色城乡融合发展的目的是达到人人共享改革和社会发展的成果。城乡居民享受的公平不只存在于数量上，在质量上也同样追求均衡发展。社会保障的覆盖面在向乡村扩大的同时，其相应的服务质量也随之提高，同时采取服务公开制度，避免出现服务质量的隐蔽性和难测度性，使村民和市民同样享受到良好的公共服务。

4. 城乡普惠金融服务制度的建立和完善是保障

乡村金融服务体系改革是全面推进乡村振兴、逐步改善农民生活、普遍提高农民收入的有力支撑。金融服务制度在城乡经济转型发展中有着不可取代的基础性作用，近年来，在基础金融机构的大力支持下，农业增产和农民增收取得明显成效；尤其在当今互联网时代，农民可以足不出户就享受到便捷有效的金融服务，解决了农业生产资金紧缺问题的同时，为农民和农业发展赢得了时间。但是随着城乡经济进入融合发展新模式，单一的涉农金融供给方式已经无法继续满足现代化农业、农村发展的需要，必须建立一种能够更好地适应现代化发展需求的新型金融服务制度体系，从而真正满足"三农"发展的新时代需求。

随着农村金融市场建设的日益成熟，针对农村融资难、融资贵的问题，建立以融资快、成本低为特征的普惠金融服务制度体系是比较有效的解决办法。新时代金融支农服务的多样化，在为农村普遍低收入经营主体提供便利高效的融资渠道的同时，也在推进普惠金融服务便利化程度的不断提升；新时代互联网和大数据的技术支持正在为农村发展提供多样化服务，使普惠金融服务的可获得性显著增强。随着相关法律法规的逐步健全、农村金融基础设施建设的逐步强化、农村金融体系市场化改革的不断完善、金融创新驱动设施的不断增多以及技术的不断提高，农村普惠金融发展制度将不断优化，在促进城乡居民共享机会均等、价格合理、符合自身需求的金融服务的同时，促进消费者权益保护力度的不断增强。城乡普惠金融服务制度体系的建立和完善，在加大普惠金融对城市和乡村的协调、可持续发展产生积极作用的同时，通过对城乡发展薄弱的领域加大精准、有效的支持力度，充分发挥政府对城乡普惠金融建设的引导作用以及市场在普惠金融配置方面的决定性作用，为现代化农村发展和城乡经济社会转型发展提供有力保障。

（二）有利于开启中国特色社会主义现代化建设新局面

中国特色社会主义现代化是以工业现代化、农业现代化、信息现代化和城镇化为主要内容的现代化发展模式。而城乡融合发展制度就是在社会生产力充分发展的前提下，通过制度的不断变革、技术的不断进步、需求的不断增长，以及文化的不断创新，构建一个社会资源要素均衡配置、地域组织形态功能互补、社会人民群众全面发展的工农互促城乡互助的和谐发展体制机制。在这一融合发展过程中，要始终坚持工业现代化发展作为主导，以工促农；坚持农业现代化发展作为根基以图保障；坚持信息化发展推动整个社会进步，以拓宽发展维度，加快发展速度；坚持城镇化发展作为载体和平台，以促进城乡之间以及城乡居民之间更好、更深度的全面融合。

1. 有利于实现工业现代化在城乡之间的双向突破

工业现代化是实现农业现代化、科学技术现代化和国防现代化的物质基础，通过推动工业现代化促进生产力发展水平的不断提高，进而促进整个经济社会的高质量发展，是新时代中国特色社会主义发展的重要手段。城乡融合发展思想在缩小城乡发展差距的目标引领下，坚持中国工业现代化发展前景在城市和乡村的双向突破：政府在乡镇村企业中积极促成接受过中高等教育的农村剩余劳动力的填充，同时加大继续教育和培训力度，引导科研人员、科技人员等高层次人才自主向乡镇村企业融入。在坚持质量优先、创新驱动、环境友好的原则下，通过提高劳动者的劳动技能、不断更新技术基础来推动工业在城市和乡村的质量现代化；通过建立高端产品带动市场升级工程，优化产业发展空间结构来推动工业结构现代化；通过杜绝污染实施绿色发展、促进环保产业的循环经济发展来推动工业环境现代化。

城乡融合发展中，注重对可再生能源和绿色能源的开发和利用，例如利用风力发电、太阳能转化、智能电网的使用等。只有广泛推广先进科学技术，同时注重普遍性提高劳动人民的综合素质，在农业生产过程中最大限度地开发机械化、电气化以及自动化等现代化生产工具和手段，才能大幅度提高劳动生产率、提升经济发展效益，使乡村在发展过程中能够节省大量劳动力体力消耗，降低劳动成本，进而推动整个中国特色社会主义现代化发展。

2. 有利于发挥农业现代化促发展的根基保障作用

农业是国家建设与发展的根基，是解决人类吃、穿、住、行等一系列生存、生产、生活的基础。随着中国特色社会主义进入新时代，我国将"加快农业农村现代化""坚持农业农村优先发展""建立健全城乡融合发展体制机制和政策体系"提上日程。作为中国特色社会主义现代化发展的基础和前提保障，农业现代化发展刻不容缓。城乡融合发展制度对促进集健康、绿色、有机、循环、再生等特征于一身的新型农业与综合性农业的统一起到积极作用，有助于解决就业问题，加快产业升级，推动农业现代化发展进程，进而缩小城乡发展差距。

①城乡融合发展制度体系的规划有利于在稳定粮食产量的基础上促进农产品保障工作。粮食是人类社会发展的基础，稳定粮食产量就是拥有了人们生活的最低保障，所以无论是过去、现在还是将来，粮食产量一直都是我国也是世界发展的关键。毫不动摇地搞好粮食生产、稳定粮食丰收，克服地区差异，确保各区域粮食产量的稳定以及落实乡村永久基本农田的恒定数量，是稳定整个国家粮食生产的基础。同时，着眼于特定区域特色农产品的生产是稳定粮食产量的重要途径。2019年《中共中央　国务院关于坚持农业农村优先发展　做好"三农"工作的若干意见》（中发〔2019〕1号）指出："加快发展乡村特色产业。因地制宜发展多样性特色农业，倡导'一村一品''一县一业'。支持建设一批特色农产品优势区。创新发展具有民族和地域特色的乡村手工业。健全特色农产品质量标准体系，强化农产品地理标志和商标保护，打响特色产品品牌……"大力发展现代农产品加工业。支持主产区依托县域形成农产品加工产业集群，尽可能把产业链留在县域，改变农村卖原料、城市搞加工的格局。支持发展适合家庭农场和农民合作社经营的农产品初加工，支持县域发展农产品精深加工，建成一批农产品专业村镇和加工强县。"[①]粮食产量的稳定是基础，而做好农产品保障工作才是关键。这一关键需要城乡融合发展制度体系规划和具有前瞻性的顶层设计，既要考虑国内和国际两个市场对我国农产品资源的供需程度，同时也要根据国情世情的发展现状去科学界定农产品作物，尤其是各类绿色生态农产品的使用价值。

---

① 中共中央　国务院关于坚持农业农村优先发展　做好"三农"工作的若干意见［EB/OL］.（2019-02-19）. http：//www. gov. cn/zhengce/2019-02/19/content_5366917. htm.

②城乡融合发展是助推农业结构优化调整、巩固和提高农作物生产质量的重要抓手。城乡融合发展战略强调协调推进乡村振兴和新型城镇化建设。国家根据各区域特殊优势制订实施农作物种植计划，在保证优质粮食品种的基础上扩大种植面积，尤其大力发展稀缺农产品，注重生产效益以及种植导向。在保障农作物产量的同时注重产品质量的提升，不断研发新型生产技术以及农作物新品种，因地制宜地实施农产品生产振兴计划，加强对优质种植地的充分利用以及实时保护。在不断加强巩固和提高粮食生产能力的基础上促进农业结构的整体优化。尤其是在国家高标准农田建设的战略指引下，做到统一考核验收、合理规划布局、创新多元投资融资筹资机制。此外，应注重农业生产核心技术的把握和突破，打造具有创新驱动发展力量，与绿色生态种植生产方式相结合，掌握农产品生产核心技术，与高新科技创业园区示范区的产业发展相融合的农作物生产发展平台。高度关注农业生产的薄弱环节，加强国家现代化生产技术水平的提高以及生产理念的更新，在农产品种植和生产领域方面下大功夫，落实优育优产政策的实效，完善农作物生产和加工机制，推动农产品自主创新能力以及提高生产质量保证。

3. 有利于利用信息化为现代化建设注入新鲜活力

信息化已经成为全球进步的代名词，也是关乎我国最广大人民群众的日常工作和生活、关乎国家发展总体布局和城乡统筹的重要手段。习近平总书记强调，没有信息化就没有现代化。信息化对国家经济和社会发展产生巨大功效，是提高国家综合竞争力和人民生活水平的重大力量源泉，不断提高的信息技术水平为我国新时代发展注入源源不断的活力。在城乡融合发展制度体系下，信息化与工业化有机结合，为促进工业化与城镇化、农业现代化的协调发展起到至关重要的作用。

随着当今世界科学技术和信息革命的不断推进，信息化已经伴随经济全球化逐渐渗透到人们工作与生活的方方面面，在我国城乡融合发展的过程中也是如此。尽管在我国，网络已经走入千家万户，但是横亘在城乡之间的信息发展"鸿沟"仍然清晰可见。当前，信息化的核心技术的运用，如云计算、大数据、人工智能在不断改变着人类的生产、生活方式，在乡村发展中，尤其体现在农业生产的精细化程度以及乡村治理的结构优化和效率提升上。然而，目前中国乡村还有部分地区存在信息化设备落后甚至短缺、网站信息量严重不足等现象，以及缺乏专业人士对农业信息的精准分析。乡村网络应用水平偏低，对软件的开发度远远不及城市，再加上信息管理技术水平不够，导致农民无法从当代信息化社会中获取充足的有利于现代化农业发展的更新消息，最终无法满足农业经济发展的需求。同时，由于多年来深受传统文化影响，农民群体仍然普遍缺乏将农业发展同网络化信息有效衔接的意识。这些现象显然阻碍了信息化对农业经济发展的巨大促进作用。城乡融合发展战略在统筹城乡规划以及执行方面大大拓宽了农村信息化建设渠道：政府直接加入信息产品供给中，通过部门之间频繁的沟通与交流，推动信息市场的快速有效运行，进而不断提高农业经济发展效益。随着人类由工业化时代向信息化时代的迈进，电脑科学技术不断普及，信息高速公路不断扩建，以在政治、经济、文化、社会等各领域获取、传递和分配信息为基础的信息化发展模式，已经逐渐成为我国新时代城乡融合发展战略执行中推动城乡居民享受便捷生活方式的重要媒介。

4. 有利于推进新型城镇化为高质量发展助力赋能

国务院发展研究中心农村经济研究部副部长金三林强调："我国正在进入城乡融合发展的加速期。新时期促进城乡融合发展，要更加注重城乡联动改革、扩大双向开放，着眼于'十四五'发展目标，谋划实施若干重大工程，在城镇化大格局下加快重塑城乡关系。"[①]城镇化是一个集经济、政治、文化、社会、生态等诸多要素于一体且不断变化、发展的复杂过程。在新时代背景下，我们讨论城镇化绝不可以孤立地谈、片面地谈，而要在城市和乡村协调、统筹、融合这一发展大背景下，在城镇化运行的内在规律生成和逻辑衍生变化中找出不同于过去传统的城镇化发展之路径。在城乡融合发展体制机制的作用下，尤其是对人口市民化的推动，使以人为核心的城镇化建设发展能够更好地与农业现代化以及新农村建设协调发展、相得益彰，进而促进我国经济高质量发展。

在城乡融合发展制度保障下，新型城镇化建设在尊重各方各项功能定位的基础上明确经济发展分工，并实施数字化信息网络布局，从土地利用、人文景观及生态环境等多维度开展乡村与城市的一体化发展。在城镇化管理模式上，遵循城乡融合发展机制的运行原则，以"城乡一盘棋"理念破除对生产要素流动造成限制的壁垒和垄断，促进资源高效配置和高度开放共享的发展模式；在城镇化运行过程中，在城乡融合发展制度保障下，充分发挥载体和平台的作用，为工业化和信息化发展提供空间，为农业现代化发展提供平台，为"四化同步"发展发挥其不可替代的核心作用。如果说矛盾的发展总是会出现主要矛盾与次要矛盾之分，那么事物的发展通常都会有其主体中心部分与边缘部分之别，而这个主体中心通常是能够影响和映射整个事物发展程度和状态的重要部分。如何充分发挥这一部分的主体甚至决定性作用，是我们把握好事物发展前景所应该找准的重要基点。进入新时代以来，我国在以城乡融合发展制度为前提推进新型城镇化建设的过程中，始终注重增强以小城镇为中心的辐射带动功能来刺激周边乡村的发展，从而促进乡村与城市的全面融合。

（三）是破解社会主要矛盾的关键抓手

城乡融合发展思想的精髓，就是在把广大的城市建设好、发展好的同时，将更多的精力放在以城市发展带动乡村发展、以工业发展带动农业发展上来，最终达到乡村居民

---

① 金三林. 新时期推进城乡融合发展的总体思路和重大举措［N］. 中国经济时报, 2019-07-01.

和城市居民均等化，享受到更多、更好的改革成果、享受到均衡的基本公共服务，进而全面解开固有的城乡二元结构发展体系，打破多年来由于历史发展原因造成的城乡之间发展的"紧箍咒"。新时代，我国面临的社会主要矛盾已经转化为人民日益增长的美好生活需要和不平衡、不充分的发展之间的矛盾，这一矛盾恰恰是城市和乡村、城市居民和乡村居民发展不平衡不充分的真实写照，因此，全面实施城乡融合发展成为破解新时代中国社会主要矛盾的关键抓手。

1. 在新发展理念指引下把握城乡融合发展方向

马克思揭露了人类社会发展的一般规律，并应用于指导实践，其创立的辩证唯物主义和历史唯物主义是以科学的实践观为基础的。当前，中国正处于城镇化较快发展的中后期阶段，社会发展的一般规律表明，不同的社会、不同的国家、不同的民族在不同的历史阶段，其社会发展规律具有不同的表现形式。我国新型城镇化建设的启动、乡村振兴战略的实施、"城乡一盘棋"发展理念的提出，无不遵循中国特色社会主义的发展规律，进行着科学的实践。城乡产业发展要联动，摒除产业结构单一、后劲不足、档次偏低的弊端，构建机制灵活、效益高、规模大、能够推动传统产业转型的现代产业体系；城乡基础设施建设要均衡、公共服务水平要均等，以敏锐的视角超前谋划城乡均衡的基础设施建设项目，以创新的意识积极建立和完善城乡均等的公共服务体系；城乡在生态保护方面要协同发展，创新处理畜禽养殖业污染手段，变废为宝。发展是硬道理，只有发展本身才是解决中国发展问题的关键。在经济发展存在创新不足、区域和城乡之间显著不协调、环境污染和生态破坏严重的中国，引领健康良性的持续发展、破除发展的深层次障碍，是开拓国家发展新局面、推动国家发展全局的战略风向标。新发展理念是对国家全局性、根本性、长远性发展的导向，对新时代中国特色城乡融合发展起到引领性的战略指挥作用。

①以创新为动力，统筹城乡发展，促进城乡融合。经济学家熊彼特在他的《经济发展概论》一书中指出："创新是指把一种新的生产要素和生产条件的新结合引入生产体系。它包括五种情况：引入一种新产品，引入一种新的生产方法，开辟一个新的市场获得原材料或半成品的一种新的供应来源，新的组织形式。"①创新是发展的动力之源，"树立创新发展理念，就必须把创新摆在国家发展全局的核心位置，不断推进理论创新、制度创新、科技创新、文化创新等各方面创新，让创新贯穿党和国家一切工作，让创新在社会蔚然成风"②。中国的城乡发展历程呈现出动态多元化的复杂特征，没有其他国家的城乡发展模式可以直接照搬，亦没有历史上现成的城乡发展成功典范可以直接沿

① ［美］约瑟夫·熊彼特. 经济发展理论［M］. 郭武军, 吕阳, 译. 北京: 华夏出版社, 2015: 123.
② 中共中央宣传部编. 习近平总书记系列重要讲话读本 (2016年版)［M］. 北京: 人民出版社, 2016: 133.

袭，因此必须根据城乡当前发展现状，突破障碍，打破陈规，走创新发展之路。中国城乡关系有其复杂的历史背景，多年来，稳固的结构制度和体制根基障碍，在很大程度上限制了城乡各要素的双向自由流通，抑制了新型城镇化的发展。构建中国特色新型城乡关系，建立以及完善城乡融合发展制度，离不开对长期存在的户籍管理制度、土地市场化制度、社会保障制度、劳动就业制度等一系列制度的创新发展。用创新发展理念来搭建更加公平合理、联动高效的体制机制，促进城乡融合发展。

②以协调为标尺，均衡城乡发展，推动城乡融合。马克思、恩格斯在批判资本主义制度时指出，资本主义的存在和发展造成了严重的城乡差距："城市已经表明了人口、生产工具、资本享受和需求的集中这个事实；而在乡村则是完全相反的情况：隔绝和分散。"①"城市和乡村的分离，立即使农村居民陷于数千年的愚昧状况，使城市居民受到各自的专门手艺的奴役。它破坏了农村居民的精神发展的基础和城市居民的肉体发展的基础。"②而后，又提出一些解决办法："消灭城乡之间的对立，是共同体的首要任务之一，这个条件又取决于许多物质前提"③，"人们首先必须吃、喝、住、穿，然后才能从事政治、宗教、哲学等等"④。这些解决办法强调大力发展生产力发展经济，强化物质文明和精神文明之间、城市与乡村发展之间的协调。对于一个国家而言，城市和乡村是统一的整体，是一盘棋，要想通盘考虑下好这盘棋，则需要注重二者相互依存的内在联系。在构建新型城乡关系过程中，要在尊重发展规律的基础上，立足于功能互补、联动发展的总基点，坚持"新型城镇化建设"与"新农村建设"二者的双轮驱动，注重城市与乡村发展各要素之间"工农互促"发展原则的同时，要兼顾"求同存异"的特色发展，使城市和乡村在经济发展、文化传播、社会组织及生态建设等领域，既相互协调联动，又各具特色，均衡城乡发展，推动城乡融合。

③以绿色为底色，持续城乡发展，实现城乡融合。绿色是发展的方向。英国经济学家大卫·皮尔斯（D.Pierce）在其著作《绿色经济的蓝图——衡量可持续发展》中最早提出"绿色发展"这一概念，提出发展绿色经济、倡导绿色生产生活。党的十八届五中全会站在时代的高度将"绿色发展"升华为新发展理念，并作为新发展理念的核心要素，强调"绿色发展就是要发展环境友好型产业，降低能耗和物耗，保护和修复生态环境、

---

① 中共中央马克思恩格斯列宁斯大林著作编译局编译. 马克思恩格斯选集（第 1 卷）[M]. 北京: 人民出版社, 2012: 184.
② 中共中央马克思恩格斯列宁斯大林著作编译局编译. 马克思恩格斯选集（第 3 卷）[M]. 北京: 人民出版社, 2012: 679.
③ 中共中央马克思恩格斯列宁斯大林著作编译局编译. 马克思恩格斯选集（第 1 卷）[M]. 北京: 人民出版社, 2012: 184.
④ 中共中央马克思恩格斯列宁斯大林著作编译局编译. 马克思恩格斯选集（第 3 卷）[M]. 北京: 人民出版社, 2012: 185.

发展循环经济和低碳技术，使经济社会发展与自然发展相协调"①。绿色是发展的方向，其根本目的是着力解决发展中人与自然的和谐共生问题。新时代，中国面临的一大问题是日益强大的科技进步与日益紧张的环境资源之间共生的挑战，以绿色为经济发展的底色，依靠现代化科学技术，追求环境资源释放绩效的最大化，是建设资源节约型、环境友好型"美丽中国"的有力措施。而生态系统本身的特征决定了其在不同区域的流动性、渗透性和通达性，所以绿色发展在新时代中国城乡融合发展过程中同样起着无可替代的重要作用，甚至在一定程度上成为城市和乡村融合发展的关键纽带。城乡融合发展过程中一个绕不开的障碍便是城乡生态文明建设问题。城市在高速发展的过程中产出大量工业生产污染，而在有限的防污减污设备和条件下，临近的乡村便成为其转移污染的重点区域，城乡之间的生态对立俨然形成。生态危机向乡村的转嫁，导致技术水平本就相对落后的乡村陷入更加糟糕的发展境地，对建立新型城乡关系造成了更大程度上的阻碍。因此，建立和完善新时代中国特色城乡融合发展制度必须把城乡生态文明建设放在突出位置，把乡村从尴尬的境地中拉出来，以绿色发展理念引导城乡进行合理高效的生态文明建设，注重城乡发展过程中的节约、低碳、清洁，尤其是可持续性，进而推动城乡发展的平衡性、循环性，牢固树立城乡联动的绿色发展理念，协同推进城乡生态融合互补，实现城乡各美其美，美美与共。

④以开放为手段，规范城乡发展，加快城乡融合。开放是发展的战略。我国改革开放总设计师邓小平同志在20世纪80年代首次提出"开放"作为国家发展的国策："对外开放具有重要意义，任何一个国家要发展，孤立起来，闭关自守是不可能的……"②只有开放的发展，才是"国家繁荣发展的必由之路"③。我们的开放，侧重于打开国门、对外开放。而新发展理念中所讲的开放发展理念，解决的不仅仅是国内外联动性问题，同时也强调国家的对内开放。当前，我国对内开放格局尚处于构建和完善阶段，随着国内市场的逐步放开，我国城市与乡村各要素联动密切，在新发展理念的指引下，国内开放的格局已逐渐铺开。然而，由于我国长期存在的陈旧制度体制的束缚，如二元结构的禁锢、基础设施配备的不均衡、资源要素交换不平等一系列障碍的存在，导致城乡经济整体发育不健全，城乡之间发展差距较大。所以，全面、彻底的开放发展理念是规范城乡发展、加快城乡融合的有力举措。

⑤以共享为宗旨，公平城乡发展，完善城乡融合。共享，是中国特色社会主义的目标追求与本质体现，是全面共享、全民共享以及共建共享的有机结合。共享是发展的

① 胡锦涛. 在中国科学院第十五次院士大会、中国工程院第十次院士大会上的讲话 [N]. 光明日报, 2010-06-08.
② 邓小平. 邓小平文选 (第3卷) [M]. 北京: 人民出版社, 1993: 117.
③ 中共中央宣传部编. 习近平总书记系列重要讲话读本 (2016年版) [M]. 北京: 人民日报社, 2016: 137.

最终目的。"我国社会的主要矛盾已经由日益增长的物质文化生活需要同落后的社会生产之间的矛盾，转变为人民日益增长的美好生活需要同不平衡不充分的发展之间的矛盾。"[①]这里的不平衡不充分，指的就是分享的不均衡和发展的不充分。共享发展理念应着重解决的是社会公平正义问题，保障人人可以享受到发展成果。新时代中国经济发展能力已有显著增强，同时在国际上，中国的身份和地位日益提高、在国际事务中的作用日益凸显，所以说在对外发展中，中国已经取得巨大的成就。然而，纵观国内发展，尤其是在城乡关系上，中国却处于尴尬境地。在我国城市和乡村的发展过程中，由于历史和现实诸多复杂因素的影响，出现了城乡基础设施配备不均、城乡公共服务提供不均等一系列体现城乡居民分享社会主义成果不公的现象。农民发展受到制度限制、利益受到不同程度损害的现象仍然存在。所以，在构建新型城乡关系问题上，我们要以共享发展理念为指引，以城乡发展的规范制度为依托，打破影响甚至限制城乡发展机会均等的制度束缚，注重城乡居民在人权平等、社会公平的社会主义发展环境中，平等参与深化改革的伟大发展洪流、共同享受改革发展的伟大成果，倾力打造质量中国、效率中国、活力中国、美丽中国、幸福中国。

2. 在农业和农村优先发展中打破城乡失衡困局

马克思主义哲学强调，整体是各局部综合在一起的整体，重点是各局部之间或局部内部各要素之间相对重要的部分。整体和重点相结合有利于全面掌握事物发展的态势。透过整体看重点，是透过现象看本质在实践方法论上的客观运用手段；整体谋划注重各项工作的关联性和耦合性，抵制顾此失彼、畸重畸轻的单方面冒进政策，是具有战略性和统领性的发展原则；重点突破是从庞大且复杂的问题网中找出主要问题的关键矛盾点，在整体推进的基础上对主要矛盾和矛盾的主要方面进行歼灭式突破。在构建城乡融合发展的体制机制中，整体与局部相配套、治标与治本相结合、顶层设计与局部统筹相映照的发展规划路径，是对渐进式发展与突破式发展相融合的创新发展手段的巧妙运用，在推动整个中国特色社会主义由弱变强的发展过程中，达到了整体谋划与重点突破的有机统一。马克思就如何消灭城市和乡村的分离问题上曾提出："大工业在全国的尽可能平衡的分布，是消灭城市和乡村的分离的条件……"[②]可见，在城市与乡村融合发展的问题上，注重整体谋划与发展规划、重视城乡之间产业发展的均衡分布是发展的重中之重。整体推进，才能统筹协调，把握改革大局；重点突破，才能以点带面，激发改革动力。我国社会主义发展在坚持目标导向和问题导向相结合的前提下，充分发挥政府的

---

① 习近平. 决胜全面建设小康社会　夺取新时代中国特色社会主义伟大胜利——在中国共产党第十九次全国代表大会上的报告 [N]. 人民日报, 2017-10-28.

② 中共中央马克思恩格斯列宁斯大林著作编译局编译. 马克思恩格斯全集（第 20 卷）[M]. 北京: 人民出版社, 1971: 321.

各项职能和管理作用，为城乡融合发展提供全方位的制度供给。

农业、农村的优先发展要树立"四个优先"。

第一，优先为"三农"做好干部储备。正如一座高耸入云的建筑大厦能否长久安全地矗立于地面，关键在于其地基筑造的稳健程度如何一样，乡村振兴战略能否取得最终胜利，关键在于优秀基层领导干部能否在"一线"打好脱贫攻坚任务战、因地制宜策划战、专业人才引领战、文明民风宣传战以及美丽乡村保护战。在乡村振兴的主战场配备一批批能放下架子、俯下身子、耐住性子的基层管理干部，并充分发挥其引领新时代乡村建设的"指挥棒"作用，在精准掌握乡村特色产业的发展潜力、谋划梳理乡村绿色生产规划先行的发展脉络、打造城乡融合的新型空间发展格局等方面施其所能、建功立业。

第二，优先满足"三农"发展的要素配置。构建城乡要素均衡发展制度、而不是乡村要素单向向城市流入，是大力实施乡村振兴、推进城乡融合发展的重要环节。深入推进农业、农村各项发展制度改革、转乡村的劳动力、土地、资金等资源要素单向流入城市为城乡资源要素双向平衡流动；积极培育乡村新产业新业态的创新发展，加快提升乡村吸引力；广开投融资渠道，助力农业、农村发展，进一步深化农村土地制度改革，增强农民的获得感、安全感、幸福感。总之，优化农业、农村发展要素配置、抓住发展的关键环节、激发乡村发展内动力，是支撑整个社会经济发展、实现乡村全面振兴、达到城乡融合发展的最强有力的制度规划。

第三，优先保障"三农"工作的资金投入。《中共中央　国务院关于坚持农业农村优先发展　做好"三农"工作的若干意见》（中发〔2019〕1号）明确指出："坚持把农业农村作为财政优先保障领域和金融优先服务领域，公共财政更大力度向三农倾斜，县域新增贷款主要用于支持乡村振兴。地方政府债券资金要安排一定比例用于支持农村人居环境整治、村庄基础设施建设等重点领域。"[①]乡村振兴战略的顺利推进，离不开统筹整合的规划保障制度以及资金合力的长效支持。优先保障对农业、农村、农民发展的资金投入，不只需要从政策方面加强引导，更重要的是需要从体制机制建设方面拓宽乡村建设投入渠道，加强建立健全投入资金的长效监管机制。在农业、农村综合开发与利用方面加大资金投入力度的同时，做好与乡村振兴战略相匹配的农村土地（尤其是耕地）、生态保护、农民利益等红线的约束机制，加快推进城乡发展在制度保障方面的全面融合。

第四，优先推进"三农"发展的公共服务制度标准。公共服务是农民最关心也是最

---

① 中共中央　国务院关于坚持农业农村优先发展做好"三农"工作的若干意见_中央有关文件_中国政府网［EB/OL］. http://www.gov.cn/zhengce/2019-02/19/content_5366917.htm.

贴近日常生活方方面面的现实问题。城乡发展差距在很大程度上体现为城市和乡村居民享受医疗、教育、就业及文化等公共服务的不均衡。新时代，中国要将城乡公共服务均等化做到从形式上的普惠转变发展为实质上的公平。有规划、有效率、保质保量地切实解决农民群众的日常需求，全面提升农业、农村的公共服务水平，花大力气强化政府部门公共服务职能，优先将农业、农村、农民的发展落到实处、落细落实，全方位、广维度、多环节推动乡村振兴、促进城乡融合。

农业、农村的优先发展是在遵循历史实践经验的基础上制订的战略发展方案，是新时代中国社会主要矛盾转化以及城乡融合发展制度完善路径的现实选择。马克思认为："全部社会生活在本质上是实践的。凡是把理论导致神秘主义的神秘东西，都能在人的实践中以及对这个实践的理解中得到合理的解决。"[①]中国自改革开放以来，在农业、农村、农民发展方面取得了令人瞩目的历史性成就：农业逐年喜获丰收、粮食安全保障水平逐年提高；农村面貌日益更新、基础设施建设人居环境持续改善；农民收入水平显著提升、精神文化生活日益丰富多彩。构建和完善城乡融合发展制度，实行乡村振兴发展战略，对"农业强、农村美、农民富"提出更高的发展要求，是中国特色社会主义发展的保障力量。新时代，中国社会主要矛盾已经转化为"人民日益增长的美好生活需要和不平衡不充分的发展之间的矛盾"[②]。当今世界最大的不平衡是发展的不平衡，所以在国际上，中国与各国共健"一带一路"，为更多的发展中国家搭建共享发展空间；在国内，最不平衡的是城市与乡村发展的不平衡，最不充分的是乡村发展的不充分，所以我们要在农业、农村现代化发展的道路上铆足干劲，增加农业充分发展的要素支撑，补齐农村滞后发展的制度短板，以实施乡村振兴战略为总抓手，努力缩小城乡差距。如今我国城乡发展的社会现实是，乡村要素向城市单向流动的格局仍然大面积存在，财政保障和金融服务乡村的力度仍然不足，城乡之间的公共服务以及社会保障制度仍然存在形式上的普惠和实质上的不公，这些社会发展现实导致乡村振兴力量羸弱，城乡之间，尤其是城乡居民在享受改革开放发展的成果上仍存在巨大差距，即使在社会主义建设中，乡村居民并不比城市居民贡献的劳动少。"劳动是一切财富和一切文化的源泉，而因为有益的劳动只有在社会中和通过社会才是可能的，所以劳动所得应当不折不扣和按照平等的权利属于社会一切成员。"[③]这一切成员，除了城市市民之外，当然还有乡村的老百姓。相较于发达城市的现代化发展节奏，乡村发展仍处于弱势地位，若想尽快解决城乡

---

① 中共中央马克思恩格斯列宁斯大林著作编译局编译. 马克思恩格斯选集（第1卷）[M]. 北京：人民出版社，2012：135-136.

② 习近平. 决胜全面建设小康社会　夺取新时代中国特色社会主义伟大胜利——在中国共产党第十九次全国代表大会上的报告[N]. 人民日报，2017-10-28.

③ 中共中央马克思恩格斯列宁斯大林著作编译局编译. 马克思恩格斯全集（第25卷）[M]. 北京：人民出版社，2001：8.

发展不均衡问题，坚持农业农村优先发展总方针是当前中国发展的重要一步。

3. 在推进高质量发展中打造城乡特色融合模式

马克思辩证唯物主义认为，事物具有普遍性的同时又具有多样性和特殊性。这种多样性和特殊性决定了实践中处理问题需要具体问题具体分析。城乡融合发展在实践过程中，要充分考虑到不同地区的发展特征和发展进程，科学把握不同乡村的个性差异和发展态势，根据预先的顶层设计和科学规划进行因势利导、分类施策地梯次推进发展。面对不同地区巨大的发展差异，要从当地实际发展基础考量，杜绝"一刀切"的机械发展模式，严禁"层层加码"的形式主义、形象工程；要试点先行、久久为功，构建符合城乡各要素客观发展实际，同时又具有地域特色的城乡融合发展模式。

首先，根据不同地区的区域发展特征打造不同的城乡融合发展模式。对于发展规模较大、区位条件较好、人气活力较足、资源禀赋丰富的村庄，在顺应城乡融合发展大势的前提下鼓励其不断发掘自身发展优势，继续强化其主导产业支撑力，在农业、休闲服务业等方面走专业化、特色化道路，使其更好地融入城乡规划建设中去。对于位置毗邻城市的村庄，大力发挥其"城市后花园"的地缘优势，加快其与城市之间的交通运输、基础设施、公共服务等互联互通、共建共享，积极转型为形态上保留乡容乡貌、治理方式方法上体现出高度城市化水平的新型城郊类村庄，既可以疏解城市功能外溢现象，又能够化解城市消费需求能力的忧患，在服务城市发展的同时，加快自身转型的时速，累积城乡融合发展的实践经验。对于具有丰富历史足迹、传统文化、民族特色资源的村庄，要下大力气保持其原有的格局风貌、空间形态、自然景观及传统民俗等原居特色，将优秀的中华民族传统文化与新时代现代化的发展方式有机结合，既保持了其原有的整体性，又展示了其时代发展的延续性，合理利用特色资源，形成特色城乡发展的互促机制。党的十九大报告明确指出"中国经济由高速增长阶段转向高质量发展阶段"[①]。坚持发展为第一要务，助力质量第一、效益优先的高质量发展，是中国特色社会主义新型城乡关系向着质量更高、结构更优、效益更好的方向发展的根本路径。要继续"打好三大攻坚战"，这是高质量发展的核心力量。一是在防范化解重大风险方面，继续坚持"结构性去杠杆"的基本思路，做到防风险与稳增长的有机统一。下大力气突破陈旧的体制机制，尤其是城乡融合体制机制障碍，推动供给侧结构性改革，激发产业内生动力和创新活力，走出新业态、新模式。二是在精准脱贫方面，投入更多精力体验农业发展实情、观察农村发展实景、倾听农民发展实话，在产业、教育、医疗、生态等领域密切观察扶贫对象，啃下硬骨头、注入新动能，全力攻坚、务求实效，缩小乡村与城市发展

---

① 习近平. 决胜全面建设小康社会　夺取新时代中国特色社会主义伟大胜利——在中国共产党第十九次全国代表大会上的报告［N］. 人民日报, 2017-10-28.

的差距。三是在污染防治方面，坚决打赢蓝天、大气、土地、水源等全方位的立体保卫战。保障城市与乡村的公共卫生环境，调动全民的参与热情，在保障民生的基础上强化个人和集体的环保责任，在维护社会稳定的前提下加强法律法规建设，构建切实可行、行之有效的减排机制和标准。加大资金以及人力的投入力度，将生态与生产统筹兼顾，净化大气、提升人气、满足心气。

其次，破除旧动能、培育新发展。在破除旧动能上，要以"壮士断腕"的决心去产能、去杠杆之病；以"刮骨疗伤"的行动为产业向特色化、国际化转型；以"力拔山兮气盖世"的豪情去推动产业向高端化、信息化、智能化方向升级。尤其要注重乡村产业链的创新发展，通过现代化信息、"互联网+"等新时代创新技术，加强乡村与城市之间的互联关系，推进城乡融合发展。在培育新发展上，积极推动制度、技术和生产要素的创新，加快新时代现代化经济体系的建设和发展，从根本上解决生产要素配置扭曲的历史性问题，把握科技、金融与人力资源之间协同发展的全局性，推动变革旧动能和创造新发展的"双轮"驱动，激发整个社会的创新发展能力，加快城乡各要素高质量融合发展速度。同时，努力打造最优政策组合和最大整体效果。在政策取向上聚焦重点、把握节奏、协同管理、优化结构。在不断满足人民日益增长的美好生活需要上，推出更多的减税降费的普惠新政，实施更大规模的财政、金融、货币形成合力的经济运行空间，激发更多民营企业、民营企业家、中小企业等微观主体活力。在进一步深化改革的同时，强化公平竞争政策与社会"兜底"保障政策相结合，强化逆周期调节与农民群众基本生活底线相协调，发挥最优政策组合的实质性优势。通过优胜劣汰来强大国内市场，适应全方位改革开放的新形势，抓好粮食生产与农民人居环境向更好更优方向的走深走实。在城乡各要素融合发展的过程中，科学布局、优化配置，将城乡各类资源通过创新发展模式打破部门壁垒，形成有效融合，把握城乡融合发展新格局，提升国民经济整体发展水平，收获乡村振兴战略的全面成功。新时代以来，针对国内经济发展面临的深层次矛盾和问题，以及国际风云变幻的政治环境和经济发展形势，党中央提出创新、协调、绿色、开放、共享的新发展理念，以此来解决深化改革过程中的制度痛点、体制难点、机制焦点；同时，面对我国经济发展道路上遇到的创新能力不足，城乡之间差距过大、区域之间发展分化、经济与社会发展的不协调现象，注重打造更深层次、更高水平的特色化发展模式，并在这一过程中既提出对速度的要求、又提出对规模的需要；既提出对优质的要求、又提出对持续的需要；既提出对兼顾生产与生活的要求，又提出对坚持以人民为中心的发展的需要。这是对高质量发展的根本要，是党带领全国人民在生产要素、生产力、全要素效率提高的基础上，通过产业结构、市场结构以及区域结构的优化升级，达到经济的均衡发展；在新发展理念的战略引领下，将人民对美好生活的日益增长的期盼变为现实，将我国经济发展速度由高速增长转变为中高速增长、经济发展结构从固化陈旧不断优化升级、经济发展动力由要素、投资驱动转向创新驱动的发展新常态。城乡融合发展体制机制的建立健全，正在为经济的持续健康发展打造新引擎、构建新支撑。

4.在改革发展稳定中坚持人民群众的共享发展

当前，打造城乡融合新格局是顺利推进现代化发展步伐的有利条件，城乡融合发展的成效在很大程度上决定了现代化发展的成败，而乡村振兴战略是全面推进城乡融合的根本前提和战略保障。然而乡村振兴不是喊喊口号、呼之即来、来则兴起的易事，而需要构建周密的政策体系、严谨的制度框架，尤其需要尊重农民意愿、激发农民内在力量，充分调动广大农民群众的积极性、主动性、创造性，发挥农民在乡村振兴中的主体作用，使农民从中获得足够的幸福感、安全感。农民群体与政府、市场、社会形成多方合力，就会推动农业发展全面升级、农村建设全面进步、农民生活高质量提升，进而促进城乡融合发展行稳致远。

习近平在庆祝改革开放 40 周年大会上强调，必须坚持辩证唯物主义和历史唯物主义的世界观和方法论，正确处理改革发展稳定的关系，这是实现国家长远发展的有力措施，而这一措施的根本核心在人民，尤其是农民这一群体对改革成果的共享和发展。改革是中国特色社会主义发展的强大动力，发展是中国解决所有问题的关键，稳定是一个国家和地区综合实力水平与高度政治文明的实力体现。构建城乡融合发展制度，就是要在体制机制破旧立新的过程中，不断推进"改革"这一根本动力、明确"发展"这一根本目的、认清"稳定"这一根本前提。正如中国人民大学经济学院院长刘守英所强调的："土地活才有城乡融。"[①]土地是农民生活所依，夯实土地的产权基础、建立城乡统一的建设用地市场，是推进城乡融合有序发展的重要保障。我国土地性质是社会主义公有制，是全民所有制和劳动群众集体所有制的统一体，当前我国的土地所有制形式是城市土地国有制和农村土地集体所有制相结合的所有制形式，这是我们长期坚持、不可改变的发展前提。土地问题是农民发展的根本问题，而耕地是土地的"心脏"，我们必须坚决守护好耕地"红线"。国家对永久基本农田实行严格保护，对土壤的改良、土地效力的提高，尤其是对土地荒漠化、盐渍化、水土流失及污染防治方面实施高标准、严要求的治理措施和政策，严格遵守耕地"红线"，不突破原则。也只有这样，才能保障农民的根本利益不受损，保证农民拥有充足的健康的土地。同时，要注重人类赖以生存的生态文明的保护。守住生态保护"红线"，是维护自然生态整体性、自然发展系统性的基础。只有留住绿水青山蓝天，才不至于出现"风萧萧兮易水寒，众生一去兮不复还"

---

① 刘守英.城乡融合,调整土地权利体系[N].中国国土资源报,2017-11-09.

的糟糕发展境遇。保护好生态环境、守住生态保护"红线"、管控重要生态空间，是避免生态系统出现退化现象、生态空间范围逐年缩小的创新性保护政策。"生态保护红线能否守得住、有权威、效果好，应当有一个对保护效果进行衡量的'尺子'和对地方政府工作成效进行评判的机制。"①可见，生态保护"红线"评估政策和对生态保护制定例行考核制度是首当其冲的执行措施，对于为生态"红线"保护作出突出贡献的个人或单位集体给予必要奖励，对于严重破坏生态环境或间接造成生态资源遭到洗劫的个人或企事业单位进行终身追责，是增强社会全体居民生态保护意识的良好激励机制。

我国要保持和提高经济持续、健康发展，维护和保证社会和谐秩序稳定，实现城乡全面融合，首先要提高防范和化解各类政治经济社会风险的能力。一个国家的繁荣发展离不开和谐稳定的政治环境，一个国家内部城市和乡村的融合更是需要安定、平稳的发展空间。面对当今世界波谲云诡的国际形势，我们必须时刻保持清醒的头脑，需知我国实施城乡融合发展制度，要以改革发展稳定、不被外部环境干扰、时刻高度警惕防范风险为前提，要打好化险为夷、见招拆招、转危为安的战略主动战；同时，不能忽略文化，尤其是具有中国特色的乡村文化对中华民族的发展和影响。我国文化追其溯源在乡村，乡村文化是经过历史绵长的发展，由一代代农民结合乡村本土特色自然形成的礼仪和道德规范，代表着乡村的精神文化，是乡村农民集体智慧的结晶，是中华文化发展源远流长的根基和动力之源。中国要建立文化自信，守住乡村的文化根脉是最基本最核心的发展要素。留住乡村的文化根脉，是新时代站在新的历史发展方位，坚守中华民族之魂、引领子孙后代延续中华文明的持久而深沉的力量。习总书记强调，新农村建设要注意乡土气息、保留乡村风貌、留得住青山绿水、记得住乡愁。守住乡村文化根脉，就是守住了中华历史文明，就是守住了中华民族精神，就是守住了民心。

共同富裕是社会主义的根本原则、本质规定和奋斗目标。从毛泽东提倡"凝聚全国人民走上社会主义大同之路"，到邓小平的"先富带动后富、最终达到共同富裕"，到江泽民强调"兼顾效率和公平、在社会主义现代化建设的每一阶段都必须让广大人民群众共享改革发展的成果"，到胡锦涛的"以人为本、科学发展、更加注重社会公平"，再到如今习近平新时代中国特色社会主义思想中的"精准扶贫"，消除贫困、改善民生、实现共同富裕，始终是中国社会主义发展的本质要求。在党的领导下，我们追求的发展是人民共同发展，我们追求的富裕是人民共同富裕，我们的人生信条是全心全意为人民服务。这里的人民，包括城市居民，也包括乡村居民，同时，乡村居民更是我们关注的焦点。我们过去是，现在是，将来也始终是沿着质量兴农之路、城乡善治之路、共同富裕之路坚定地走下去，坚定地团结在以习近平同志为核心的党中央周围，集全体人

---

① 中国开始实施生态保护红线战略[N].人民日报（海外版），2017-02-08.

民的共同智慧，走出一条具有中国新时代特色的城乡融合发展之路，共享社会主义发展的阶段性成果和现代化发展成果。

（四）为社会和谐稳定发展提供有效保障

"城乡关系一改变，整个社会也跟着改变"①，而城乡关系改变的根本在于城乡经济发展关系的改变。中华人民共和国成立以来，党和人民在城乡经济关系发展的征途中不断总结经验教训，走出了一脉相承的具有中国特色的城乡经济融通发展之路。新中国成立初期，以毛泽东主席为核心的党的第一代领导集体带领全国各族人民根据国情制定了"一五计划"，大力实施以工业为核心、农业为主导的城乡兼顾发展战略。为满足工业化发展的现实需求，乡村经济在加快新中国工业建设的艰巨任务中扮演了"母亲"的角色、为工业发展筹备了强大的后备力量，虽然在客观上造成了"以农养工、以乡养城"的特殊城乡发展模式，加上户籍制度的制定以及人民公社化运动的开展，限制了城乡人口等要素的自由流动，但是在一贫如洗的新中国起步阶段却大大地促进了城市化、工业化的飞速发展，也为中国日后的迅速腾飞奠定了坚实的经济基础。改革开放初期，以邓小平同志为核心的党的第二代中央领导集体带领全党全国各族人民，结合国内正反两方面发展经验和世界其他社会主义国家发展经验，开创了中国特色社会主义，作出"把国家发展重心转移到经济建设上来"的伟大决策，提出"社会主义市场经济理论"这一伟大论断，以家庭联产承包责任制代替旧有的统购统销制度，提出户籍制度改革，这些举措在很大程度上促进了城乡要素的自由流动。在20世纪与21世纪之交，以江泽民同志为核心的党的第三代中央领导集体带领全党全国各族人民，在国内外形势复杂的危急时刻捍卫了中国特色社会主义，确立了社会主义市场经济体制的改革目标和基本框架，集中力量解决关系经济建设和改革全局的重大问题，统筹城乡经济社会发展。在党的十八大报告中胡锦涛同志强调，要加快完善社会主义市场经济体制和加快转变经济发展方式，全面深化经济体制改革，"坚持社会主义市场经济的改革方向"②，尊重市场规律，健全市场体系，加快完善城乡发展一体化体制机制。习近平总书记在党的十九大报告中强调，要"贯彻新发展理念、建设现代化经济体系，坚持社会主义市场经济改革方向，推动经济持续健康发展"③。在推进城乡市场经济融合的过程中，工业与农业发展互促、市民与村民生活水平差距日渐缩小，是城乡融合发展制度健康运行的有力保障，而要做到这两点，城乡之间要素融合、产业融合是引领。

---

① 中共中央马克思恩格斯列宁斯大林著作编译局编译. 马克思恩格斯选集（第 1 卷）[M]. 北京：人民出版社. 2012: 237.

② 胡锦涛. 坚定不移沿着中国特色社会主义道路前进 为全面建成小康社会而奋斗——在中国共产党第十八次全国代表大会上的报告（2012-11-08）[N]. 人民日报, 2012-11-18.

③ 习近平. 决胜全面建设小康社会 夺取新时代中国特色社会主义伟大胜利——在中国共产党第十九次全国代表大会上的报告[N]. 人民日报, 2017-10-28.

1. 城乡产业融通发展制度促进发展的平衡化充分化

城乡产业融通是解决城市和乡村不平衡、不充分发展的必经之路。当前，中国乡村仍然存在市场经济运行体制机制不健全的现状，一些地区传统农业发展方式顽固不前，加上乡村相对闭塞的交通、信息以及各项综合服务，致使乡村经济发展水平一度低下，在高效益、高生产率发展的大、中城市经济突飞猛进的对比下严重滞后，这一现状加剧了整个社会发展的不平衡，而城乡之间的产业融通是缓解这一问题的敲门砖、垫脚石。"我们追求的发展是造福人民的发展，我们追求的富裕是全体人民共同富裕。"[①]城市和乡村是构成人类社会发展的两个重要的有机体，是存在于一定区域内既相互独立又相互依存的两个空间实体。马克思、恩格斯从人的全面发展和社会和谐共生的角度，对城乡融合过程中城乡产业发展的空间协同作用机理进行了诠释："由社会全体成员组成的共同联合体来共同地和有计划地利用生产力；把生产发展到能够满足所有人的需要的规模；结束牺牲一些人的利益来满足另一些人的需要的状况；彻底消灭阶级和阶级对立；彻底消灭旧的分工，通过产业教育、变换工种、所有人共同享受大家创造出来的福利，通过城乡的融合，使社会全体成员的才能得到全面发展……"[②]城乡融合发展主要体现为城乡经济上的融合，而城乡经济上的融合主要表现为城乡产业空间上的融合。中国特有的历史发展路径、在城乡产业布局规划上出现的二元结构体制的畸形发展模式，导致城市和乡村的产业发展没能形成合理的分工协同，城市以工业化发展为主要特征，乡村则以农业发展为主要特征，这种多年来形成的相对对立的社会经济发展和管理体制，是城乡融合发展，尤其是城乡产业协同发展的前进道路上的巨大绊脚石。

2019 年 5 月 5 日，中共中央、国务院印发了《关于建立健全城乡融合发展体制机制和政策体系的意见》，提出要"搭建城乡产业协同发展平台，培育发展城乡产业协同发展先行区，推动城乡要素跨界配置和产业有机融合"[③]。通过建立城乡资源共享、产业互补、市场互动机制，实现城市带动农村、工业带动农业的良性发展。在此期间，必须落实以人民为中心的发展思想，鼓励勤劳致富，统筹提高农民的工资性、经营性、财产性、转移性收入。一边是大城市的先进制造业和现代服务业，一边是乡村传统农业，针对不少地区存在的城乡产业发展差距，搭建城乡产业协同发展平台是城乡产业融通发展必需的载体支撑。搭建与中国国情发展高度匹配的城乡产业协同发展平台，不仅能促进城市与乡村的基础联动关系，还对增强社会主义经济发展新动能、加快经济高质量发展，进而推动现代化经济建设起到至关重要的作用。城乡产业协同发展平台的搭建可

---

① 习近平. 我们追求的富裕是全体人民共同富裕[N]. 人民日报, 2015–10–31.
② 中共中央马克思恩格斯列宁斯大林著作编译局编译. 马克思恩格斯选集（第 1 卷）[M]. 北京: 人民出版社, 1995: 243.
③ 中共中央 国务院关于建立健全城乡融合发展体制机制和政策体系的意见[J]. 农村工作通讯, 2019（10）: 9.

以从小处着手，如以建设乡村特色小镇为依托，促进农业与工业、乡村与城市的全产业链的创新发展。特色小镇是城乡各要素相互融合的一个重要载体，通过特色小镇鳞次栉比的建立和发展，形成具有特色产业的全新生态圈。从我国城乡发展历史以及分布特点来看，我国乡村的产业发展水平较城市有明显劣势，这一点在以传统农业为发展主体的乡村和以先进的、现代的制造业和服务业为发展主体的城市的比照中尤为明显。与此同时，城市普遍集中于热闹繁华的都市或中心区域，而乡村普遍分布在偏远地区，因此资金、技术、人才、资源等要素在市场经济作用下源源不断地流入城市，而乡村却无法得到同等条件的"回流"，如此，造成先进的城市产业发展愈发先进、落后的乡村产业发展愈加落后的城乡"二元产业发展结构"。中国特色社会主义进入新时代，鉴于乡村对新时代经济发展多元化的迫切需求、对城市的现代化发展模式如"云计算""互联网+"等高新科技的发展需要，政府不断调整政策，充分利用城市迅速发展的工业来带动和增强乡村农业产业发展链条的快速运转，融合乡村第一、第二以及第三产业的综合发展以及对乡村文化旅游等新兴产业业态的开发和创新发展，发挥乡村独有的乡韵民情、资源禀赋，和城市产业发展构成相互借鉴、互促共享、相得益彰的产业发展链条。产业发展是经济发展的根基，我国城乡融合发展在很大程度上取决于城乡产业的空间协同发展成效，特色小镇的建立以及对其依托于发达城市的产业发展优势的强化，推动了城乡产业协同发展平台的搭建。

此外，城乡产业融通发展平台的优化推动了城乡产业向更深层次融合。城乡产业协同发展平台的搭建，只是城乡产业融通发展的初始化状态，要进一步发挥其融通作用，还要进行城乡产业协同发展平台的优化。在高速发展的现代化经济体系中，以发展现代农业园区为契机，立足于农业园区的产业基础和自身区域发展优势，对传统产业进行不同程度的优化升级，是优化城乡产业协同发展平台的前进方向。除了注重农业产量的增收问题，更要对农业发展结构进行调整，为优势农产品产业提供技术上的引导和政策上的扶持，同时注重为产业发展的转型升级提供重要引擎，进而保障农业长期的高质量发展。在产业发展过程中，注重保护生态环境与促进农民增收相结合，推进农业科技成果创新与工业社会化服务相联结，形成工业、农业城市与乡村互助、互携、互促的良好发展态势。发展现代农业园区，要在基础实、要素新、平台广、支撑强的前提下，集农产品的绿色生态、生产高效，农业园的休闲旅游、养生科普于一体，在以政府为主导、以农民为主体、以市场参与为发展的条件下，促进第一、第二、第三产业的联动发展，推进生产、生活、生态的协同融合，探寻文化、旅游、养生的"三位一体"的现代化产业发展体系。现代农业园区可以依托高质的产品以及丰硕的资源优势，在国家经济发展政策的大力扶持下，利用先进的生物科技、电子信息等具有现代化、专业化水平的服务体系，拉长拉大产业链条，与城市的"科""教""文""卫""保"，以及"水""电""路""讯""网"等重点项目进行城乡空间形态的重塑和优化，推动城市与乡村在各产业要素上的全面融合。

2. 统筹城乡的民生保障制度满足人民美好生活需要

民生保障制度作为增加民生福祉的中国特色社会主义制度，对我国经济社会公平发展，尤其是城乡之间的均衡发展意义重大。中国共产党自成立以来就把为人民谋幸福作为奋斗的目标，改革开放以来，更是将增进民生福祉作为党一切行动的出发点和落脚点，不断建立健全保障和改善民生的制度体系，走出了一条由单一性、随意性、大体性为主要特征的民生建设，向普惠性、基础性、兜底性的民生建设方向转化的中国特色民生制度构建之路。马克思在《德意志意识形态》中指出："现存的制度只不过是个人之间迄今所存在的交往的产物。"① 因此，无论是宏观上的制度或是制度体系，还是具体的微观的发展方针政策，都是一定的社会关系的产物。中国特色社会主义民生制度是在中国共产党领导下构建起来的反映社会主义国家社会关系的、体现人民群众意愿和意志的、贯穿民生运行全过程的民生制度的总称。② 正如习近平指出的："保障和改善民生要抓住人民最关心最直接最现实的利益问题，既尽力而为，又量力而行，一件事情接着一件事情办，一年接着一年干……使人民获得感、幸福感、安全感更加充实、更有保障、更可持续。"③

统筹城乡的民生保障制度的坚持和完善，有助于缓解城市和乡村居民生活水平和生活方式、不平衡、不充分的发展状况。首先，随着我国经济发展态势的急速提升，对民生保障的关注程度不断提高，民生保障能力不断进步——城乡居民收入差距逐步缩小，恩格尔系数大幅度降低。近年来，城乡居民的人均寿命逐年增高，医疗设施以及服务水平不断提升，婴儿及孕产妇死亡率持续下降，居民养老保险和基本医疗保险制度整合并轨效果突出，居民保障性住房建设稳步进行；各级各类教育事业得到更加全面的发展，尤其是义务教育成效显著，无论是贫困地区、中西部地区与东部沿海地区的差距，还是城市各市区与乡村各区域的差距，都在明显缩小。其次，我们的民生保障主体更加公平：民生保障水平的不断提高促进了保障规模的不断扩大。近年来，在党中央城乡统筹发展思想理念的指引下，教育部门愈发注重教育相关问题的及时、高效解决，使教育在广大乡村地区得到了很好的普及。同时，随着社会保障覆盖面的增大，对全体社会公民，尤其是对广大乡村居民的特殊困难救济制度也不断得到健全和完善；此外，民生制

---

① 中共中央马克思恩格斯列宁斯大林著作编译局编译. 马克思恩格斯全集（第3卷）[M]. 北京：人民出版社，1960：79.
② 韩喜平，王晓慧. 改革开放40年中国民生制度建构历程与成效[J]. 经济学研究，2018（10）：99.
③ 习近平. 决胜全面建成小康社会 夺取新时代中国特色社会主义伟大胜利———在中国共产党第十九次全国代表大会上的报告[N]. 人民日报，2017-10-28.

度更加注重法治化：越来越多的民生制度的制定、实施和落实都是由法律政策保驾护航的。新时代民生保障只有进行时，没有完成时，统筹城乡的民生保障制度只会随着中国社会的健康发展而更加成熟、完善，这在党的十八大和党的十九大报告中可见一斑：党的十八大报告提出"学有所教、劳有所得、病有所医、老有所养、住有所居"，而党的十九大报告除了以上五个方面，又增加了"幼有所育、弱有所扶"两项，使得我国民生保障制度不断跟进，民生保障体系不断健全。我国的民生保障制度使老百姓得到了真正的实惠，为更多的社会阶层带来福祉，使更多的人得到更公平的发展。正如习近平总书记强调的，我们"不论处在什么发展水平上，制度都是社会公平正义的重要保证。我们要通过创新制度安排，努力克服人为因素造成的有违公平正义的现象，保证人民平等参与、平等发展权利"[①]。

统筹城乡的民生保障制度的坚持和完善，是中国共产党"以人民为中心"的实践体现。实践是检验真理的唯一标准，"判定认识或理论之是否真理，不是依主观上觉得如何而定，而是依客观上社会实践的结果如何而定。真理的标准只能是社会的实践"[②]。实践取得的成效越高，说明制度越健全，越完善。[③]我国自改革开放以来，民生保障制度通过长期的实践摸索，已经取得了巨大成就，已经从过去需要解决"有没有"的基础问题上升为现在只需解决"好不好"的更高追求。坚持和完善统筹城乡的民生保障制度，是践行全心全意为人民服务这一根本宗旨的具体体现。民生保障制度涉及群众面最广、涉及群众利益最深、涉及群众的问题最具体。党坚持把人民利益摆在至高无上的地位，在不断深化改革的进程中不断健全和完善民生保障制度体系，领导我国社会主义现代化建设取得辉煌成就，人民群众获得的感幸福感、安全感不断增强，这是党始终保持强大号召力、向心力、凝聚力的根本所在。坚持和完善统筹城乡的民生保障制度，坚持以人民为中心，努力让人民过上更好的生活，进一步彰显党的根本宗旨和根本立场，也使党长期执政的群众根基更加牢靠。党的十九大对实现"两个一百年"奋斗目标作出战略部署，提出到建党一百年时建成社会更加和谐、人民生活更加殷实的小康社会，到新中国成立一百年时，全体人民共同富裕的目标基本实现，我国人民享有更加幸福安康的生活。重要的民生福祉是实现人的全面发展的重要基石，是推进民生保障建设的重大任务。坚持和完善统筹城乡的民生保障制度，采取针对性更强、覆盖面更大、效果更明显的举措，使人民的生活更加充实、更有保障、更可持续，充分展现社会主义制度的优越性，这也是推动实现"两个一百年"奋斗目标的应有之义。

---

① 习近平. 切实把思想统一到党的十八届三中全会精神上来[N]. 光明日报, 2014-01-01.

② 中共中央文献研究室, 中央档案馆编. 建党以来重要文献选编（一九二———一九四九）第 14 册[M]. 北京: 中央文献出版社, 2011: 402.

③ 韩喜平, 王晓慧. 改革开放 40 年中国民生制度建构历程与成效[J]. 经济学研究, 2018（10）: 100.

3. 共建共治共享的社会治理制度维护社会稳定发展

《中共中央关于坚持和完善中国特色社会主义制度　推进国家治理体系和治理能力现代化若干重大问题的决定》明确指出，应"完善党委领导、政府负责、民主协商、社会协同、公众参与、法治保障、科技支撑的社会治理体系，建设人人有责、人人尽责、人人享有的社会治理共同体，确保人民安居乐业、社会安定有序，建设更高水平的平安中国"[①]。共建共治共享的社会治理制度，是保障中国特色社会主义发展的根本制度之一。它在党的十九大得到确立，提出要"完善党委领导、政府负责、社会协同、公众参与、法治保障的社会治理体制"[②]，到十九届四中全会得到提升，内涵更加丰富，增加了民主协商、科技支撑，社会治理体制上升为社会治理体系，标志着党关于社会治理的理论上的深化和制度上的完善。坚持和完善共建共治共享的社会治理制度，是适应社会主要矛盾转化和建设人人有责、人人尽责、人人享有的社会治理共同体的必然要求；是防范化解风险、建设更高水平的平安中国的迫切需要，是保持城乡社会和谐稳定发展的前提和基础。

恩格斯认为理想的共享发展状态，是一种生产发展能够满足所有人需求、能够让全体成员"共同享受大家创造出来的福利"[③]的发展模式。整个社会是人与人之间、人与社会之间、人与环境之间融合统一形成的一种社会关系的总和，它是人们生活、学习、工作，以及从事其他一切活动的共同载体。社会治理的过程就是一个不断协调和处理各种社会关系的活动过程，社会治理制度就是不断协调和处理各种社会关系的规则制度。社会治理既是国家治理的重要组成部分，又是国家治理的基础，只有社会和谐稳定，国家才能长治久安。而这种和谐稳定在当前加快实现乡村振兴和新型城镇化发展方面体现为城市和乡村的共治：城乡精细化管理、统筹城乡在自然生态、科学发展、人居环境等方面发展，着力在人才组织、制度建设、联合机制、宣传培育及基础提升等五大方面进行突破，健全自治、法治、德治相结合的城乡文明治理体系，提高最广大人民群众的安全感和幸福感。虽然中国特色社会主义已经进入新时代，我国经济建设与经济发展已经取得了前所未有的巨大成就，但是中国社会的整体发展仍然凸显不平衡不充分特征。改革开放以来，我国一直重视城市作为经济发展中心的带动作用，城镇化比率明显提高，但城乡二元结构的矛盾依然没有解决，广大农村地区的基础设施建设、公共服务水平与城

---

① 中共中央关于坚持和完善中国特色社会主义制度　推进国家治理体系和治理能力现代化若干重大问题的决定[N].人民日报，2019-11-06.
② 习近平. 决胜全面建设小康社会　夺取新时代中国特色社会主义伟大胜利——在中国共产党第十九次全国代表大会上的报告[N].人民日报，2017-10-28.
③ 中共中央马克思恩格斯列宁斯大林著作编译局编译. 马克思恩格斯选集（第1卷）[M].北京：人民出版社，1995：243.

市相比仍然存在巨大差距。"共享发展就是要求劳动者共同分享自己的劳动成果，但这个目标不可能自然而然地达到。"①所以，构建城乡问题联治、工作联动、平安联创的工作机制，增强城乡社会治安防控的整体性、协同性、精准性，推进社会组织治理与城乡居民自治的良性互动是新时代发展的重中之重。共享发展是对我国民生发展蓝图的勾勒和描绘，是人类社会的共同理想，也是发展伦理的最高价值追求，只有不断坚持和完善共享发展的社会治理制度，畅通共建共治共享制度的运行，才能构建和谐社会、福泽全体人民。

① 邵彦敏, 赫名超. 马克思关于共享发展思想的理论逻辑［J］. 理论学刊, 2016（06）: 7.

第五章　发达国家城乡关系发展及其经验借鉴

　　西方发达国家已经先后完成了城市化进程，步入了城乡一体化的发展阶段。从历史的角度出发，城乡关系都由城乡分离开始，马克思在《德意志意识形态》中提出："物质劳动和精神劳动的最大的一次分工，就是城市和乡村的分离。城乡之间的对立是随着野蛮向文明的过渡、部落制度向国家的过渡、地方局限性向民族的过渡开始的，它贯穿着全部文明的历史并一直延续到现在。"[①]他认为城乡分离的出现是因为社会分工。在工业革命以前，城乡处于相互依存的状态，各自在其领域中发挥政治与经济的功能，而工业革命的到来，使得人口与工业在一定的条件下聚集一起，开启了现代城市化的序幕。随着工业化的发展，工业和农业逐渐分离，城市的经济功能凸显出来，以机器大生产为主的工业与以小农经济为主的农业，它们的生产方式和效率出现明显的差异，从而影响了城乡生产者的收入差异，出现了城市与乡村的分离，由此，工业革命的到来促进了西方发达国家城乡关系的发展。西方发达国家在处理城乡关系之间的矛盾时，积累了很多的经验，为我国如何处理城乡关系提供了一定的借鉴。

一、发达国家城乡关系的发展

　　城乡关系发展不协调是世界各个国家必然经历的过程，西方发达国家工业的发展相对较快，城市化起步较早，西方发达国家的城乡关系在发展过程中也遇到了很多的矛盾、问题，经过数年的探索与实践，最终实现了城市与乡村的有机结合，城乡与乡村协调地发展起来。因此，西方发达国家在如何缩小城乡之间的差距方面积累了大量的经验。本章主要通过分析美国、德国与日本等典型国家城乡关系的发展，学习和借鉴实现城乡协调发展的经验，为我国城乡关系的协调发展打下一定的基础。

（一）美国城乡一体化发展

　　在发达国家城镇化进程中的初级阶段，城乡之间的差距逐渐扩大。直到城镇化与工业化发展的中期，为了促进城市工业的进一步发展，解决由于过大的城乡差距造成的社会不稳定问题，西方的发达国家决定采取相应的措施破解城乡之间的差距，通过利用政

---

① 中共中央马克思恩格斯列宁斯大林著作编译局编译. 马克思恩格斯选集（第 1 卷）[M]. 北京：人民出版社，1972：56.

府与市场的双重机制作用来缓解城乡之间的差距问题，促进城乡的协调发展。1775 年到1783 年，为了对抗英国的经济政策，美国爆发了独立战争。1861 年到 1865 年发生南美战争，这场战争扫除了资本主义发展过程中的外部障碍与内部障碍，为美国的资本主义的工业发展提供了良好的条件。伴随工业革命的发展，美国的工商业开始快速发展，美国的农村人口开始流入城市，城市的人口不断增加。

1. 美国初期的城乡关系

美国历史学家约翰·卡里（J.Cary）这样说过："美国诞生于农村，移居在城市。"[1]在美国工业化的初期，经济社会的发展还处于相对不平衡的状态，城乡之间的差距呈现出扩大的趋势，城乡之间的对立与矛盾不断地加剧。随着资本主义城镇化与工业化的不断发展，美国政府也采取了相应政策，解决城乡之间的差距问题，提出保护农业的相关措施。

在工业化与城镇化的初期阶段，美国的城乡关系处于对立的矛盾状态。马克思在《资本论》中这样写道："资本来到世间，从头到脚，每个毛孔都滴着血和肮脏的东西。"[2]虽然社会生产力的提高促进了社会财富的增加，但是同时也带来了社会贫富的巨大差距，造成了城乡对立的一系列矛盾问题。1851 年到 1860 年，美国的人均实际收入增加了大约 50%，但是美国的这种社会环境，使得南部地区的贫苦农民、从非洲贩卖过来的黑奴，以及大多数的低工资的工人并没有从社会发展带来的财富中分得多少，他们的生活状态并没有得到改善。到 19 世纪70 年代，美国发生了前所未有的农业危机，农民的生活十分艰难，为了缓解美国城乡的对立现象，联邦政府开始全力推进农业及农村的发展，并通过完善的法律制度保障农村基本的合法权益。虽然这一阶段，美国的农业得到了发展，农民的收入也有所提高，但是由于用于农业生产的各种成本不断地增加，又具有较高的负债成本，最终使得大多数的小农场主完全倒闭，沦陷为农业的雇佣工人。1900 年，美国的农业工人总数达到了 200 万人，随着农村农业无产阶级人数的大量增加，农村的经济状况不断地恶化，农民不得不开始进行抗议活动。

2. 美国中期的城乡关系

随着美国工业化的快速发展，吸引更多的农村劳动者进入城市，使得整个社会的发展都以城市为中心。20 世纪 30 年代初，资本主义世界经济的危机的到来，严重影响了美国的农产品价格，使得农产品的价格直线下降，农业的净收入也随之下降，大量的农民面临破产，造成人们生活水平的也持续下降。"美国农民的人口，约占全国的 1/4，易言

---

① 刘绪贻，杨生茂主编.美国通史（第 4 卷）[M].北京：人民出版社，2008: 181.
② 中共中央马克思恩格斯列宁斯大林著作编译局编译.马克思恩格斯选集（第 2 卷）[M].北京：人民出版社，1995：266.

之，即有 3 000 万人，蔽衣寒食，无力付债息，更无购买的力量。"①由于受资本主义世界经济危机的影响，美国的经济进入了萧条阶段，促使城乡的经济、社会产生了更深层次的矛盾，同时，生态环境的污染也越来越严重，产业增长也几乎为零，致使美国的城市化危机与农业危机越来越严重。在城乡收入方面，美国进入城镇化的中期阶段之后，城乡居民的收入差距越来越大。美国的城乡关系经历了较长的演变过程，在这种漫长的过程中，美国的城市与乡村的收入差距首先是逐步扩大，然后又渐渐地缩小。在 20 世纪 30 年代开始到 20 世纪 70 年代，虽然美国的人均收入不断得到提高，但是农业人口与非农业人口之间的收入差距也增长得很快，呈现出城乡之间收入的差距越来越大；在农村社会发展方面，伴随农村的人口不断地向城市流入，城市的人口与规模扩大，而农村的经济社会进入了空前的萧条阶段，但是美国的国会与联邦政府对于农村的这种现状并没有进行调整。美国农村的社会发展需要的资金来源，主要依靠州和地方政府的资金支持，由于各州与地方的财政也处于困难时期，因此，农村的各种公共服务投入出现严重的不足，使得农村的农民生活条件无法与城市相比，农民生活条件极其恶劣，造成城乡之间的巨大差异。

美国在 20 世纪 20 年代爆发了第二次农业危机，与第一次美国的农业危机相比较，这场危机更为严重，因为它是与当时的工业危机一同发生的。工业对农业的剥削越来越严重，垄断组织对农业的生产者进行占有和掠夺。根据美国农业部门的相关调查，在工业危机与农业危机并存的时期，农场主在出售农产品时，仅能获得农产品价格一半的收益，甚至一些小的农户在出售农产品时，其获得的收益更是微乎其微。在这种危机下，很多农场主不得不面临破产，同时农业的雇工受到机器化的排挤，不得不进入大城市务工。这个时期的美国地租与地价由于受到工业危机与农业危机的影响，给农民带来了巨大的压力。这一时期的农场主依靠土地获得收益，而地价和地租不断地上涨，使得农场主无法应对压力。面对这种危机，不少农场主通过向金融机构贷款寻求资金上的支持，来继续维持农业的生产，但是这种巨大的债务又给农场主带来很大的困难。这种长期的生产过剩导致价格不断下跌，与此同时，承受着巨大财务负担，使得农民很难积极地投入农业当中，致使美国的农业发展面临严重困境。20 世纪 30 年代，美国的经济发展严重滞后，因此城市的人口增长速度相对缓慢，城市的居民生活条件越来越差，公共卫生环境也很恶劣，城市的失业率不断上升，使得社会环境十分不稳定，出现犯罪、诈骗等许多问题。随着一系列问题的出现，美国城市居民最迫切想要解决的是生活环境的问题，因此，美国的一部分公民为了摆脱恶劣的居住环境，开始转移到郊区生活，致使城市相对优秀的资源流入了郊区，整个社会的发展进入了困难时期。在 20 世纪 60 年代到 70 年

---

① ［德］卢特威. 罗斯福传［M］. 上海：上海西风社，1941：155.

代的初期，美国爆发了很多城市危机。伴随着美国郊区化的不断推进，农村的生态环境出现了严重的破坏。城市郊区的无秩序的发展，占用了农村大片的绿地与良田，甚至是森林，造成生态环境的严重破坏，空气污染越来越严重。美国研究环境的学者亚当·罗姆（A.Romm）对第二次世界大战之后的美国城市的生活环境的破坏进行了这样的描述："美国被推土机夷平用于城市开发的土地大致相当于罗德岛的面积。森林、湿地、溪流、山丘、农田和果园全部遭到破坏，以便建造住在小区。"[①]这种发展模式，使得美国的农村环境遭到了侵犯，同时美国的生态环境遭到了破坏，因此，美国的民众开始强烈反抗，20 世纪 60 年代的中期，在美国的郊区发生了许多反抗活动，要求停止无秩序的土地破坏与占用。

美国政府为了维护资产阶级的统治来协调农业生产者的相关职责，通过法律等手段来减少农产品过剩的问题，通过提高农民的收入来有效地保护农民的最根本利益，从而缓解了城乡之间的差距。在此基础上，美国开始大力发展农村的交通、水电等，提高农村的基本设施与公共服务，同时完善农村的教育、医疗和卫生，综合改善农民的生活环境与社会环境，建立健全社会保障制度，从而缩小城乡之间的差距，使城乡关系协调发展。美国政府通过以下几个方面来缓解城乡之间存在的矛盾。

第一是制定关于城乡规划的法律法规。美国早期阶段相对比较著名的法规是1916 年的《纽约区规划令》，这个法令在美国的历史上是第一个具有法律意义的地方规定，对美国当时的土地用途、容积率甚至是建筑物的高度都作出了明确的规定。美国政府为了全面地将城乡的规划覆盖得更广，在 1924 年，美国商务部编制了《标准分区规划授权法案》，在 1928 又颁布了《标准城市规划授权法案》，这两个法案的提出为美国的城乡规划奠定了一定的基础。20 世纪 20 年代到30 年代初期，美国的大部分地区都制定了自己的区域规划方案。在罗斯福"新政"期间，联邦政府通过设立专项基金，为各个州与地方政府建立规划部门，这也是联邦政府第一次介入州与地方的规划任务。美国的城乡规划涉及的内容比较广，在制定过程中充分考虑到各个州的实际情况，根据其各自的时期和特点进行规划制定。城乡规划涉及人们生活的各个方面，包括用地、住房、经济的发展与自然资源的保护，还包括基础设施与公共服务等，甚至包括交通、能源、空气质量及林地保护等多个方面。美国在制定城乡规划的过程中比较注重民众的参与性，所有公民都有权参与城乡规划的编制，并通过听证会提出自己的意见，没有经过公众听证会的法案是不具有法律效力的；同时，还建立了较为完善的城乡规划调控与监督体系。为了更好地实施城乡规划方案，联邦政府设立了基金项目，通过法律法规进行控制和监督。

---

① ［美］亚当·罗姆. 乡村里的推土机——郊区住宅开发与美国环保主义的兴起 ［M］. 高国荣, 孙群郎, 耿晓明, 译. 北京: 中国环境科学出版社, 2011: 8.

美国制定了完善的法律体系，来保障城乡规划的顺利进行。经过长期的实践，美国居民的生活环境得到了很好的改善，但是城乡规划有些过重地偏向于城市的更新与规划，导致了巨大的贫富差距，出现了社会的两极分化，遭到了社会各界的批判。20世纪70年代以后，美国城乡规划进入了成熟阶段，更加注重对公民的关怀，重视公民的参与和社区的建设，将城市的社会经济发展与物质建设相结合，共同进步，切实地提高公民的生活质量，保证每一位居民都可以享受到社会发展成果。

第二是促进农村的经济发展。农业是国民经济发展的基础，美国的基本国情是支持农业的生产与发展。美国经历内战的洗礼，伴随美国城镇化与工业化的飞速发展，农业在整个经济社会发展的过程中所占的比例越来越小。美国农业受到自然环境、资金、技术，以及市场价格等因素的制约，发展受到了严重阻碍。一方面是因为美国多次发生农业危机，甚至是农业与工业的双重危机，导致大量的农场面临倒闭，农业的生产与从事农业生产的农民都处于不稳定的生活状态。为了促进国民经济的发展，同时满足工业化与城镇化发展的要求，美国提出"支农护农"政策，其政策主要从提高农业的生产效率、增加和稳定农场收入，以及增进社会福利和农村发展等三个方面展开。[1]美国为了提高农业的生产效率，积极推广家庭农场和农业合作社，将农业的生产进行规模化经营。1933年，美国通过农业法对农业进行调整，并通过采取一系列补贴措施，鼓励农产品的出口，以保障农场主获得最大的利益，促进农村经济的发展。

美国经过多年的努力，对农业补贴进行调整，形成了相对比较完整的农业补贴体系。仅2005年，美国政府对农业的补贴金额就达到250亿美元，在这种巨额的农业补贴的条件下，有效地缓解了美国内部农产品过剩的现象，帮助农业生产者避开了自然环境的改变与市场变化带来的风险，提高了农业生产者的抗风险能力，加强了农业生产者对农业生产的积极性。在2014年经过立法研讨，由于对农业生产者的直接补贴存在很大的争议，美国取消了关于农业的直接补贴项目，同时通过相对比较隐蔽的方式，向农业的生产者提供仅需要较低的保险费用就可以获得农作物的保险，因此，美国的农业保险为农民提供了有力的保障。美国农业部风险管理局主要通过生产者自愿参与的方式，对农业进行保险管理，而联邦政府为参保的农业生产者提供资金方面的支持，私人的商业保险公司为其提供相应的服务。

美国除了对农业生产者提供良好的农业保险外，对农业财税信贷也提供了很大的支持。美国政府对农村的转移支付行为表示支持，这促进了农村经济的发展，仅2001年，美国政府农村转移支付占农村人均收入的16.96%，比城市转移支付多了3.38个百分点。[2]同

① 徐更生.美国农业政策[M].北京：中国人民大学出版社，1991：8.
② 索南加措.美国家庭农场简介[J].柴达木开发研究，2006（04）：13.

时，美国改革了传统的农业税收制度与农业的信贷，以确保农业生产的资金充足，为农业的长远发展提供了基础性保障。美国重视农业发展的同时，也重视农业的科技进步，建立了农业科研合作体制——由联邦政府、州政府和私人企业一起举办的三级农业科研机构。美国的农业科研经费投入体系具有多元化的特点。联邦政府对农业的教育以及科研推广的经费投入比例一直相对比较稳定，约占农业部总预算的 2%至4%。①美国将科技、教育以及推广有机地结合，促进了农村、农业的长远发展，通过农业科学技术有效地提高了农业的生产效率，同时提高了农业的经济发展。根据美国农业经济研究局的分析得出："在农业科研方面每投入 1 美元，可在生产上收益 30 至50 美元。"②美国农业科技的进步实现了农业的现代化，有效地提高了农业发展，同时也增强了美国农业的现代化国际竞争力。

在城乡基础设施建设方面，美国政府同样重视美国的基础设施建设，主要通过联邦、州以及县的三级财政管理的体制。联邦的财政资金主要用于国家的战略部署以及一些大型项目的基础设施建设方面，州与县的财政资金主要用于各自州县的小型项目建设，设计州与县的大型建设时，就需要联邦政府与州县共同参与。在不同的阶段，美国的重点发展项目也存在不同，美国西部开发的早期阶段，主要发展交通、通信、铁路以及电话网络等，形成一种可以覆盖全国的交通网络。美国通过颁布法律法规建立管理局，积极地推广农村的电气化，改善农村的生活环境。20 世纪 50 年代的中期，美国颁布了《联邦资助公路法案》，有效地促进城乡之间的交流，激发经济的稳步增长。在之后的 40 年里，美国的基础建设的工作重心主要在公路的建设与维护方面。进入 21 世纪以后，美国政府成立基金项目，主要用于农村教育、医疗卫生，以及能源等基础设施，基金项目的主要目的是完善农村的生活保障，提高农村人口的生活质量，增加农村人口的就业机会等。

在城乡基本公共服务建设方面，美国相对比较好地实现了公共服务均等化。在工业化与城镇化的早期发展阶段，由于资金与物质财富相对比较缺乏，政府能够提供的公共服务极其有限，仅仅是处于维护性的层面，以确保一切正常运行。随着美国经济的不断提高，政府也开始注重公共服务的建设工作，美国政府用于教育、医疗卫生，以及社会保障等方面的财政支出逐渐提高，1971 年超过了 40%，到2002 年则超过了 65%。③为了更好地提高农村的教育，美国相继颁布了《莫里尔法》和《史密斯–休斯法》等一系列与农村教育相关的法案，有效地加快了美国农业农民的技术水平，促进农村职业教育的发

① 王安国辉，陈建全，何利. 中美农业科技投入与科技体制比较 [J]. 世界农业，2003（11）：16.
② 申茂向. 中国农村科技创新与发展 [J]. 北京：社会科学文献出版社，2012：418.
③ 参见李锐. 美国联邦个人所得税制度演进历程及内在精神的启示 [J]. 理论界，2013（01）：165.

展，提高了农民的整体素质。美国始终坚持公共服务均等化的供给原则，确保每一个公民都可以享受公共医疗、养老保险与住房等基本的社会保障服务，所有与公共服务相关的项目都有相应的法律保障，修改或者调整公共服务的供给都应该先修改与之对应的法律法规。美国的农业服务供给方与生产方是分离的，美国政府只负责保证有效实现公共服务，其公共服务的生产方是由地方政府通过市场化的形式组织起来的，因此，要正确处理好政府与市场的关系，才能实现公共服务的均等化。美国的基本公共服务经历了从低级到高级、从失衡到均衡的发展过程。

在城乡社会保障方面，早期阶段，美国有限的社会救济由政府和慈善组织来提供。随着城镇化与工业化的快速发展，工人失业与养老等一系列问题层出不穷，1935年，美国政府为了保障公民的利益，出台了《社会保障法》来解决养老与事业的问题，成立了具有全国性的社会保障计划。由于管理等某些原因，社会保障法并没有涉及从事农业的工人与农场主，仅涉及了所有65岁以上的从事商业与工业的工人，在1939年与1950年才将从事农业的工人和家庭雇工纳入了社会保障法的范围内。经过数十年的发展，美国具备了相对比较完善的城乡统一的社会保障体系，并有效促进了城乡之间要素的双向流动。

在城乡生态环境方面，美国联邦制政府颁布了一系列的法律法规来控制城乡生态环境的污染。最具有影响力的是1969年出台的《国家环境政策法案》，这个环境法案通过采用各种手段来维持人与自然的和谐发展，将环境的影响因子加入到了传统的规划与决策活动中。首先是制定环境影响报告制度，并明确指出所有申请联邦基金的项目都要先进行环境影响评估，只有通过各部门同意，才能得到批准；其次是成立环境质量委员会并成立专项联邦基金，用以保障和完善环境法案。美国的环境污染控制最先从治理污水开始，逐步扩展到大气与土壤等其他领域。20世纪50年代的中期，各州在美国国会的支持下共同治理了环境污染问题。到20世纪60年代，美国先后出台了一系列污染控制的法律法规，来保护人们的生活环境。1997年，美国的电力公司未按照相关的法律规定，排放了大量的污染环境的气体与固体，造成了酸雨，污染了居民的生活环境，被罚46亿美金。[①]

美国在治理污染的过程中，始终强调污染的综合治理原则。农村的点源污染具有明显的排污口，治理方法相对比较简单，而农村的面源污染涉及相对广泛，治理难度也比较大。美国环保局通过运用农村点源污染与面源污染的综合治理的方法，来保护农村的环境，减少农村的污染，同时利用科技与教育的方法，引导农民从自身做起，保护生态环境，改变原有的不良生活习惯与生产方式，最终保护环境资源。自20世纪30年代开始，美国农业部颁布了一系列农业污染治理计划，有效地缓解了农村的点源污染与面源

① 参见吴兆玉.美国46亿环保罚单的警示[J].金融经济,2007(23):51.

污染。

随着经济的快速发展以及相关制度的不断完善，美国的城乡差距逐步缩小，如2014年美国拥有农场的家庭平均总收入为 131 754 美元，其中农场收入是 28 687 美元，占到家庭总收入的 22%。^①由此可见，美国拥有农场的家庭经济呈现出明显的改善，但是这种城乡之间差距的缩小并没有破除社会中两极分化的问题，反而使得社会的贫富差距越来越大。由于外来人口的不断加入，美国大城市人口逐渐增多，城市中心的环境污染也越来越严重，因此，相对比较富裕的工商巨头迁居到郊区，而相对比较贫穷的普通市民与非熟练工人等低阶层不得不留在市中心居住，形成了一种城市人口郊区化的势态。

（二）德国城乡等值的发展

历史上的德国是一个相对比较封建落后的国家，大小邦国逐步形成了各自的经济中心，使得资本主义经济初步发展。经过多年战争的洗礼，1871 年，普鲁士终于结束了德国长期处于封建割据的局面，真正完成了德意志的统一，取代了法国在欧洲大陆的霸权地位，同时也促进了意大利的统一。统一后的德国资本主义经济发展非常迅速，只用了五十多年的时间就完成了工业化，同时实现了由传统农业向现代农业的转换。德国的城市化与美国有所不同，起步相对较晚，启动也相对比较迟缓，但是其速度非常快，水平相对较高，到1910 年，德国已完成了城市化建设。与其他发达国家一样，德国同样经历了城乡的对立、城乡协调，最后到城乡均衡发展的特征。

1.德国早期的城乡关系

在 19 世纪以前，德国的农村人口占有绝大部分的比例，农业在国民经济中占有主要的地位。德国主要以农业和农民为主，整个城市的发展相对比较缓慢。1200年，德意志地区的所有人口大约达到 1 000 万，其中 90%的是农村人口。^②在德国，农村相对比较分散，而城市人口相对比较密集，城市交通比较便利，手工业相对比较发达，但是当时的城市发展还需要依附于封建领主，同时也会受到封建领主的压迫，因此早期德国的城乡关系呈现出了城市对农村的经济依附与政治统治。19 世纪 40 年代末期，德国的工业革命蓬勃发展，1847 年开始用蒸汽机作为动力。随着城市工业的快速发展，大量的农村人口转移到了城市，为城市的工业与服务业提供劳动力，最终导致城市的人口数量迅速增加。在过去的几百年里，德意志始终以农村的生活为基础，以农业发展为主要经济来源的模式发生了变化。1871 年德国人口达到 4 100 多万人，到 1910 年德国人口为 6 500 多万人，其中城市人口占总人口的比重达到了 60%。^③德国的城市人口不断地增多，城市的

① 卫荣,高忠敏,王秀东.美国农场规模、收入及对我国的启示[J].中国食物与营养,2016(04):21.
② 马桂琪,黎家勇.德国社会发展研究[M].广州:中山大学出版社,2002:50.
③ 参见刘玉安.告别福利国家? ——西欧社会政策改革的大趋势[J].当代世界社会主义问题,2014(03):93.

规模继续扩大。

德国早期的城乡关系问题主要表现在以下几方面。第一是城乡经济发展呈现出极不平衡的现象。德国早期的农村与农业发展相对比较缓慢，而城市和工业发展相对比较快。自 1871 到 1899 年，德国农业方面的投资占社会总投资的比重下降了 9%，而工商业的投资增加到了 54.5%[①]，工业与农业呈现出失衡的状态，德国著名经济学家卡尔·奥尔登贝格（K.Oldenberg）曾经认为，德国的经济像是一栋几层高的楼房，楼房的最高层是工业，最低层是农业，农业是工业的基础，若高层快速的发展，低层的发展相对落后而无法承担高层的压力，这座大楼就会倒塌，因此只有工业与农业相互协调发展，国家才能兴盛。第二是农民的生活条件十分艰苦贫困。由于特殊的地理条件以及气候环境因素变化，德国农业受到频繁的灾害影响，早期技术水平的局限性使得农业的生产主要依靠天气作用，农业的产量非常不稳定，因此农民的生活非常困难。同时受到历史原因的影响，当时的地主阶级和新兴资产阶级对农村、农民进行剥削压迫，导致德国在普鲁士式的变革过程中，时常引发农业的粮食危机，农民生活十分艰苦，农业的发展也十分缓慢。德国早期的经济十分落后，农业的发展几乎停滞，农民的生活十分的艰苦，为了维持生活，农民会去公共的森林中寻找木材，捡拾一些枯叶，但是国家的法律却认为这种行为是违法的，并加以盗窃罪进行处罚。到 19 世纪晚期，农业的发展仍然处于落后地位，掀起了农业危机，粮食价格大大下降，很多的大、中、小农户濒临破产，无法生存，造成德国大批农民转移到了城市，成为城市中的贫困工人。第三是城市社会中的对立现象十分严重。德国农业的发展相对落后，但是工业的发展则非常快，随着德国城市人口的增多，城市的数量不断地增加，并且规模也在慢慢地扩大，因此出现了很多区域性的，甚至是全国性的经济中心。德国工业的迅速发展以及城市的不断扩大，吸引了农村人口进入城市，所以城市居民的居住问题成为城乡社会的关键问题之一。当时德国工人不仅仅存在居住方面的困难，他们的工作处境也十分艰险，在工作过程中事故频繁发生，失业的现象也很严重。在普鲁士邦，1895 年到 1911 年，百万富翁的人数增加 4 000 多人，拥有的财富增加了 127 亿马克。[②]虽然人口增加，但是人们的生活水平并没有提高，反而逐渐下降。根据德国的统计局调查，可以看出居民的生活水平非常低：1894 年到 1902 年这几年，居民为了维持基本的生活保障，每周需要 24 马克 40 分尼，工人的平均周工资只有 21 马克 10 分尼。1909年到 1914 年这几年，居民生活的基本保障费增加到了 31 马克 10 分尼，而工人的平均周工资增加到了 28 马克。[③]贫富差距严重影响了国

---

① 丁建弘. 德国通史［M］. 上海：上海社会科学院出版社，2003：235.
② ［德］维纳·洛赫. 德国史（中册）［M］. 北京：三联书店，1959：538.
③ ［德］维纳·洛赫. 德国史（中册）［M］. 北京：三联书店，1959：538.

民的生活状态，德国工人因为工作环境极其恶劣多次举动罢工，德国的劳资矛盾越来越严重。1872 年，德国工人在鲁尔、柏林、纽伦堡、莱比锡等地多次爆发罢工运动，1890年，德国工人的罢工次数达到 226 次，参加罢工的人数约 38 536 人，到 1900 年罢工次数达到 1 500 次，参加罢工的人数约 131 888 人。①贫富差距愈演愈烈的同时，城市由于生产过度膨胀，人口与资源高度的集中，从而引起了工业污染、环境破坏，以及交通拥堵等社会问题。

为了解决德国早期的城乡关系问题，国家出台相关政策来缓解城乡对立的矛盾。首先，德国提出大力发展农业社会保险制度。德国的社会保障制度在世界范围内是起步比较早的国家，在德国城镇化的早期，为了保障德国农业的稳步发展，切实确保农业农民在生产经营过程中能获得相应的保障，德国考虑到自然灾害给农民带来的巨大压力，因此建立保险业务。德国为了平息一次又一次的工人罢工运动，在社会保障方面，德国政府制定社会保障法，来改善公认的处境，同时通过立法的形式使得人民群众感受到社会保险的作用。这一系列的保险制度有效保障了国民的生活质量，同时也为德国的社会保障体系奠定了坚实的基础。其次，德国政府提出发展农业合作社。为了促进德国农业的快速发展，让农民可以摆脱贫困生活，德国开始实施农业合作社。自 19 世纪中叶开始，德国已经逐步建立了 423 个莱弗艾森式的合作社②，德国政府也对农业合作社给予了财政方面的支持，由于政府的高度重视，德国农业合作社到 1912 年已经达到了两万多个。最后，开始实施城市规划建设工作。德国政府为了更好地解决城乡发展过程中出现的城市问题，借鉴了英国的城市规划经验。德国通过立法的形式对城市规划进行干预，依次颁布了一系列法律，在城市建设过程中起到了一定的制约作用，调整了资产阶级利益集团之间的利益分配，进而有效地缓解了城市发展过程中的社会矛盾问题。由于农村人口大量转移到城市中来，使得城市人口增多，城市出现了严重的住宅短缺问题。德国政府为了缓解城市住宅问题，提出全体市民共同参与城市住宅的建设工作，政府出台的城市规划与方案需要国民共同参与修改，一切房产开发项目必须符合城市规划的方案。

德国通过实施农业保险制度、农业合作社以及城市规划等工作，有效地促进了德国工农业的发展。19 世纪末 20 世纪初，德国在农业生产过程中已经开始大量地使用机器与化肥等先进的生产资料，有效地提高了土地的利用率，农业产量也大大提升，农民的生活水平也逐渐提高。虽然德国的农业产量有所增长，但是社会的大部分财富还集中在一部分人手中，因此，工业与农业、城市与乡村仍然存在着差距。与德国飞速发展的工业相比，农业的发展还是非常缓慢。

---

① ［德］维纳·洛赫. 德国史（中册）［M］. 北京：三联书店，1959：540.
② 张仲福. 联邦德国企业制度［M］. 北京：中国法制出版社，1990：67.

2. 德国城乡关系的调整

进入中期阶段，德国的工业与农业在发展过程中艰难前行。1910 年德国人口总数达到了 6 492.6 万人，农村人口占 40%，城镇人口占 60%[①]。自 1914 年到1945 年，这几年间德国经历了两次世界大战，农业产量逐渐下降，人口也逐年减少，城市的发展遇到了"瓶颈"，农村变得越来越萧条，城乡居民生活质量悬殊，城乡差距越来越大。

这一时期德国城乡关系主要表现在以下几个方面。第一是工业与农业的生产严重衰退。经过两次世界大战的德国经济进入了严重危机阶段，工业生产几乎停滞，农业产量也逐年下降，工业生产指数也出现明显的下滑。第二是德国的城市发展几乎停滞。1945 年二战结束以后，德国的城市遭到了严重的破坏，近四分之一的房屋建筑受到了严重的损坏，很多道路、桥梁以及公共设施已经完全瘫痪。在这种物质极其缺乏的情况下，德国的物价飞速上涨，同时也遇到了前所未有的通货膨胀。有记者描述："柏林没有住宅，没有商店，没有运输，没有政府建筑物。"[②]德国的城市居民面对战争后城市的悲惨状况，很多居民丧失了对德国未来发展的信心，决定移居其他国家生活，因此大量的城市居民开始移居国外。同时，德国部分农业人口转移到了城市，在这种状况下，德国城市的就业问题、社会治安问题、资源流动问题，以及生态环境问题等，都给德国的发展造成了巨大的压力。第三是德国城乡矛盾的加剧。在 20 世纪的上半段，由于德国经历了两次世界大战以及严重的经济危机，农业生产遭到了严重的破坏，从事农业生产的劳动力以及肥料都出现了严重的匮乏，相关的农产品自然出现大幅度下降。面对这种严重的经济危机，很多大、中、小农户无法承受这种巨大的经济压力，不得不选择变卖土地，由此造成了德国的土地主要集中在大农户手中。因此，城乡之间出现了诸多矛盾，如农业与工业之间的矛盾、城市与农村之间的矛盾、各民族之间的矛盾，以及阶级矛盾与社会矛盾等，使得德国的经济社会进入了严重的危机阶段。

德国面对这种严重的经济与社会危机，决定通过快速恢复和重新建立国民经济体系来调节城乡之间的矛盾。德国在 20 世纪 50 年代开始进行改革，建立社会市场经济体制。社会市场经济体制的主要特点是自由竞争的经济模式与国家政府的干预以及社会保障并存，提倡尊重个人自由经济以及经济权利，通过市场机制来合理配置有限资源，同时充分发挥国家的社会经济职能，保障社会公平发展。为了确保社会市场经济秩序的顺利进行，德国政府非常重视社会的公平公正，社会公平公正才能有效提高社会效率，因此，德国城乡关系的发展道路始终坚持城乡等值发展，并没有像其他发达国家一样——先发展城市、后发展农村。城乡等值建设最早开始于巴伐利亚时期，城乡等值的要求是

---

①　肖辉英. 德国的城市化、人口流动与经济发展 [J]. 世界历史, 1997 (05)：67.
②　[美] 科佩尔·S. 平森. 德国近代史（下册）[M]. 北京：商务印书馆, 1987：709.

使城市与乡村能够享有相等的条件与资源，着重改善农民的生活条件，提高农业的生产，完善农村的生态环境，传承乡村文化。城乡等值的主要内容包括土地的规划、片区的规划、机器化的耕作方式、农产品项目开发、农村基础设施的建立，以及农村公共事业发展等各个方面。[①]经过漫长的城乡关系调整，德国目前实现了城乡协调发展，实现了城乡等值的发展目标。

第一，建立城乡空间发展规划体系。德国是世界上最早建立城乡空间发展规划的国家之一，其目的是均衡城乡之间的差距，使城市与乡村的居民能够过上平等的生活，因此，德国决定通过立法的形式，建立了一个相对比较完善的城乡空间发展规划体系。德国是联邦制的国家，主要实行三级行政管理体制，分别是联邦政府、州政府以及地方政府，由此，空间规划也分为三个层次。联邦层面的规划法规具有最高的权威，州层面的规划应依照联邦规划的法规而制定，其中最著名的是巴伐利州的《城乡空间发展规划》，市镇层面的规划应结合联邦规划法规以及州层面规划法规来具体细化。具有法律保障的城乡空间规划体系始终坚持以空间的可持续发展以及部分共同价值的生活关系为指导，将区域城乡经济的协调发展作为德国各级政府的共同任务，为德国城乡关系协调发展提供了强有力的保障。

第二，实施城乡等值的发展战略。自第二次世界大战以后，德国的经济遭到了严重的破坏，农村、农业、农民的问题非常突出。农村的发展相对滞后，农业的产量严重不足，农民的生活条件十分艰苦，农村医疗与公共设施极不完善，交通处于瘫痪，致使大量的农民转移到城市中来，造成城市人口剧增，增加了社会负担。在这种经济社会背景下，德国赛德尔基金会提出了城乡等值化理念，同时在巴伐利亚州进行了实验，并取得了成功。巴伐利亚州是德国相对落后的地区，农业发展也十分落后，但是通过城乡空间规划战略的实施，有效改善了农村的基础设施建设，产业结构得到了调整，最终缩小了城乡之间的差距。与德国其他地区相比，巴伐利亚州的经济增长率较高，失业率较低，创造能力较强。[②]德国的城乡等值发展模式影响到了欧洲各个国家，成为欧洲国家农村发展的典范。城乡等值发展的核心思想是使得城市与农村的生活条件、基础设施、劳动就业机会、收入水平、居民生活环境、文化建设，以及社会保障等各方面都处于平等的地位，因此，在城乡等值建设的过程中，德国政府始终重视农业与社会服务等各方面的发展。1965 年德国政府颁布了《建设法典》，其中明确了农村的规划与发展目标，通过法律完善农村的生产与生活条件。德国政府实施的区域规划和县域规划有效地保障了农村

---

① 李建军、周津春. 科学技术与农村发展政策 [M]. 北京: 中国农业大学出版社, 2012: 258.

② Aline Kuntz. Regional Differentiation in the Federal Republic: Conservative Modernization in Bavaria [J]. German Studies Newsletter, vol. 8, 1986, p. 16.

公共基础设施的有序进行。德国倡导的是全民共同参与，无论是在公共基础设施建设，还是农民住宅方面，都采用联邦政府、地方政府以及农民共同承担的原则。德国的联邦政府与地方政府承担大部分，农民则承担小部分的投资。德国农村的公共基础设施与城市实行同等的收费管理制度，无论是在供水、供电、供热，还是在垃圾处理等各个方面都享有同等的待遇。同时在教育方面，德国的农村幼儿园及小学的教育设施相对比较完善，城乡的教育差别并不是很大。尤为突出的是，德国注重保护历史文化资源，在农村建设发展过程中，农村基础设施的完善以及村庄的改造都结合了自然景观的元素，在建设中强调的是个性设计和整体协调的原则，并且始终保留原生态的文化元素，保护古老建筑的初始状态，将农村建设成了具有独特韵味，同时充满文化气息的各自不同的小镇。德国的城乡等值化建设引起了各国的关注。

第三，建立区域财政平衡制度。德国的法律规定各州的财政实力应该具有适当的平衡。德国政府颁布了相关财政法律，通过运用纵向平衡与横向平衡这两种方式来调节财政的收入与分配。联邦政府对各个州的财政支出有两种方式，其一是调整增值税的共享比例，其二是提供专项拨款。对于一些比较重要的项目，政府会实行特殊补贴。德国联邦政府 60% 的投资资金都流向了经济欠发达地区。[1]德国对公民个人及公司实施了团结附加税的政策，其所得的税收主要用于养老、失业险、公共修建、环境治理和城市的改造等各个方面的项目。这一政策很好地保障了各州居民的生活质量，从而缩小了城乡之间的差距，在稳定社会发展的同时解决了很多内部的矛盾。

第四，推进工业与农业的同步发展。为了促进国家的全面发展，解决最根本的粮食问题，德国非常注重工业化的发展带动农业的发展，最终使农业实现现代化。首先大力实施农业大规模化经营，从而降低其生产的成本，有效地提高了劳动生产率。1955 年德国制定了相关的农业法律法规，农民的土地可以自由买卖，积极鼓励农业实施合并经营管理，同时，政府对零散的土地进行集中整治，有效地减少了农场的数量，确保农业可以大规模经营，提高了生产效率，改善了农民的生活质量。1949 年至 2002 年，德国农场的平均面积从 8.06 公顷增加到了 30 多公顷，农场数量也从 165 万个缩减到了不足 50 万个。[2]德国政府在实施大规模经营的同时，通过财政及信贷等措施来调整农业的生产方式，如积极鼓励农民将土地出售转向非农业，对即将退休的农民鼓励提前退休，并对农民提供价格的补贴等，这一系列措施在农业的改造中被称作革命的变化。[3]其次，积极建立农村合作组织，从而有效提高农业的生产效率及产业水平。德国作为世界首先提出

① 孙来斌.德国国家治理的经验与启示[J].人民论坛，2016（01）：79.
② 参见刘英杰.德国农业和农村发展政策特点及其启示[J].世界农业，2004（02）：36.
③ ［德］卡尔·哈达赫.二十世纪德国经济史[M].北京：商务印书馆，1984：156.

农村合作社的国家，在农村的各个地区都遍布着农村合作社，主要为农业劳动者提供生产、加工、销售、信贷以及信息咨询等各方面的服务。农业合作社有效地增强了农业生产与销售的组织化程度，同时加强了德国农产品的竞争力，减少其农业成本，大大提高了农民的收入，缩小了城乡之间的差距，促进了农村经济的发展。德国工业的发展有效地带动了农业现代化的进步，仅用短短几十年的时间，德国的拖拉机与收割机就普遍应用到了农业生产中。20世纪70年代，德国将电子、遥控和激光等先进技术运用到了农机当中，大大推动了农业的机械化发展。到90年代，德国逐步开展了精准农业，将地理信息系统、定位系统，以及卫星遥感技术与农业生产紧密地结合起来。这种运用现代技术的农业不仅减少了生产成本，还有效地提高了生产的效率，同时有利于农村环境保护和农业的可持续发展。

第五，发展"去中心化"的城镇化模式。德国的城镇化进程与其他发达国家一样出现过大量农村人口转移至城市的现象，城市人口数量不断扩大。在德国工业化的带动下，一些具有地理和环境优势的村庄首先发展起来，而原来一些如柏林、汉堡等具有优越的地理和环境资源的大城市逐渐转为世界型大都市。1910年，德国的城市人口比重已经超过了60%，达到10万人以上大城市的人口占全国人口的比重接近21.3%。[1]这种以城市为中心的城镇化模式有效地推动了德国经济的发展，但是发展的同时也带来了严重的环境污染、交通拥堵等一系列问题。20世纪50年代以后，经过第二次世界大战的洗礼，德国改变了传统的城镇化模式，转向了一种新的城镇化发展模式，这种新的发展模式主要是"去中心化"，与城镇化过程中的中心化相比而言，特指的是将功能、权利、人口或者资源从一个中心进行重新分配或者分散的过程。[2]德国的"去中心化"的发展主要注重的是大、中城市与小城镇的均衡发展，减少因过度集中发展而带来的"大城市病"，拉大了城乡之间的差距，形成一种多元化的城市，城市的多中心均衡发展。同时，政府提倡小城镇化的发展，自1965年开始，德国逐步开展了具有特色的、功能明确的、产业特点突出的小城镇，同时城镇的人口数量都在一定范围内。这种"去中心化"的发展模式有效地改变了德国城市体系的结构，促进了大、中、小城镇的发展，增强了城乡之间的互动，从而缩小了城乡之间的差距，形成了一种城市均衡发展、城乡等值发展的新面貌。

第六，完善农业社会保障制度。德国农村的社会保障落后于城市的社会保障，自第二次世界大战以后，随着农村经济逐渐稳定，德国开始逐步完善农村的相关社会保障制度，1957年，德国政府颁布了《农民老年救济法》，主要针对农民进行救助，1972年开

---

① 简新华，何志扬，黄锟. 中国城镇化与特色城镇化道路[M]. 山东：山东人民出版社，2010：107.
② 转引自蒋尉. 德国"去中心化"城镇化模式及借鉴[J]. 国家行政学院学报，2015（05）：113.

始出台农村医疗保险政策，为农民的生活提供了有力的保障。20 世纪 80 年代以后，德国政府相继出台了各种社会保障法，通过法律保障了农民的生活质量，经过多年的完善与发展，德国基本建立起了相对比较完善的社会保障体系和相应的监督体系，有效地保障了农民的利益，提高了农民的积极性。只有城市居民和农村居民享有同等的社会保障，城乡之间的差距才能从根本上得到解决。

第七，发展城乡职业教育。德国的职业教育在世界范围内都占有领先地位，具有独特的"双元制"职业教育体系。国家倡导职业教育在企业和非全日制职业院校同时推进，企业主要是培养技能，职业学校主要传授理论知识。德国相关法律规定，必须要经过基础教育后再进行三年的农业职业教育，才能成为职业农民。在德国，要想成为正式的农民，必须在经过相关的理论学习和企业的实践之后，通过全德的职业资格考试，成绩合格才能取得证书。德国的职业教育主张免费的原则，其教育经费相对比较稳定，主要由邦政府和州政府提供，一般占国家教育投资的15.3%。[①]德国"双元制"的教育体制和职业资格证书的实施，有效地提高了农民的整体素质，并为农业现代化的发展提供了有利的人才基础，在满足德国农业现代化发展的同时，提高了农民的生活水平。根据相关部门统计，德国农民中受到过农业高等教育的人占 10%，受过职业进修教育的人占 59%，具有中等职业教育学历的人占 31%，通过职业资格考试并获得证书的比例有22%。[②]

第八，完善城乡环境保护的法律法规。德国的城乡生态环境发展是在平衡经济与环境保护、市场与社会的矛盾中逐渐形成的。20 世纪 70 年代，德国主要采用先污染后治理的模式，随着工业化的发展，德国遭遇了严重的环境污染，自然生态环境遭到了破坏，同时严重影响了居民的生活质量。德国政府出台了相关的法律法规，治理严重的环境污染问题，在农业方面，也颁布了多种法律法规来保护农村的生态环境。在农村的建设过程中，政府将环境问题置于首要位置，规定 50 人以上的村庄必须要起建立水污染处理设施。近几年，由于德国政府对环境污染的高度重视，农村的房屋主要采用节能设施，增加了对新能源的利用，城乡的生态环境整体上得到了改善，城乡生态环境呈现出和谐的一面。

（三）日本以城养乡的发展

1868 年明治维新以后，日本受到欧美工业化国家的影响，在近代开始加快日本城市化与工业化的进程，成为亚洲第一个实现城乡发展一体化的国家。20 世纪 50 年代以前，日本的城市化发展水平还处于相对比较落后的局面，第二次世界大战的爆发以后，日本

---

① 宋洪远. 中国新农村建设：政策与实践［M］. 北京：中国农业出版社，2012：212.
② 丁声俊. 德国：培育现代职业农民很用心［N］. 中国经济导报，2015-07-08.

的经济开始快速地发展起来，城市化水平不断地提高，逐渐达到了发达国家的城市化水平。

日本的城乡关系大致可分为以下几个时期。第一时期是 1868 年至 1920 年，城乡关系处于城市化与工业化的初期阶段，日本在初期阶段是一个相对比较落后的封建农业社会，国家整体经济发展相对较慢，自从明治维新以后，日本的经济得到了一定的发展，逐渐进入了资本主义的社会，国家战略从农业逐步向工业转变，这一阶段，日本的城乡关系主要是依靠农业增强工业，乡村孕育城市。日本政府采取一系列措施加快农业的发展，通过征收农业税来增加资本剩余，从而为工业的发展提供有利的条件。城市的繁荣主要是依靠收取较高的农业税，同时榨取农业剩余而逐步发展起来的。相关资料表明，1900 年日本政府收取的农业税占总份额的67.9%，到 1920 年农业税的占比降低到了48.3%。[①]在此阶段，日本政府同样重视公共基础设施的建设工作，为国家经济社会的发展提供了一定的基础。日本政府在积极推动工业发展的同时，推出相关政策来实现农业生产技术的改良，改变了日本农业长期的落后地位，提高了日本农业的生产水平，农民的生活水平也得到了一定的改善，日本农村的生活面貌得到了有效的调整。日本政府通过农地的开发与调整，使得农地的面积得到了大幅度的提高：经过不断的努力，到 1920 年，日本的耕地面积已经达到了 500 万公顷。[②]农业的发展为工业的进步提供了大量的资源，同时工业的进步有效地带动了城市化的初步发展。日本的城市人口渐渐地增多，城市化的水平也在不断地提高。日本自明治维新以后，为了更好地发展教育、科学合理地规划土木工程建设工作，对生活困难的居民进行帮助，采取了户籍登记，从而增强行政管理。在 1886 年，日本政府开始全面实施小学义务教育制，每个地区建立一所小学，全面实施町村合并，由于市町村在短时间内合并极多，产生了很大的影响力，历史上称为明治大合并。

第二时期是 1920 年到 1950 年。这一时期日本工业化的发展相对比较迅速，进入了工业带动农业的发展阶段。在一战期间，日本的经济得到了快速的发展，产业结构也慢慢地发生变化。自 1920 年开始，日本逐渐进入了重工业的发展阶段，农村大量的劳动力转移到城市从事工业生产，日本的耕地面积经过整理得到了扩大。1922 年，日本开始逐步推广、运用排水改良技术，同时引进了各种先进的技术，包括新型的农业用具等，开始全力发展灌溉事业，1937 年，快速地形成了日本四大工业带。[③]1938 年，日本开始进行农村土地改革，主要是为了废除原有的封建土地制度，逐步实施农村的土地私有化。

① 施虹.日本在工业化进程中对农业的支持与保护［J］.世界农业,1997(07):7.
② 刘洋.日本城市化过程中农地保障政策及对中国的启示［J］.社会科学辑刊,2016(01):109.
③ 郝寿义,王家庭,张换兆.日本工业化、城市化与农地制度演进的历史考察［J］.日本学刊,2007(01):82.

1946 年，日本颁布了《农地改革法》，并对土地制度进行了改革，废除了地主阶级的土地所有制，确定了资本主义发展的自耕农制度。这一阶段，日本处于战后的恢复阶段，海外市场比较萧条，国内的税收逐步增加，日本的工业以及农业发展十分困难。

　　第三个时期是 1950 年到 1977 年，这一时期随着朝鲜战争的爆发，日本作为欧美国家的战略物资基地，其经济得到了快速的发展。二战中，日本曾呈现出农村的耕地无人打理、城市的发展相对滞后的状态。1950 年以后，日本的国际形势发生了变化，经济的发展有了新的突破口，通过向国外出口，经济得到了飞速的发展，并走向了现代化的发展道路。日本在发展过程中主要重视化工业、商业以及金融业等具有服务性质的行业，这些行业主要集中在相对较大的城市和沿海地区。同时，也在这一时期创造了日本城市化与工业化的历史奇迹，逐步实现了农业、农村的现代化。在第二次世界大战以后，日本先后进行了两次农村土地改革，政府慢慢地收购了地主的土地，并将这些土地卖给农村的农民，其主要目的是将原来的封建土地制度转化为自耕形式的现代化土地制度，从而有效地提高了农村农业的生产效率，增加了农村居民的收入，改善了农村居民的生活条件。日本政府1949 年出台的土地制度，主要是通过改造山区，扩大农村的耕地面积，保护农民的自身利益，利用土地制度严格地限制了土地产权的流转。政府出台的这一系列土地制度使得农村、农业的生产效率得到了提高，农村居民的收入也有所增加，但是1960 年以后，日本由于大米生产过剩，使得农村居民的收入发生了逆转，农村居民的收入开始慢慢下降。

　　1960 年到 1970 年，这一时期日本工业与农业之间的差距进一步拉大，日本的社会格局发生了巨大的变化，城市出现"过密化"，而农村出现"过疏化"，并且这种现象越来越严重。[①]城市经济的迅速发展，使得人口与产业都向大城市靠拢，与此同时，工业快速发展，农村开始慢慢衰落，造成工业与农业收入的差距拉大，城乡之间的差距也越来越大，农村的发展也相对滞后。在 1960 年末，日本出现了大米产量过剩，同时农村的耕地面积逐步减少，使得部分农业人口开始向城市转移，在城市从事非农产业，因此，日本的农村呈现出了老龄化严重、年轻力壮的青年人逐渐减少，农村的财政能力下降，公共服务水平也逐渐下降，农村传统的文化与习俗也在慢慢消失。1950—1973 年，日本引进技术达到 21 863 项，累计金额达到 43.56 亿美元。[②]工业化与城市化的水平也得到了相应的提高，大量的农村人口向城市转移。1970 年，日本政府提出了综合农业政策，增强了农产品的商品化，并调整了粮食的价格，改变了农业结构，将工业引入农村地区，制

①　参见田毅鹏. 地域社会学：何以可能？何以可为？——以战后日本城乡"过密-过疏"问题研究为中心 [J]. 社会学研究，2012（05）：184-203.
②　高强. 日本城市化模式及其农业与农村的发展 [J]. 世界农业，2002（07）：29.

定了一系列工、农业政策以及空间政策，同时，还可以解决城乡关系在发展过程中出现的过疏化与过密化问题，缩小了城乡之间的巨大差距。

第四个时期是 1977 年到 1990 年，即日本工业化和城市化的成熟与完善阶段。20 世纪 70 年代，日本受到世界经济危机的影响，国家的经济发展速度相对放缓，政府通过一系列政策将城市的工业引入农村中，其目的是改变城市过密、农村过疏的现象，从而缩小城乡之间的差距。20 世纪 70 年代后期，日本政府大力发展农业的现代化，农业的耕作方式基本上实现全面的机械化。[1]1980 年，日本政府出台了相关的土地利用法规，该法规将日本的全部土地视为 "农业振兴土地"，并对土地的产权进行了扩大，逐渐发展成为开发用地以及设施用地等，同时放宽了农业生产者法人的基本条件。

第五个时期是 1990 年至今。随着产业结构的不断调整，日本的城市化逐渐放慢了脚步。与上一个时期出现的城市过密与农村过疏等问题相比，这一阶段的城乡关系出现了新的趋势，城乡空间呈现出了另一种特征。1960 年开始出现的城市过密现象主要集中在日本的东京、大阪以及名古屋这三大城市中，农村的过疏化主要是指一些偏远的山区和渔村等。1992年以后，关西圈与名古屋等地区慢慢结束了过密化，反而呈现出郊区化现象。第三产业占国民生产总值的比重逐渐地增加，这一时期，日本的城市人口已经基本饱和，1998 年，东京、大阪、名古屋等三大都市人口占全国总人口的 46.8%[2]，因此，日本人口逐步向小城镇及乡村转移，但是这种转移的程度并不是很高，根据相关的考察不难发现，日本农村这种萧条的状况很难逆转，目前，日本农村仍然面临人口老龄化以及人口过疏的严重问题，由此产生了农村发展相对落后的现象。[3]

第二次世界大战之后，伴随日本城市化与工业化的快速发展，农村失去了大量的农业劳动力，因此农村缺乏足够的动力来扩大农业经营规模。随着日本工业带动农业的发展，日本小型农业机械开始迅速发展，缩短劳动时间的同时减少了人力，因此，农民在空闲时间就可以种好地，农户的数量没有减少，反而增加了许多兼业农户。由于城市与工商资本家的竞争购买，导致土地价格飞涨，同时又有大量的农业劳动者不愿意出售土地，最终造成土地所有权转让等一系列严重问题。面对这种严峻的形势，日本政府出台了相应的农业政策，起到了良好作用。

日本采取的工带农、城促乡的发展模式主要包括以下内容。第一是大力发展农业协同组合。为了解决农业经营规模小的不利因素，日本政府在 1947 年颁布相关法律来扶持农业协同组合的发展，同时积极组织农户参与市场的竞争。农业协同组合有效地克

---

① 参见何平均. 日本工业化、城市化与农业现代化的互动发展与启示 [J]. 农业经济, 2012 (06)：9.

② 徐同文. 城乡一体化体制对策研究 [M]. 北京：人民出版社, 2011：46-47.

③ 参见张立. 乡村活化：东亚乡村规划与建设的经验引荐 [J]. 国际城市规划, 2016 (06)：1-7.

服了农业经营规模小的问题，全面提高了社会化服务水平。农业协同组合是把全部农户融入一个合作经济体系，其主要的功能是为农民的生产与生活提供具有综合性质的社会服务，从而提高农业的经营效率。这种综合性服务主要有供应农业生产资料、发展农业基础设施、筹集农业资金、办理农业保险，以及发展农业教育工作等。在供应农业生产资料和发展农业基础设施方面，日本的农业具有高度的机械化、化学化、水利化及良种化的特点，只有在保证农机农具以及化肥等农业生产资料供应充足的情况下利用农业基础设施，才能使整个农业的生产过程顺利完成。农业协同组合为农户提供了农业的生产资料等方面的服务活动。在筹集农业资金和办理农业保险方面，伴随农业产业化发展不断提高，农业的资本集约迅速增加，农业劳动者为了确保农业现代化的顺利进行，每年都要投入大量的资金用来租赁土地、购买生产资料，以及建立更完善的基础设施，同时农业劳动者对这种资金的需求越来越大。农业协同组织解决了资金方面的困难，为农业劳动者提供了筹集资金和农业信贷方面的服务。第二是调整农村产业结构。通过调整农村的产业结构，延长农业产业链，从而提高农业企业的经营效益。为了适应经济结构与农产品消费结构的变化，日本积极调整农业产业结构，逐步由单一的平面农业转向综合的立体农业。农业产业结构的调整主要体现在以下几个方面：一是农业生产结构中农副产品的比重逐年的增加，以粮食为主的传统农业生产结构得到了根本性的改变；二是食品消费结构的改变和消费方式的变化带动了农产品加工工业的发展；三是农产品流通体系越来越发达，以大城市食品批发市场为基础，逐步调整成立了中央批发市场；四是农业、工业以及商业经营模式的多样化。第三是转变需求关系。日本工业化与城市化的快速发展导致大量的农民转移到非农产业，农村的经济结构发生了巨大的变化，同时农产品的需求结构也发生了改变。首先是工业与城市的发展增加了对农产品的需求，其次是农村非农业人口的增长导致农村生产与生活方式的改变。根据相关数据统计，198年非农业劳动力占日本全国雇佣总人数的 14.4%，其中生活在农村的人口占制造业人口数量的30.4%[①]。最后是农产品消费水平的提高与消费结构的改变有效地促进了市场需求结构的变化。

二、发达国家城乡关系发展的经验借鉴

随着工业革命不断地推进，以美国、德国和日本为首的典型发达国家都是在工业化的驱动下开始了城镇化的发展。这些发达国家都经历了多年的艰难探索与实践，最终成为世界上率先实现高度城镇化的国家。这一阶段，城市与乡村经历了从分离到融合，从不协调到协调的动态发展过程。笔者通过分析美国、德国以及日本等国家的城乡关系，

---

① 孙久文.走向 2020 年的我国城乡协调发展战略［M］.北京:中国人民大学出版社,2010:507.

总结出对我国城乡关系发展有益的经验。

（一）高度重视"以城哺乡"的战略地位

美国、德国和日本等发达国家的城乡关系，都是以传统农业为基础而发展起来的，利用工业的快速发展有效地带动经济的发展。从总体来看，城市的繁荣与工业实现现代化几乎是同步的，通过工业的发展带动农业实现现代化，农业与工业呈现出互动发展的特征。在城乡关系发展的初级阶段，农业也处于相对落后的地位，通过为城市的发展提供各种服务来积累大量的资源，为工业化与城市化提供必要的基础，而工业剥削农业，城市掠夺农村，最终造成了严重的城乡之间的差距。若是国家对这种城乡差距置之不理，那么就会产生严重的社会矛盾，影响整个社会的有序发展。因此，美国和德国等发达国家随着问题的不断加剧，采取了相应措施来缩小城乡之间的差距，同时对城乡关系发展过程中存在的矛盾与问题逐渐进行解决，从而促进城乡协调发展。

上述三国均实施"以城哺乡"，加快农村经济的发展，从而改善农业的生产条件，提高农村居民的整体生活水平，进而缩小城乡之间的差距。美国在协调城乡关系的过程中，主要采取的措施是对农产品进行政策补贴，对全民实施社会保障制度，同时针对城乡的环境污染进行了治理，这一系列反哺措施有效地改善了城乡之间的不协调关系。德国采用的是城乡等值化发展理念，将城市与农村视为一体，通过国家制定的多种相关法律法规、严格且全面的环境污染防治制度以及相对独立的农村社会保障制度，来改善农村的生活环境、农业的生产条件，从而实现城乡之间的协调发展。由此可以看出，在城乡关系的发展过程中，国家为了经济能够得到快速的发展，工业化与城市化的发展相对较快，农村与农业发展相对比较滞后，但是当工业化与城市化达到一定水平时，国家就具备了支持城市反哺农村的物质条件，因此，应通过制定合理的政策与制度，将城市与乡村之间的差距不断地缩小，进而实现城乡之间的健康和谐发展。

（二）选择适合国情的城乡协调发展道路

地理、历史、资源等多种因素都会对城乡融合发展产生一定的影响，每个国家都有其各自的特点，因此，不同国家的城乡协调发展道路各有不同，各个国家在处理城乡关系时实施的措施各有不同、各具特色。美国是一个自然条件相对比较丰富的国家，人口结构比较复杂，但是城乡关系的发展受历史因素的影响较小。在城乡关系发展的过程中，美国比较注重对农村、农业的保护，通过利用先进的技术促进农村经济的发展，使城市与乡村之间相互协调发展。德国受历史因素的影响较重，民族、经济与社会的矛盾比较复杂，经过多次战争的洗礼，经济发展处于相对比较落后的状态。为了改善国家经济，德国逐渐实施社会市场经济，重点强调的是经济效益与社会的平衡，注重城市与乡村的协调发展，并通过相对比较完善的社会保障制度，来促进城乡社会公平的发展。日本的国土面积相对比较小，人口的密度相对比较大，经济高度集中发展，虽然城乡的基本公共服务差别不大，但是农村的老龄化问题严重。日本通过大力发展农业协同组合、调整农村产业结构，以及转变供需关系等措施，来协调城乡之间的关系。由此可见，不同的发达国家具有各自不同的国情与文化，在处理城乡关系的过程中，不同的国家呈现出不同的特点。世界各国在城乡关系发展的过程中都存在各自的问题，虽然有些问题具有共性，但是各国的国情不同，所以城乡的协调路径没有固定的发展模式。任何国家处理城乡关系的方法都需要根据其国家自身的特点以及历史文化进行设计，在不同的文化背景和不同的资源环境下，城乡关系呈现出不同的特点。当历史条件发生改变时，其固有的模式与经验所产生的作用就会消失。城乡关系协调路径的选择必须要依照本国的基本国情与社会条件而决定，因此，中国城乡关系的协调路径必须与我国的实际国情紧密相连，同时遵循社会主义的发展特点，走具有中国特色的城乡融合发展之路。

（三）充分认识城乡协调发展的渐进性

城乡之间的协调发展主要体现在城市与乡村之间的良性互动上，形成一种彼此联系又独立的有机整体。我们从社会主义探索时期到改革开放，再到步入新时代，城乡关系的发展经过几十年的探索，在不同的发展阶段，党对城乡关系的认识存在不同的理解。要想实现城乡之间的协调发展，必须充分认识城市与乡村协调发展的重要性，不能只发展城市，而忽略农村的进步。以日本国家为例，在城乡关系发展过程中，为了改善社会的经济状况，开始忽略农村以及农业的发展，大力发展城市与工业，使得农村处于相对落后的地位。伴随城市的发展，日本政府认识到城乡协调发展的渐进性，首先提出通过工业反哺农业，促进农村经济的繁荣发展。当城市化水平发展到一定高度时，再通过城市的辐射作用促进农村经济的发展，利用先进的工业带动农村、农业的发展，使得城乡之间的差距有明显的缩小。要想真正实现城乡之间的协调发展，就要促进城乡之间的要素进行双向流动，形成一种良性互动，因此，我国在城乡关系发展转变的重要时期，一定要认识到城乡协调发展的渐进性，不能只片面重视城市的发展，忽略农村的经济发展的需要；同时要遵循城市化与工业化发展的一般规律，尊重城乡关系发展的一般规律，科学合理地调整城乡二元经济社会结构，逐渐缩小城乡之间的差距。

第六章　新型城镇化背景下中国城乡融合发展的实践路径

城乡关系的协调发展应以马克思主义城乡关系理论为指导，通过分析西方发达国家的城乡关系发展的一般规律，总结并分析中国特色的城乡关系，结合从二元结构到城乡融合演变过程的实践经验，根据我国新时代经济社会发展的特点以及社会发展过程中所面临的问题，做出一个科学合理的选择。本章笔者将聚焦于阐述新型城镇化背景下中国城乡融合发展的实践路径，对"怎么做"做出解释。具体包括：对城乡融合的实践发展进行理论反思；阐述城乡融合发展的实践条件；提出城乡融合发展的具体发展路径。要想实现城乡关系的协调发展，必须树立科学的城乡融合发展理念，促进城乡之间要素的自由流动，平等配置资源，促进城乡差距逐步缩小，补齐农业短板，促进城乡产业协调发展，完善规划编制，促进城乡空间有机融合。

一、新型城镇化背景下中国城乡融合发展的实践反思

要实现城乡融合发展，一是要立足农民本位来实现乡村振兴，消除乡村边缘地位而促进城乡融合；二是要以生态文明发展为原则，摒弃"千村一面"的发展模式，保留乡村风貌。

（一）立足农民本位

真正共同体是"人的全面自由发展"的体现，乡村振兴的本质是回应"民众的诉求和期待"，所以，城乡融合发展最重要的一点就是要以人为本，立足于"农民本位"，回应"民众的诉求与乡村的需要"。

从农村、农民的角度来看，当下"三农"问题更多的是由于工业化时代农业、农村、农民与社会发展的脱节。农村落后多是由于工业对农业的挤压与汲取，导致农村"空心化"以及生产生活能力的欠缺；农民的贫困更多的是由于农业收入无法满足市场化的教育、医疗等基础生活保障支出的增长，消费主义不断侵蚀农民原本勤俭的乡土文化，物的联系逐步取代人的联系，农民群体利益诉求得不到满足，就会导致社会矛盾激化。因此，以"乡村本位"为基础，立足村民需求重塑乡村社会的生态文化和价值观念，以回应民众的诉求与乡村的需要，对促进城乡融合发展尤为关键。

"新时代乡村振兴战略实施过程中坚持农民主体地位就是要坚持农民是乡村振兴实践的参与主体、成果的享受主体和效果的评价主体。"[①]农民作为乡村振兴的主体，是我国乡村社会矛盾转变的必然结果，党的十九大报告指出，我国社会主要矛盾已经转变为人民日益增长的美好生活需要和不平衡不充分的发展之间的矛盾。乡村作为我国社会的组成部分，"新时代我国乡村社会主要矛盾也随之转变为农民日益增长的美好生活需要和城乡发展不平衡不充分之间的矛盾"[②]。因此，城关融合发展必然以农民为主体，截至2018年底，我国农村常住人口仍有5.6亿[③]，如此庞大的人口即便按照发达国家80%的城镇化率来计算，仍有近三亿人常住于农村。中国的国情表明农民作为我国人口结构的重要组成部分，没有农民发挥自身主体作用，城乡融合不可能实现，乡村振兴更是无从谈起。

（二）保留乡村风貌

可以说，立足"乡村本位"是城乡融合以人为本的发展诉求，是城乡融合发展价值内核的体现。城乡融合发展还须坚持生态文明的发展思路，保护农村特有的风土人情，保留乡村风貌。

城乡风貌是由地理位置、自然环境、现代与传统文化等综合交织、碰撞而成的，不仅是看得见的景观，还蕴含着地区特有的精气神，其独有的民俗文化更是城乡特色的显现。[④]多年的新农村建设改善了农村人居环境的同时，也极大地冲击了农村的乡村风貌，由于农村居民对城市文明的向往以及自身有限的审美能力，传统的民居不断被低层小洋楼所替代。人口大量外流背景下逐渐解构的乡村社会，也缺乏对建筑物的建造工艺、戏曲、民俗等非物质文化遗产的传承，比如在传统建筑的翻修中，那些精雕细刻的手工技艺已经被城市工业化的简便建造取代。农村与基层政府对乡村风貌的认知较低，甚至缺乏对传统风貌的认识。"访谈的数据统计显示，高达45%的村民认为，村里没啥有价值值得保留的东西，只有23%的村民认为传统文化和工艺是需要保留传承的，认为传统民居有文化价值的仅占12%。"[⑤]如此一来，不难解释为何乡村风貌消失得如此迅速。

保留乡村风貌，是我们建设美丽乡村的基础，是城乡生态文明发展的体现，是城乡

① 许伟. 新时代乡村振兴战略实施中"坚持农民主体地位"探研［J］. 湖北大学学报（哲学社会科学版），2019（06）：146.
② 许伟. 新时代乡村振兴战略实施中"坚持农民主体地位"探研［J］. 湖北大学学报（哲学社会科学版），2019（06）：148.
③ 国家统计局. 2018年国民经济和社会发展统计公报［EB/OL］. http://www.stats.gov.cn/tjsj/zxfb/201902/t20190228_1651265.html.
④ 吕斌. 美丽中国呼唤景观风貌管理立法［J］. 城市规划，2016（01）：70-71.
⑤ 张立，王丽娟，李仁熙. 中国乡村风貌的困境、成因和保护策略探讨——基于若干田野调查的思考［J］. 国际城市规划，2019（05）：64.

融合良性发展的结果。乡村风貌作为难以量化的"公共财产"，是绿水青山的重要组成部分。对传统的传承需要重塑文化自信，农村西式建筑的盛行与"千村一面"的风貌固然存在规划建设的不足，但也与居民对传统文化自信的缺乏有关。乡村风貌应是传统与时代的结合，离不开地方特质与时俱进的表现，村民作为村庄建设的主体，其建设地点、造型风格包含了地方特色与个人审美的倾向。乡村建设也离不开社会共建，随着城乡融合发展，政府、社会资本与村民等多元化的村庄建设主体必然带来乡村风貌的复杂化，这时，民间团体、规划设计人员的技术支持显得尤为重要，可以有效地弥补政府管理的空白。

二、新型城镇化背景下中国城乡融合发展的实践条件

中国城乡融合发展以建构"城乡共同体"为目标，主要包括利益共享的发展理念、互惠互利的发展思路，以及共生和谐的发展格局。不过城乡融合的良性发展的还需要依托特定的发展环境以及发展模式，也就是城乡产业融合与政策制度的支持，这就构成了城乡融合发展的实践条件。

已有的实践表明，单一的城市或农村发展战略无法实现城乡间协调稳定的发展，也无法实现乡村的振兴。城乡关系作为社会发展不可回避的难题，唯有推行城乡融合的发展理念才是二者间协调稳定发展的现实选择。然而，现行城乡二元结构依然突出，农业产业发展缓慢，如何建立起城市与农村产业融合机制，带动第一产业发展呢？应该说，城乡间产业融合作为城乡融合发展的纽带，以一二三产业下乡推动农业现代化和多产业间功能及技术互补，催生农业发展新业态，改变农民职业角色定位等方式推进城乡融合发展显得尤为重要。具体来说应涵盖以下几个层面。

第一，利益共享的内在本质。城乡之间利益的合理配置与分享是城乡融合发展的前提，即通过城乡产业融合与发展促进城乡的利益与资源的共享。"一二三产业融合"的核心在于第一产业（农业）的发展，需要拓展农业产业功能，提高农业产业效益。一方面，应通过延伸农业产业链，从农产品生产、流转、销售等多领域入手，通过产业整合提升农产品附加值，比如说，可以通过农业"龙头"企业主导，发挥企业优势地位，带动农户参与市场竞争，以政策、科技提升农产品的附加值，打造全产业链的利益共享；另一方面，可以拓展农业功能，挖掘农村乡土风貌价值，开展乡村旅游、休闲农场等模式，扭转农业农民的角色定位，共享新型农业收益。通过在城乡产业融合中保留乡土风貌，注重中国传统文化的继承与发展，实现城乡以生态文明发展为原则的良性融合发展。

第二，农业附加值提升的外在表征。农产品与工业产品不同：其一，作为生存必需品，农产品（粮食）可以满足人类最基本的生存需求；其二，由生存必需品衍生出国家公共物品这一属性，保障国民的粮食需求是国家的核心义务之一；其三，农产品（粮

食）的供给来自人与自然的交互，科技与人工仅能加速或保障这一程序的顺利演变，人类参与农品产品的生产却不能主宰这一过程，因此农产品（粮食）具备自然品的特征。

上述总结远不能涵盖农产品重要且复杂的属性，"在以发展为中心的时代，粮食的属性被扭曲，农业功能被单一化，农村社会普遍凋敝"[①]。三产之间的市场与生产要素的自由竞争，农业刚性的市场需求下经济缺乏弹性、长周期的生产下对风险缺乏抵抗力使得第一产业的资本收益不可能高过第二、三产业。城乡产业融合则是以农业为基础实现一二三产业融合，在发展的过程引入外部资本与技术，提升农业自身资本的流动性，创造更高的价值，其外在表征就是农产品科技含量增加、农业附加值的提高，以及农民收入水平上升。

第三，创新的实践路径。2015年的中央1号文件，即《中共中央　国务院关于加大改革创新力度　加快推进农业现代化建设的若干意见》（中发〔2015〕1号）提出要推进农村一二三产业融合发展，2018年4月，国家发改委发布了《农村一二三产业融合发展年度报告（2017年）》，随着农村产业融合经验的总结，休闲农业、乡村旅游、农产品流通及农村电商等做法成为产业融合的典型实践路径。例如，张琳晓就对黄岩特色小镇与三产融合发展新型模式进行了实证研究[②]，指出这种特色小镇保存了原有的自然村的特色，以农村特色文化为主的观光小镇与现代服务业融合，有机地统一了乡村风貌与现代文化需求，农户在家就可以参与产业融合发展。特色"龙头"企业的带动引导现代化农业生产，综合性农业小镇的建立提高农业农村竞争力。熊爱华、张涵对农业经营主体视角下农村一二三产业融合模式进行了案例分析[③]，指出，一方面，农业经营主体基于传统农业资源拓展农业功能，利用生态文明发展下的地域特色与乡土传统的统一发展休闲、旅游农业，利用外部资金激活农村沉淀资本，从而丰富农业农村资源、技术，推动三产深度融合；另一方面，通过现代技术提高农产品附加值，利用农村电商强化农产品销售推广，结合乡村振兴对农村基础设施的改善创造良好的农产品流通环境，通过电子化、网络化发展跨越原有的产业边界，实现以特色农业产业为核心、多种产业发展相融合的新型城乡产业融合发展。周立、李彦岩、罗建章对四种样态下代表性村庄产业融合过程进行了分析[④]，强调起始型村庄产业融合发展缺乏延续性，主要在于优质资源的空缺极度依赖外界输入，专业型与休闲型村庄在产业融合中未能做一二三产业的均衡发展，与理

① 周立, 潘素梅, 董小瑜. 从"谁来养活中国"到"怎样养活中国"——粮食属性、AB 模式与发展主义时代的食物主权 [J]. 中国农业大学学报（社会科学版）, 2012（02）: 24.
② 张琳晓. 以特色小镇引领农村三产融合发展 [J]. 合作经济与科技, 2019（24）: 50–51.
③ 熊爱华, 张涵. 农村一二三产业融合: 发展模式、条件分析及政策建议 [J]. 理论学刊, 2019（01）: 72–79.
④ 周立, 李彦岩, 罗建章. 合纵连横: 乡村产业振兴的价值增值路径——基于一二三产业融合的多案例分析 [J]. 新疆师范大学学报（哲学社会科学版）, 2020（01）: 1–10

想型村庄相比，产业融合发展程度低，农业功能性较为单一，不具备通过已有存量资源弥补空缺的关键能力，乡村业态僵化造成经济价值增长缓慢。理想型村庄通过均衡的产业融合发展，实现了农业的多功能性与市场需求的结合，创新的乡村新业态在增强了农业、农村竞争力的同时，也实现了经济价值的飞跃性增长，以良性发展格局实现城乡产业融合发展。

三、新型城镇化背景下中国城乡融合发展的实践路径

（一）树立科学的城乡融合发展理念

1.厘清城乡关系，保证城乡融合正确方向

城乡二元结构和城乡之间发展的巨大差距是中国不平衡、不充分发展的一个长期问题，更是一个突出问题。倡导城乡融合发展，就是要改变农村的发展只是农业的发展、农村的功能只是提供农产品的传统观念，就是要改变城市抽农村血、城市主导农村的发展模式，树立"城乡等值""共存共荣""共建共享"的新理念，使城乡之间的关系回到最有利于经济社会发展的理想轨道。

（1）坚持"城乡等值"发展

习近平关于城乡融合发展的论述是在市场经济体制下对城乡关系的重新塑造，丰富了马克思主义的理论宝库，标志着城乡关系进入中国特色社会主义新时代。[①] "城市偏向"的旧思维已经难以为继，城乡融合发展亟须树立新的城乡思维来引导，才能使城乡关系走上健康、科学的发展轨道。主体间性的视角下的"城乡等值"思维，旨在将城市和乡村两发展主体置于平等的地位之上，在承认差异的基础上，看到城市与乡村各自的比较优势，明确城市和乡村两主体都是实现经济社会健康发展不可或缺的重要支撑。因此，必须要重塑城乡关系，坚持"城乡等值"理念，走城乡融合发展之路，化原来城市优先的"单向度"思维为双向对流、互补均衡的城乡等值理念，在城乡交流、资源配置和发展策略上，从城乡一体角度出发，为城乡融合发展创造条件。

（2）坚持"城乡统筹"发展

习近平在主持中共中央政治局第八次集体学习时就特别强调："在现代化进程中，如何处理好工农关系、城乡关系，在一定程度上决定着现代化的成败。"[②]城乡统筹发展体现的是统筹思维、整体思维，要想真正打破城乡二元壁垒，还是要以统筹城乡为切入点，这是新时代促进我国经济社会协调发展、实现城乡一体化发展的必由之路。新时代

---

① 徐祥临. 新时代城乡关系与推进之路——习近平总书记"城乡融合发展"思想的历史性贡献[J]. 国家治理, 2018
（14）：20.

② 习近平在中共中央政治局第八次集体学习时强调: 把乡村振兴战略作为新时代"三农"工作总抓手 促进农业全面升级农村全面进步农民全面发展[N]. 人民日报, 2018-09-23.

是实现城乡融合发展的时代，全新的战略思路和发展布局，不能再像以前那样，从单一角度来改善城乡关系，尤其是不能在发展过程中发现城市发展慢了就促进城市发展、乡村成为短板了就发展农村，而应该扩大到整个城乡大格局，强化统筹谋划和顶层设计，统筹城乡的空间规划，统筹城乡资源配置，统筹城乡动力机制，通过城乡统筹，为城乡之间的互动交流创造条件，真正发挥以工哺农、以城带乡的发展效能，既促进了城市进一步发展，又促进了农村发展短板的弥补，使城乡二元从隔阂对立变为配合互补，两者相得益彰，实现共同发展、繁荣发展。

（3）坚持城乡共享发展

推进城乡融合发展、一体发展，促进城乡共享，其根本目的就是要在城乡地位平等的基础上，通过资源共享、发展机会共享、公共服务共享和发展成果共享，逐步缩小城乡差距，实现城乡的共同繁荣与进步。城乡共享，既是城乡宏观两大主体间的有机统筹，更是生活在城乡两大地理空间下的城乡居民对城乡资源的平等共享。随着经济社会的不断发展进步，人民对美好生活有了更强烈的需求，有了更大的期待，人们寄希望于通过共享发展、城乡融合发展、一体化发展来获得更多的幸福感和满足感，实现小康追求，实现共同富裕。为此，要树立城乡共享、城乡平等的发展理念，彻底破除城乡之间二元阻碍，取消户籍制度背后的种种不平等待遇，使城乡各类主体都能拥有平等的权利义务和发展机会，真正公平地分享改革的成果，不断提升人们获得感、幸福感和安全感。

2.深入开展宣传教育引导，促进理念转变和社会参与

只有在人民群众的支持下，制度才能落地生根，而获取人民群众的支持的前提，是其能够真实体会到新理念，能够切实保障自身权利，并能自觉外化为行动，支持经济社会发展和促进社会的进步。如今城乡融合发展在现实推进中有许多矛盾和问题，有不少是因为人们观念守旧，没能及时转变理念造成的。为此，我们要及时地、广泛地开展宣传教育，调动起人们为社会主义建设作贡献的积极性，促进全社会观念和理念的与时俱进，树立正确的城乡关系发展观，促进政策的落地，建设共享型社会。

（1）着力培育和打造城乡文化共同体

随着经济的不断发展，人们的需求也在不断提升，尤其是全面小康社会的建成，人们的发展需求已经不仅仅满足于生存型发展需求，还有发展型需求甚至对更高层次的发展有了更多的期盼。享有和城市一样的公共文化服务，是新时代农村居民的发展需求，也是乡村振兴发展的内在要求，是文化小康的重要标志。城乡融合的过程必然包含着文化的融合，文化的融合是城乡融合的真正内涵所在，没有文化的真正融合，城乡之间的二元"沟壑"就永远无法跨越，城乡之间就不可能实现互补发展。首先，全社会应着力引导全体社会成员树立正确的城乡文化观。社会主义核心价值观内含着社会公平正义这

一价值追求，其追求的公平正义与共享发展和城乡融合发展具有内在的统一性，赋予了新时代城乡文化更深层次的内涵。因此，政府应该以城乡融合破除城乡二元发展为契机，用好共享发展这一全新理念，在全社会积极践行社会主义核心价值观，以社会主义核心价值观涵养城乡文化建设。共享发展理念对社会主义共同富裕思想的继承和发展，是实现社会公平正义的路径支撑。其次，政府要转变过去那种"重发展速度、轻发展质量"的发展思维，更加重视内涵发展，将新时代新发展理念作为发展引领，走城乡融合发展之路，使城市文化与传统的乡村文化在文化碰撞中推陈出新，注重特色发展，打造文化名片，避免盲目推进、最后出现"千城一面"的尴尬局面。

（2）进行适度的"主体意识"培育

人民是国家的主人，从改革发展历程来看，在推动改革的过程中，很多都是从农民这里获得真实呼声进而有针对性地启动的，因此，在新时代共享发展理念背景下，强调全民共享就需要公民个体明确主体意识，树立共享意识和城乡融合意识。首先，增强社会主人翁意识，明确个体主体意识。城乡融合发展、共享发展所需要的公民意识就是权利义务统一意识。人的需要是不断发展的，从生存型需要被满足开始，一个需要的满足又会催生新的需要，而进入新时代人们对美好生活又有了更多享受型和发展型的需要。从主体意识的产生来看，其并不是与生俱来的，而是随着不断的发展而逐渐明晰的。主体意识是人们对自身主体地位、能力、价值和需求的觉醒，独立的认知意识、权利意识、人格意识，以及参与意识是主体意识的重要体现，因此，要在城乡融合的过程中提升农民地位，鼓励农民增强主体意识，发挥主观能动性，勇于在社会主义建设过程中、在城乡融合过程中追求满足自身发展需要。随着社会的快速转型发展，思想、利益、发展路径多元化并相互交织，社会利益分化以及成员利益关系的不断调整唤醒了人们对正当利益的追求，同时极大地提高了人们对社会公平公正的期待，共享发展、城乡融合发展的实现需要每一个民众主体意识的觉醒，需要每一个民众的努力争取。通过开展适度的"主体意识"教育引导，提升社会整体共享意识，促进社会公正，破除传统思维和观念的束缚，扫除阻碍城乡融合发展、共享发展的思想文化藩篱。

（3）畅通城乡公共事务农民参与渠道

城乡融合是促进城市进步、补足乡村发展短板的大工程、系统工程，需要国家和社会各方力量齐发力。广大农民与城乡融合的发展关系最为紧密，因为广大农民群体不仅是城乡变迁的受益者，更是建设者。我们不仅仅要引导农民增强主体意识，更要采取相应措施激励和确保农民参与城乡建设、参与公共事务的积极性和主动性。我国农村居民知识水平比较低，对公共事务方面的知识鲜少涉猎，在一定程度上提高了农村居民参与共建的门槛。对公共事务政策的设计和安排不了解，不知道如何参与，不清楚自己在公共事务中的权利和义务，甚至有许多居民认为公共事务是政府的事情，与他们没有关系，等等。城乡居民参与公共事务政策制定的积极性不足，导致政府在政策的制定和部署中不能很好地满足居民的实际诉求，严重制约公共事务的发展建设。习近平总书记强调，农村的发展进步要充分发挥农民的首创精神。[①] 因此，在城乡融合发展的推进的过程中，要深刻认识到农民的主体地位，不断加强组织保障，疏通农民参与渠道，加强基层民主建设，重塑农民形象，加大对于农民群体的教育培训，避免农民身份进一步固化[②]，不断提高城乡居民参与公共事务的积极性，发挥主体作用和首创精神，实现传统农民向新时代新型农民的全面转型。

（二）改革体制机制，促进城乡要素合理流动

体制机制和政策体系是实现城乡融合发展的关键因素。随着新时代城乡融合发展的大力实施，城乡之间的交流日益密切，融合程度日益加深。但不可否认的是，阻碍城乡要素自由流动的因素依然存在，城乡人才、土地、资本等要素的市场化机制仍然不够健全。在新的发展阶段，只有通过改革旧的、不合理的体制机制，构建城乡融合发展的体制机制和政策体系，加强政策引导，建立激励和约束机制，同时发挥市场潜能，合理配置要素和资源，促进城乡之间的要素双向流动和平等交换，才可以更有利于促进城乡融合发展。

1. 创新人才流动机制

人才是社会发展的重要资源，人才队伍建设是农业、农村现代化目标的有力支撑。随着城乡经济社会发展，城乡互动逐渐增多，人口流动性在逐渐增大，农村社区正逐渐由封闭走向开放，传统的乡村社会结构正逐步向现代社会转型，治理模式也正从城乡分治向城乡共治转变。因此，应加快完善人才流动机制，用社保、财政、金融等一系列优惠政策鼓励各类人才下乡发展、返乡创业。

首先，要用灵活的行政手段积极引导城乡人才交流。第一，选拔优秀大学生到基层任职锻炼，鼓励高校毕业生扎根基层，服务基层，发挥引领作用；第二，定期选派城市教育、科技、文化、卫生及体育等事业单位人员到农村工作交流，促进城乡人才资源均衡配置；第三，提高农村和偏远地区教育、医疗等行业从业人员待遇，为各类人才下乡居住生活提供物质保障。

其次，要逐步优化农业从业者结构。第一，鼓励农民工及外出经商人员返乡创业，补充农业从业者队伍；第二，普及中等职业教育，使农民就近接受正规化的职业培训，培养新型职业农民；第三，加快培养现代农场主、农业职业经理人，发展新型农业经营

---

① 健全城乡一体化体制机制　让广大农民共享改革成果[N]. 人民日报，2015-05-02.
② 周悦. 以"城乡融合"维护农村居民主体地位[N]. 中国社会科学报，2018-05-16.

主体，把先进的生产经营模式引入农村，加快农业现代化发展。

最后，要加强农业科技人才队伍建设。当前我国农业现代化正处在信息化时代，农村的发展离不开专业技术支撑，因此，要加强人才支撑体系建设，加快建设科技人才队伍，培养农业专门人才，同时完善涉农成果转化的激励机制。第一，鼓励农村大学生毕业返乡，用所学知识支持家乡发展；第二，提高信息化建设和应用水平，用互联网和现代科技改造传统农业和农村；第三，建立农业科技成果转化的激励和利益分享机制。建立健全农业领域的产学研合作、农业技术推广、科技成果产权保障等机制，利用市场和政策导向，充分调动农业科技人员的积极性，加快涉农科技成果转化。

2. 深化土地制度改革

土地是农民生存发展的来源和依靠，也是农业农村存在和发展的根本。相对于其他农业基本生产要素，土地是最基本的生产资料，劳动力、资金、技术等要素配置最终要落实在土地上，受土地制度的影响和制约。随着工业化和城镇化的发展，农业人口向城市转移，造成了原有土地承包户的居住地点、就业方式，以及收入渠道发生变化。由于城市较高的现代化发展水平、健全的就业和社会保障体系及其人口聚集作用，新生代的农业人口更倾向于城市的生活方式，极少愿意返乡从事农业生产。在市场经济背景下和农业现代化进程中，农民承包土地的生计保障功能在不断下降，土地的要素价值和作用日益凸显，仅仅依靠传统的家庭承包经营方式已不能完全适应现阶段农村经济发展的需要。

农村土地制度改革滞后阻碍了农业规模化经营。农村建设用地制度的缺失导致农村公共基础设施建设用地或使用困难，或大量闲置，造成土地资产沉淀，资源没有得到合理、有效的利用。土地制度在一定程度上加剧了现代化进程中的城乡失衡，由于政府的土地政策往往具有城镇倾向，通过农地转用来提高土地的经济价值，而忽略土地上其他价值的损失，造成了城乡土地关系的失衡，导致人口城镇化滞后于土地城镇化。流动人口往返于城乡之间，即使在城市有住处和收入来源，也不愿意放弃农村的宅基地和农田，农村土地难以得到充分利用，加剧了乡村产业"空心化"。农村土地制度改革，就是要完善农村土地流转和征地补偿制度，保障农民的土地权益，保证土地权益在市民化过程中能够得到实现，同时也为农村的适度规模经营和发展农村新产业、新业态创造条件。农民摆脱土地制度的约束，可以自由选择是否离开土地、进入城市。因此，土地使用制度改革已成为推进城乡融合发展、实现乡村振兴的关键。

当前我国农村土地制度改革应在征收制度、集体经营性建设用地制度和宅基地制度等三个方面深入推进。第一，要严守耕地红线，农村土地不得被随意征收用于非农建设。第二，要完善农村集体土地确权赋能，保障农民财产权益。当前农村地区"土地所有权的确权登记颁证"工作已基本完成，集体和个人的土地权益比以往得到更多有效保障，应继续"保持农村土地承包关系稳定并长久不变"，并"落实第二轮土地承包到期后再延长 30 年政策"①。第三，要在农村土地确权基础上一步完善农村土地流转制度，放活土地经营权。要改革土地征用办法，完善征地补偿制度，以及集体经营性建设用地入市制度。对农村土地征收应依法进行，按市场规则进行土地交易，土地征用补偿价格要实行与城镇土地"同地""同权""同价"，建立城乡统一建设用地市场，努力实现政府和农户、农民集体作为市场主体，在法律上处于平等地位。政府应合理提高征地补偿标准的幅度，切实保障农民的合法权益。第四，要慎重改革农村宅基地制度，积极探索宅基地"三权分置"，在维护好集体和农户财产权益的前提下，盘活农村闲置宅基地。对增量宅基地统一规划，实行优化管理和集约建设；对存量宅基地实行自愿有偿退出机制②，如果进城农户不愿放弃土地承包权和宅基地，村集体组织和其他个人不得以任何理由进行剥夺。

3.健全财政金融支持政策

资金是农村经济发展的主要动力来源，农村发展离不开财政、金融、社会资本等多个渠道的资金投入。

首先，要健全财政投入保障机制。第一，增加农业农村财政投入。坚持农业农村优先发展理念，提高公共财政支持"三农"发展力度，不断改革财政投入机制。第二，创新资金使用方式。提高资金配置效率，科学分配和使用土地出让收入，充分发挥财政资金的杠杆作用，带动社会资本投入农村发展建设。第三，鼓励地方政府发行低风险的政府债券，增加融资渠道，为城乡融合公益项目建设筹措资金。

其次，要完善乡村金融服务体系。由于金融投资领域的特点，相当一部分农村存款不能作为农业资本投入农业农村发展，而是流向城市的投资建设项目，因此，要尽快完善乡村金融服务体系，发挥政策引领作用，鼓励引导金融资源流向农村，解决涉农贷款积极性不足的问题。第一，发挥农村信用社和农商行的基础作用。优化村镇银行设立模式，设立城乡融合发展项目基金，开展农民合作社内部合作，加大农村信用社和农商行对涉农贷款的支持力度和示范作用，引导金融资本更多地投向农业农村。第二，加强对金融行业的监管。坚持金融服务"三农"的原则，落实金融机构支农责任，合理规划县域金融机构中新增存款投向农业生产性贷款的比重，构建激励约束机制，采用涉农贷款奖励政策，加大财税扶持政策力度，对金融机构实行差别化监管和考核办法，健全考核

① 中共中央 国务院关于建立健全城乡融合发展体制机制和政策体系的意见_中央有关文件_中国政府网［EB/OL］.http://www.gov.cn/zhengce/2019-05/05/content_5388880.htm.

② 中共中央 国务院关于建立健全城乡融合发展体制机制和政策体系的意见_中央有关文件_中国政府网［EB/OL］.http://www.gov.cn/zhengce/2019-05/05/content_5388880.htm.

制度，用制度创新来解决农村金融供求失衡、农村资金外流的问题。第三，创新金融产品提供机制。不断完善乡村征信体系、信贷担保体系、金融风险防范处置机制以及农业保险制度，提高金融机构覆盖面，增设县市网点，下放分支机构业务审批权限，逐步降低农村金融服务风险及交易成本。

最后，要建立工商资本入乡促进机制。第一，深化"放管服"改革。鼓励社会资本积极参与农村建设，不断优化基层营商环境，确保政策的稳定性和延续性，增强投资者投资信心。第二，完善相关设施建设和贷款等方面的补助政策。引导社会资本到农村发展规模化、集约化经营的新产业、新业态，加强土地利用的监管力度，将适合的产业、项目投入农村，如现代种养加工、休闲旅游、农业生产服务等产业，为农民提供更多就业机会。第三，"通过政府购买的形式，支持社会力量进入乡村生活性服务业。"①

4.改革户籍管理制度

我国目前的户籍制度是按照出生地划分农业与非农业人口的，这就造成了长期在城市生活而户籍在农村的这些人无法像城市居民一样同等地享受城市福利资源。这种区别对待的二元户籍制度在城乡之间划出了一道鸿沟，这种区别对待势必降低人们对国家发展的认同，是不利于稳定发展的，也不利于要素资源的合理配置。深化户籍制度改革的目的就是要回归户籍的本来属性，消除横亘在城乡之间的不公平待遇，实现城乡居民真正意义的平等。通过《国务院关于进一步推进户籍制度改革的意见》和《关于培育发展现代化都市圈的指导意见》的出台，我们可以明确户籍制度改革创新的目的、方向就是建立适合新时代经济社会发展实际的新型户籍制度，剥离附着于户籍的福利功能，实现社会福利等值化和均等化；逐渐放宽城市落户限制度，有序推进农民工市民化，消除城乡户籍壁垒，让农业转移人口进得来、留得下、融得进，确保城乡的居民享有平等的权益，促进人口自由有序流动，实现真正意义上的社会融合。尤其是当下我国对人才的需求比以往任何时期都更加迫切，各行各业，各个领域，无论是城市发展还是乡村发展，都需要人才做支撑，因此，户籍制度的改革有利于人才资源的自由合理流动，对促进发展意义重大。当前，户籍制度的改革已经进入整体推进阶段，推进新一轮的户籍制度改革，在确定落户条件、确定城市人口规模的技术、政策的相互协调，以及配套性的财政转移支付改革等方面仍面临诸多困难。的确，改革已经进入深水区、攻坚期，需要在户籍制度的改革上进一步探索和设计，探索出与发展道路相适应、与时代要求相匹配的制度保障。

---

① 中共中央 国务院关于建立健全城乡融合发展体制机制和政策体系的意见_中央有关文件_中国政府网［EB/OL］.http://www.gov.cn/zhengce/2019-05/05/content_5388880.htm.

5. 创新公共服务供给制度

"发展的不平衡不充分"已经成为我国经济社会发展的主要制约，现阶段，城乡之间差距最直观的体现是公共服务方面的差距。基本公共服务均等化是实现城乡融合发展的内在要求和基础条件。公共服务涉及医疗、教育、住房、社会治理及社会保障等诸多方面，这是更具体、更深层次的城乡差距。要实现城乡融合发展和城乡一体发展，很重要的一个方面就是在基础设施和公共服务方面实现城乡均等，实现广大农民的公平发展。当前户籍制度正在探索改革新路径，基本公共服务的供给制度的改革创新也应及时跟上，形成制度之间的相互融合，不能只有户籍，而没有相应的公共服务，这不能叫实现了基本公共服务均等化，更不能视为完成了市民化。当前基本公共服务上依然存在供给总量不足的问题，因此，要加强城乡公共服务供给制度的创新，在努力做大"蛋糕"的同时，下大决心调整财政的支出结构，加大在财政上对农村地区的基础设施和公共服务的支持力度，同时更要积极引导社会资本参与农村公益性建设，尽快实现城乡建设一主多元的优化模式，把基本公共服务均等化作为一次发展机遇，为实现发展方式转变和结构调整相互为对方创造有利条件，努力实现城乡基本公共服务均等化、等值化。唯有实现城乡基本公共服务均等、等值，减小城乡之间差异，城乡两主体的优势才能充分显现，人们才可以根据自身的发展需求在城乡之间自由选择，改善长期以来，城乡之间要素流动不合理的局面，推动城乡要素自由有序流动、平等交换。改革开放四十余年来，城乡关系发展的经验告诉我们，城乡关系的改善，单靠政府来推进，力量极其有限；从效果上来看，单靠政府推动城乡关系极其容易受政策影响而出现起伏，因此，对城乡融合发展要进行全新的制度设计，要依据实践新情况创新城乡公共服务供给制度，从供给主体、内容和方式上全面创新，形成多元主体参与机制。在城乡融合发展推进的过程中，注意处理好政府与社会的关系、政府与市场的关系，真正发挥政府在城乡融合发展上的主导作用，发挥政府和市场的最大效能，让市场在资源配置上起决定性作用，全面激发城乡社会发展潜力，促进城乡关系持续改善和健康发展。

6. 改进干部政绩考核制度

GDP 总值、财政收入、招商引资、经济增长速度是我国当前对干部政绩考核的主要指标，但主要还是以 GDP 的增长为主要指标。在我国改革开放初期，上一级政府主要采取以经济发展为中心，即以 GDP 的增长为核心的政绩体系来考核下一级政府。现行地方政府绩效考核体系的核心就是 GDP 指标，一直以来，"唯 GDP 论"导致一些地方发展过分偏向经济发展，重物质轻精神，重效率轻公平，重城市发展轻农村改善，只看当前利益而长远规划不足等一系列的发展问题都指向了地方政府绩效考核制度的不科学和不完善。因此，在新时代，要以改进干部政绩考核制度为切入点转变政府职能，一方面必须夯实顶层设计，使地方摆脱对"土地财政"的依赖，弱化地方官员政绩与 GDP 的关联，不能将所有的关注点都放在怎样促进 GDP 增长之上以显示自己的政绩，不能让新的战略安排一出台就又意味着新一轮与人民挤占利益的机会又到来，同时要增强政策的连续性和稳定性，以确保地方的长期稳定发展。另一方面，需要加强以"绿色 GDP"、民生改善为核心的绩效考核机制的建设和完善，真正做到全面、科学考核，通过绩效制度和责任制度的科学设置促使官员真正将人民置于心中最高的位置，在城乡融合不断推进的过程中，真正做到以人民为中心，满足人民发展所需，着眼于转移人、提升人和发展人，不断促进物质文明和精神文明协调发展，推动全面深化改革的良性过渡。

7. 创新共建共治制度

社会治理的实质应该是多元主体之间互惠互利、合作互动和权力分享的过程与状态。[①]随着户籍制度的改革和新型城镇化的不断推进，社会人员的流动和交流空前加大，由此也增加了社会治理的难度，因此要求必须创新人口集聚中的基层治理方式。全面城镇化的趋势决定了治理的重心需要全面下沉，社会治理的领域由重城市轻乡村越来越成为城乡全面社会治理，治理的难度以及城乡社会治理的特点发生了变化，需要积极探索社会治理的新模式。当下，我国城市和乡村蓬勃发展，城市和乡村的融合之势日益显著，在这个过程中，乡村的减少不可避免，但是乡村不可能完全消失，因此，社会治理的对象越来越演变成乡村、城镇和城市三位一体。相比较而言，传统的社会治理对象是城市和农村，虽然当下仍然存在一些治理难题，但已经积累了很多治理经验，而新时期社会转型的背景下，三位一体的治理模式尚未成型，治理难度可想而知。一方面，农村的在地化的熟人管理，城镇化的在地化的熟人和陌生人综合社会治理，以及城市的在地化和飞地化混合的陌生社会治理，是由于不同的人群聚集方式决定了需要采用不同的社会治理模式。另一方面，全面城镇化的发展趋势、旧有的社会遗留问题，加之转移过程中的利益冲突和转移后身份转化过程中的矛盾与问题，使得治理风险空前加大，因此需要结合当前社会转型的背景以及出现的新情况，在社会治理重点上做出阶段性的安排，探索符合中国实际的科学有效的治理模式。我国的社会治理，过去寄希望于单位把问题在基层解决，而现在要想实现"正和非零"的和谐有序治理，离不开民主建设的保障，加之人民民主意识逐渐提高，需要执政者乃至全社会抓住社会转型发展机遇期，在共建共享上下功夫、动脑筋、做文章，实现社会的顺利转型过渡。共建共享的科学内涵和熟人、陌生人社会的新特点，为我们探索一条更为开放、包容的共治共享社会治理道路指明了方向，需要我们建立健全乡村治理机制，创新共建、共治、共享的制度建设；"建立健全党组织领导的自治、法治、德治相

---

① 高斌. 共建共治共享的社会治理格局: 演进轨迹、困境分析与路径选择 [J]. 理论研究, 2018 (06): 70.

结合的乡村治理体系"①，以制度建设广泛激活基层活力，增强乡村治理能力，使更多的问题化解在基层，通过协商管控分歧，增强理解，以更为包容的、广泛的民主参与，增进和谐，化解矛盾，实现责任共担，利益共享。

（三）平等配置资源，促进城乡差距逐步缩小

消除城乡居民在收入、基本公共服务、居民身份方面的差距是城乡融合发展的内在要求。当前我国城乡差距较大，城乡发展不平衡的问题依然突出。习近平在中共中央政治局第二十二次集体学习时强调，推进城乡发展一体化要坚持从国情出发，从我国城市发展不平衡不协调和二元结构的现实出发，从我国的自然禀赋、历史文化传统、制度体制出发，既要遵循普遍规律、又不能墨守成规，既要借鉴国际先进经验，又不能照搬照抄。要把工业和农业、城市和乡村作为一个整体统筹谋划，促进城乡在规划布局、要素配置、产业发展、公共服务、生态保护等方面相互融合和共同发展②。因此，要以实现城乡均衡发展、共同发展为目标，不仅需要通过深化体制改革促进生产要素自由流动、平等交换，还要加强城乡规划和城乡发展动力的统筹，依靠优化配置公共资源来实现经济社会发展成果城乡全体居民普惠共享。

1.统筹城乡规划设计

从一般意义上来讲，城乡规划是地理空间上的规划，但在这里，我们强调的城乡统筹规划是包括经济、社会、空间、制度及动力在内的内外统一协调规划。城乡融合的本质是实现城乡共同发展。③城乡融合是一次发展机遇，要想真正把握住发展机遇，就需要真正理解城乡融合发展的内涵，围绕实现城乡共同繁荣、一体发展将城市和乡村作为一个有机整体来规划设计，"通盘考虑城镇和乡村发展，统筹谋划产业发展、基础设施、公共服务、资源能源及生态环境保护等主要布局，形成田园乡村与现代城镇各具特色、交相辉映的城乡发展形态。"④因此，首先要增强规划的全局指导性和前瞻性。随着城乡融合、城乡一体化进程的不断推进，尤其是在科学发展时期大力推进城镇化的过程中，一些地区"城市病"和"乡村病"凸显，多年来的发展经验告诉我们，要防止"城市病"和"乡村病"，必须规划先行，通过功能规划，既充分发挥城市的强大吸引力，又充分发挥乡村比较优势，形成城乡互促格局。其次，在规划中要突出人本理念，真正做到以人民为中心，围绕人的发展需求来布局发展。最后，要增强规划的刚性约束。《关

① 中共中央 国务院关于建立健全城乡融合发展体制机制和政策体系的意见_中央有关文件_中国政府网［EB/OL］.http://www.gov.cn/zhengce/2019-05/05/content_5388880.htm.
② 习近平在中共中央政治局第二十二次集体学习时强调:健全城乡发展一体化体制机制　让广大农民共享改革发展成果［N］.光明日报, 2015-05-02.
③ 城乡融合的本质是共同发展［N］.金融时报, 2018-06-09.
④ 中共中央 国务院印发《乡村振兴战略规划（2018—2022年）》_中央有关文件_中国政府网［EB/OL］. http://www.gov.cn/zhengce/2018-09/26/content_5325534.htm.

于建立健全城乡融合发展体制机制和政策体系的意见》指出，要健全城乡统筹规划制度。要按照"多规合一"要求编制市县空间展规划，实现土地利用规划、城市规划等有机融合，确保"三区三线"在市县层面精准落地。[①]因此，要以统一规划为抓手，利用好统一规划的机遇，统筹城乡规划和管理，户籍方面利用规划，设计出科学合理的落户条件，土地利用规划提高使用效率，公共资源的配置充分利用规划整体统筹协调，充分发挥市场在资源配置中的决定性作用，促进城乡间劳动、资本、土地等生产发展核心要素的合理流动与资源环境要素的均衡配置。因此，需要科学规划的指引，坚决抵制短视发展眼光，立足长远，渐进发展。

2. 统筹城乡发展动力

没有农业、农村的现代化，就不可能有国家的现代化。从发展的本质上来看，城市化过程也是农村区域吸收城市现代化元素的过程，是城乡之间的现代化元素的扩散和辐射的过程。而实现乡村振兴的过程，也是在增强乡村自身发展，弥补发展不足，实现城乡差距缩小的过程。新型城镇化是实现城乡融合发展、城乡一体发展的有力支撑，而随着新时代乡村振兴战略的提出，乡村振兴战略为城乡融合发展、城乡一体发展提供了新的机遇。因此，新型城镇化与乡村振兴同城乡融合是内在统一、相互联动、互相促进的关系。新时代的发展布局变得清晰，城镇化不仅能促进城市本身的发展，更重要的是能消除城乡之间发展水平的差异。我国有着城乡差距比较大的现实国情，小城镇是连接城乡的节点，是我国经济社会发展的强引擎，是可以长期拉动内需的重要增长点。因此，首先，要统筹城乡发展动力，利用好乡村振兴和新型城镇化双引擎，形成双轮驱动。努力使城镇发展成为吸纳乡村人口的一个重要渠道，分散大城市的人口压力，缓解"城市病"，是我国城市发展道路的必然选择。其次，就是要以城乡融合为目标，实施乡村振兴战略，推动农业农村现代化的进程。不能简单地用工业化的思路来促进农村的发展，也不能再照搬城镇化要求来建设乡村[②]，让城镇化建设与乡村振兴建设在现代化建设中有效地协调推进，防止彼此割裂或相互矛盾，共同成为新时代实现新发展的强大支撑。

3. 提高农民收入水平

当前我国已经进入工业化发展的中后期，产业结构正在转型升级，供给侧结构性改革已取得显著成效。城镇化发展的过程中，人口转移和就业应该同步发展，但第二产业中的重工业比重仍然偏高，部分产能出现过剩。由于重工业的资本构成高，在吸纳就业人口方面远远比不上众多中小企业，而服务业和制造业可以解决城市里包括农业转移

① 中共中央 国务院关于建立健全城乡融合发展体制机制和政策体系的意见_中央有关文件_中国政府网http://www.gov.cn/zhengce/2019-05/05/content_5388880.htm
② 实施乡村振兴战略要避升八个误区 [N]. 湖南日报，2018-05-26.

人口在内数量庞大的就业人口的就业问题。但我国的服务业发展相对滞后，不能向就业人员提供足够多的就业岗位：一方面，生活性服务业滞后，主观随意性较大，标准化缺失，不能满足人民群众的基本生活需求；另一方面，生产性服务业滞后，加上第二产业中重工业比重偏高，导致制造业转型升级后劲不足，制造业转型放缓又阻碍了所有产业的整体升级。与发达国家相比较，我国的服务业水平还有很大差距。我国依靠以出口为导向的加工贸易，在国际制造业链条中占据重要地位，然而加工制造业处于国际分工的底端，当国际需求产生剧烈波动时，制造业受到来自国际市场冲击较大，农民工就业受到很大影响。因此，只有通过不断开展技术创新和制度创新，提高制造业在国际制造业价值链条中的地位，发展好服务业，实现产业转型升级，才可以保障城镇化过程中劳动人口的充分就业。

首先，要增加农民工资性收入。第一，创造公平环境。消除就业歧视，为农民进城就业创造宽松环境。第二，拓展就业渠道。提高服务业发展扶持力度，为农业转移人口提供更多的就业岗位。第三，鼓励自主创业。加强金融扶持力度，提供小额担保贷款、减免税费，扶持中小企业发展。第四，建立全国联网的就业服务平台。运用政策激励各类社会中介机构为农民工就业提供服务。第五，推广农民工职业教育和技能培训。提高农民就业能力，培养新型职业农民。

其次，要保障农民经营性、财产性和转移性等收入。第一，保障农民经营性收入。通过提高政策扶持力度，引入激励机制，完善市场化服务组织，加强农产品品牌建设等方式，促进以农民合作社和家庭农场为典型代表的新型农业经营主体发展，加强企业与农民合作，促进小农户和大市场有效衔接。第二，保障农民财产性收入。不断探索集体产权制度及经营性资产股份合作制改革，落实村集体成员的所有权确权赋能工作，增加农民财产性收入，确保集体资产保值增值。第三，保障农民转移性收入。完善农业生产补贴和农民直补，并探索补贴长效运行机制。

2.加快推动公共服务均等化发展

近年来，我国在基本公共服务覆盖农村基层方面加大力度，开展实施了"两免一补"教育政策、统筹城乡居民基本养老和养老保险制度、加强进城农民工基本公共服务保障等政策措施，取得了显著的成效，但目前城乡公共服务方面差距依然较大。促进城乡融合发展，必须改变过去基础设施建设和公共服务供给偏向于城市的公共资源配置方式，抓好农村公共服务体系建设，提高公共服务供给效率，建立公共服务共建共享体制机制，加快公共资源优先向农村配置，突破城乡行政区划的界限，均衡配置城乡公共资源，缩小城乡在教育、养老、医疗、保险、就业、住房和社会救助等公共服务方面的差距。当前各级政府应以保障和改善民生为首要任务，分工负责，明确责任主体，将城乡公共服务水平纳入政绩考核体系，利用市场机制，促进社会力量参与基本公共服务供给，创新供给方式，尽快提高农村基本公共服务供给水平，实现党的十九大报告提出的"幼有所育、学有所教、劳有所得、病有所医、老有所养、住有所居、弱有所扶"的目标。

首先，要均衡配置城乡教育资源，加快实现城乡义务教育一体化发展。第一，加强农村教育财政支持力度。增强中央和省级财政对农村地区的教育投入力度，利用财政拨款、校园建设、设备添置等渠道充实壮大农村学校力量。第二，加强农村地区师资力量。将推进城乡教育一体化工作纳入各级政府和相关职能部门的绩效考核范畴，实行义务教育学校教师"县管校聘"，激励、督促各级政府制订好农村教育规划、优先保障农村教育投入、严格落实农村教师编制。灵活运用集中培训、远程培训、送教下乡等多种形式，加大乡村教师的培训，最大限度提升乡村教师的专业能力和素质。不断提升乡村教师待遇，提升乡村教师职业的吸引力，让更多优秀教师愿意到乡村来。[①]第三，保障农民工子女受教育权利。放宽入学条件，完善异地中考、高考政策。

其次，要统一规划城乡医疗、社保、社会救助体系。第一，在城乡医疗卫生体系建设上，要改善乡镇医疗设备和设施条件，加强人才队伍建设，提高疾病防治能力。扩大医保报销范围，巩固异地就医联网直接结算，借助社保公共服务平台，实现医疗、养老保险城乡和跨地区之间的转移、报销。第二，在城乡社会保险体系建设上，要注重社会保障的城乡对接与区域统筹，建立农民工个人账户，加强城乡对接，提高统筹的层次性和连续性，完善城乡统一的社保制度。充分考虑农民工群体对基本公共服务的需求，完善需求表达机制，推进城镇基本公共服务常住人口的全面覆盖。第三，在城乡社会救助体系建设上，及时调整低保标准，做好"兜底"工作，统一赔偿标准，加强重特大疾病救助工作，健全农村留守儿童和妇女、老年人、残疾人福利制度和服务体系，提高社会救助工作服务质量。

最后，要提高住房和就业保障。第一，坚持"房子是用来住的"理念。扩大公积金制度覆盖范围，加快实现跨地区转移和接续，增加公租房投放数量，抑制不合理的高房租、高房价及房地产投机行为。第二，加快就业服务体系建设。完善人力资源市场，建立健全城乡失业登记和就业援助制度，免费开展劳动力职业技能培训，拓宽农民工就业渠道，提高人力资源市场的公益性质，实现平等就业、同工同酬，保障劳动力就业和企业用工。[②]

① 关于推进城乡教育一体化的几点思考_搜狐网[EB/OL] https://www.sohu.com/a/235352080_311446.
② 当前城乡融合发展存在的主要问题及对策思考_新华网[EB/OL] http://www.xinhuanet.com/sike/2018-01/09/c_129786456.html.

3. 消除农业转移人口市民化障碍

户籍制度和公共服务及社会保障制度制约了农业转移人口市民化。尽管国家近年来逐渐放宽外来流动人口落户城市的条件，但主要放宽的是中、小城市和小城镇，大城市对农民工落户限制门槛较高，农民工在就业、子女教育、住房社会保障等方面与城镇居民存在较大差距，因此，要尽快推动基本公共服务和社会保障的全面覆盖。要坚持以人民为中心，从以往土地城镇化偏好转变到加快推进人口城镇化，完善农村土地流转和征地补偿制度，积极稳妥推进户籍制度改革，创新机制，分担农民工市民化的成本，加快农业转移人口市民化步伐，实现城镇人口基本公共服务体系全面覆盖，让农民工群体真正融入城市社会，共享城市现代化发展成果。

首先，要积极推进户籍制度改革。城镇化要求大量农村人口向城镇迁移，完成市民化转变。城乡发展正从过去的单向城市化，向城乡互动阶段转变。当前我国农业转移人口以及现有农村人口的人口结构都不够合理。城市户籍制度在劳动者受教育程度、年龄等方面都存在着限制，导致青壮年、高学历人口流向城市，农村老龄化、"空心化"现象加剧，同时城镇常住人口中，很多农业转移人口由于不符合落户政策而没有真正实现市民化。因此，城镇化过程中，既要提高人口城镇化率，也要优化城乡人口结构。

我国户籍管理制度客观上限制了人口自由迁徙和流动，农民工在城乡之间往返迁徙，农民进城落户受阻，农村普遍出现"三留守"现象，户籍限制导致农业转移人口不能在城镇安家落户，加大了劳动力流动成本，阻碍了劳动资源优化配置，延缓了城镇化进程。当前国家正出台相关政策，放宽农民在城镇落户的限制条件，推动户籍制度改革。户籍制度改革的困难之处在于户籍上附加的各项福利政策，涉及就业、住房、子女教育、公共服务、社会保障等各种社会福利，与户籍制度相关联的还有财政政策、土地制度改革，因此，户籍制度改革是一项系统工程，需要分阶段稳妥推进。要放开中、小城市和城镇落户条件，取消辖区城乡户口的差别，鼓励本辖区农民进城落户。同时，探索试点城市流动人口居住证政策，使一定居住年限以上的外来人口可以取得本市户籍，部分省区已经开始尝试本行政区域内流动人口自由落户试点工作。户籍制度改革还在逐步尝试阶段，最终理想状态下将实现 "一元化"户籍制度，地区差异基本消失，居民可以自由迁徙、自愿落户，享有基本的公共服务和社会保障。

其次，要完善农业转移人口市民化的成本分担机制。城镇化过程中要逐步完善农业转移人口市民化的成本分担机制，坚持"多予、少取、放活"原则来调整财政税收。各级政府应做到财权和事权相统一，尤其是地方政府的事权和财权要相匹配。财政部门要加大中西部城镇和落后偏远地区的财政转移支付力度，减少地区之间的财政税收收支差距，扭转公共资源向大城市和发达地区过度集中的趋势，为中西部省份和偏远落后地区的基本公共服务和基础设施建设提供财力支持，缩小地区差异。适应城镇化发展人口的增长情况，财政转移支付要考虑到按新增人口来增加支付金额。从实际来看，土地财政政策短期内可以依靠土地增值和土地划拨增加地方政府财政收入，但是在城镇化发展过程中带来了房价上涨、楼市库存增多、经济泡沫严重等问题，高房价又进一步阻碍了农业人口进城安家落户，因此地方政府应改进资金投入机制，尝试发行政府债券等积极的方式，为城镇化发展筹措资金。

最后，要增加农业转移人口就业和保障。在城市实现就业是农业转移人口在市民化过程中面临的最现实的问题，关系着农业转移人口能否真正实现市民化。在通常情况下，一部分农村人员可以通过接受高等教育、服兵役或者参加招工的方式在城市事业单位或企业实现就业。而其他多数劳动者，由于受教育程度低或者年龄偏大，只能以非正式就业的形式进入城市劳动力市场，从事建筑、家政、餐饮、运输等工作，自主就业和自我雇佣较多，就业质量无法得到保证，劳动保障也很难到位。过去城乡的帮扶政策存在较大差异，是两套独立的体系，由于帮扶对象的不同，城市的帮扶政策没有覆盖进城的农村转移人口。随着城市收入差距扩大，城市的帮扶政策应尽快覆盖农村转移人口，在实现城乡医疗和养老帮扶政策统一的基础上，加快实现住房、低保、教育、就业等方面的城乡并轨。住房是农民市民化的基础，要将农业转移人口纳入城镇住房保障体系，依靠政府支持、农民工集资、市场融资等方式，加大保障性住房建设投资，增加面向农民工群体的保障性住房供应。将农民工住房规划纳入地区经济社会发展中全盘考虑，充分考虑在城镇化进程中，农业转移劳动人口城镇化的长期性，改变城镇化建设保障性住房政策的临时性、应急性特点，完善规划保障制度。政府应采取补贴资金、提供贷款、减免税收、保障土地供给、允许合作建房等方式，对农民工保障性住房建设及相关的信贷融资、税收补贴减免等方面给予支持，寻找解决农民住房问题的新机制；同时改进住房公积金制度，把农民工也纳入住房公积金制度和政策的覆盖范围。

当前应以农民工"市民化"为切入点，保持城镇化发展速度的同时提高发展质量。实现农业转移人口"市民化"要坚持城镇化包容发展，切实保障进城务工人员的基本权益，共享现代化发展成果。政府和社会需要主动分担农民工"市民化"成本，推动户籍制度改革，放开农民工落户政策，加快建立居住证制度，提供落户通道，提高农民工的基本公共服务供给水平，使其享有与城市居民同等的待遇和保障，为农民工"市民化"打好基础。农业转移人口完整地融入城市社会是一个长期过程，要逐步实现将农民工举家迁移安置到城市中的目标，促进农业转移人口社会融合，真正地完成市民化转变。

（四）补齐农业短板，促进城乡产业协调发展

产业融合是城乡融合的基础。按照马克思、恩格斯的观点，城乡融合离不开物质

条件作为保障。只有一二三产业深度融合、协调发展，消除旧式社会分工，消除城乡工农差别，使生产力达到高度发达的水平，城乡融合才能够真正实现。党的十九大报告提出实施乡村振兴战略，坚持农业、农村优先发展，将农村"产业兴旺"这一目标摆在突出位置，就是为了缩小城乡产业差距，深化城乡产业分工协作。尽管我国农村发展已取得明显进步，农业生产和农村产业体系落后的状况正在不断改善，但农业现代化进程仍然滞后，农业结构性矛盾突出，城乡产业发展水平之间差距依然较大，城乡产业分工合作、协调发展程度仍然处在较低水平。因此，必须加快农业供给侧结构性改革，完善农村现代产业体系，优化城乡产业布局，补齐农业短板，促进乡村产业融合发展。

1. 加快农业供给侧结构性改革

当前我国农业、农村发展进入了新的历史阶段，主要矛盾已经由"总量不足"转变为"结构性矛盾"，表现为"阶段性的供过于求和供给不足并存"[①]。农业滞后于国民经济转型升级，可持续发展能力不足，土地要素潜力没有得到完全释放，生产技术和组织形式落后，全面推行机械化生产与规模化经营的条件还不具备，生产效率和经济效益低于现代化农业的目标要求，农产品价格受国际市场影响明显，抗风险能力不强。因此，必须"以市场需求为导向，深化农业供给侧结构性改革，走质量兴农之路，不断提高农业综合效益和竞争力"[②]，提高我国农业的创新力、竞争力和全要素生产率，坚持"质量兴农、绿色兴农"[③]。

首先，要完善农业支持保护制度。第一，建立健全农业补贴政策体系。以高质量发展为导向，提高农业补贴的针对性，将补贴重点用于实现农业发展目标，而不是仅仅解决好农民增收问题。加强中央和省级统筹，完善财政支农政策，尤其是在农田水利建设、农民职业培训、农业科技成果应用等方面加大投入，提高支持保护政策效能，调整农业补贴方式，提高补贴效能，增强农产品抵抗国际市场冲击的能力。第二，加强对永久基本农田的保护。党的十九大报告强调要"确保国家粮食安全，把中国人的饭碗牢牢端在自己手中"[④]，要以我为主，立足国内，国内要有能力解决自己的粮食需求。在当前农产品供给基本得到保障的情况下，要注重"藏粮于地""藏粮于技"，通过划定粮食生产功能区和重要农产品生产保护区等政策措施，保障粮食产能，保障国家粮食安全。

[①] 中共中央 国务院关于实施乡村振兴战略的意见_中央有关文件_中国政府网[EB/OL]. http://www.gov.cn/zhengce/2018-02/04/content_5263807.htm.

[②] 中共中央 国务院关于建立健全城乡融合发展体制机制和政策体系的意见_中央有关文件_中国政府网[EB/OL].http://www.gov.cn/zhengce/2019-05/05/content_5388880.htm.

[③] 中共中央 国务院关于实施乡村振兴战略的意见_中央有关文件_中国政府网[EB/OL]. http://www.gov.cn/zhengce/2018-02/04/content_5263807.htm.

[④] 习近平. 决胜全面建成小康社会 夺取新时代中国特色社会主义伟大胜利——中国共产党第十九次全国代表大会上的报告[N]. 人民日报, 2017-10-28.

第三，推动发展绿色农业。大力推广农业生产领域的耕地休养生息和轮作休耕制度，逐步减少直至停止使用化肥农药。

其次，要完善农业社会化服务体系。第一，引导和扶持小农生产。提升组织化程度，改善生产设施条件，加强农产品品牌建设，提高产品档次，提高产品附加值，帮助小农户对接市场，不断促进小农户和现代农业发展有机衔接，发挥农垦在质量兴农中的带领作用。第二，完善农贸政策体系。优化资源配置，提升抗风险能力，积极参与全球农业贸易规则制定，增加高附加值农产品出口，提高农产品国际竞争力，加强与"一带一路"沿线国家农贸合作，构建农业对外开放新格局。第三，培育新型农业经营主体。支持和培育具有国际竞争力的农业企业，发挥新型农业经营主体的带动作用。第四，培育农业服务组织。打造区域公用品牌，提高农业生产社会化服务水平。

最后，要健全农业科技创新体系。第一，加大农业科技资金投入力度。农业现代化离不开科学技术在农业农村的应用，必须加快农业信息化建设，推动农业科技创新不断发展。第二，提高农业科技成果转化效率。建设面向全行业的科技创新基地，建设现代农业产业科技园区，加强农业绿色生态技术研发应用，优化农业从业者结构，加快农业科技成果转化和推广应用。推广工业品下乡，改进农业机械化生产运作，推进农机装备产业转型升级，提高农业劳动生产率。加强农田水利建设，提升耕地质量，将最新的农业科学技术成果应用到现代农业生产中，充分利用科技的引领作用，通过科技创新激发农村各个领域发展新活力，促进现代技术与农业生产、农村生活融合。第三，以信息化手段加强农产品质量监管。完善农产品质量安全追溯体系，确保食品安全。

2.构建农村现代产业体系

发展农村产业，要在改造农村传统生产方式，提高农业综合生产能力、综合效益和竞争力，激发农业农村发展活力，补齐农业现代化短板的基础上，着力构建现代化农村产业生产和经营体系。当前，我国农业处在转型升级时期，在巩固和完善农村基本经营制度的前提下，应不断加强制度创新，着力推进新一轮土地产权制度和农业经营制度改革，推进农业供给侧结构性改革。在体制机制创新的带动下，合理配置城乡资源，加快城乡要素双向流动，促进产品等价交换，推动城乡要素市场和产品市场一体化；鼓励新型农业经营主体尝试适度规模化、集约化生产经营经营，延长农业价值链；鼓励农民利用农村各地自然人文资源、区位及其他比较优势，发展特色产业，加快发展新产业新业态，促进农民增收，建立发达的非农产业体系，形成城乡产业分工合理、优势互补、互利互惠的格局，实现一二三产业融合发展。

首先，要加强生产经营制度创新。第一，健全城乡分工体系、交易机制、经营体系和产业融合发展体制机制。不断完善城乡产业分工和业态分工，提高农业分工水平，提高城乡市场的交易活力，实现城乡功能的对接，使区域、产业和组织分工体系达到平衡，使乡村经济参与专业化分工并分享分工收益。第二，应用信息网络技术和仓储物流技术促进产业发展。利用"互联网+"创新农业技术共享和农产品电子商务平台，建设和完善仓储物流体系和服务网点，推动转变农村生产经营模式，拓展农产品生产和销售渠道，实现城乡生产、消费领域对接，为农产品打开销路，减少交易成本。第三，健全农业社会化服务体系。推动农村生产性、生活性服务业快速发展。

其次，要鼓励和发展新型农业经营主体。在稳定农村基本经营制度的前提下，稳步推进农村土地"三权分置"改革，加快农村土地经营权流转，培育新型农业经营主体，推动适度的农业规模化生产经营，提高农村经营的产业化和组织化程度。第一，支持农产品精深加工企业发展。建设农产品加工企业园区，开展农产品精细化加工，深度开发和综合利用农产品，延伸农产品价值链，优化农产品供给结构。第二，支持特色产业发展。培育农产品品牌，提高农产品附加值和市场竞争力，加快现代林业、养殖业、海洋渔业发展，拓宽农民增收渠道。第三，完善农村市场竞争机制。允许农产品加工企业兼并重组，淘汰落后产能。

最后，要积极培育新产业新业态。第一，构建新产业和新业态培育机制。适应城乡居民消费需求结构和需求层次的新变化，提高农村新增建设用地中用于支持新产业新业态发展的土地所占比重，并加强标准制定和政策监管。第二，因地制宜地开展特色产业。在一些具有内生发展要素资源村庄，利用红色文化资源、休闲旅游资源，传承红色基因、发展乡村休闲旅游产业，打造乡村旅游精品工程，发展休闲农业、创意农业、特色文化及健康养老等产业，壮大乡村经济。第三，传承和发展优秀农耕文化。注重保护以文物保护单位和传统村落为代表的地方和民族特色文化资源，在继承优秀传统文化、吸收工业文明和外来文化的基础上不断推陈出新，发展特色文化产业。

3. 优化城乡产业分工布局

产业在城乡的合理分工布局是实现城乡产业融合发展客观要求。现阶段，我国城乡产业分布不均衡的现象仍然较为明显，第二、三产业大多集中于城市，农村产业仍然以分散经营的传统农业为主。城乡产业发展面临农业生产结构性产能过剩、农村产业体系不完善、农产品附加值低、城乡产业互补性较差、一二三产业融合程度较低等一系列问题。要实现高质量发展，促进城乡产业融合，必须不断优化城乡产业分工布局，加快提高城乡产业分工协作水平。

首先，要适应产业发展新要求。第一，加快中心城市现代化产业体系建设。促进高端制造业、现代服务业、高科技研发产业快速发展。第二，向农村转移劳动密集型制造业和服务业。充分利用农村剩余劳动力资源，促进劳动力向劳动密集型加工制造业、服务业转移，促进农民增收，减少生产流通成本，实现农业人口就近市民化。第三，面向农村市场。要不断扩大内需，挖掘国内市场潜力，促进城市制造业和服务业面向乡村市场，减少对国际市场的依赖。

其次，要壮大县域经济。面对当前更加开放、复杂的国际环境，依靠加工制造和出口贸易拉动经济增长的传统模式必须尽快转型为依靠投资和内需发展。当前我国正开展供给侧结构性改革，不断淘汰落后产能，加快产业转型升级，寻找新的经济增长点，依靠扩大内需充分开发国内市场。近几年，随着劳动密集型企业向中西部地区迁移，进一步优化了中西部地区的产业分工布局。城镇化将成为今后我国扩大内需、推动经济发展、促进社会转型的重要动力。发展县域经济，利用区域中心城镇聚集效应，将农村产业发展与城镇化相结合，带动三次产业融合发展，依靠市场需求带动县城和村镇产业结构转型，吸纳农业人口就业，推动农民就地市民化，有利于借助人口聚集效应形成广阔的市场，从而有效拉动投资和消费，有利于实现从依靠国外市场向自给自足、依靠内需拉动经济发展转变。①

最后，要抓好小镇建设。村镇是乡村和城市的连接点，发展村镇可以繁荣乡村产业、增强农村内生发展动力，起到吸引资金和人才向农村流动、吸纳农业过剩人口从事非农生产和促进人口就地城镇化等作用。农业人口在村镇从事服务业或加工制造业，可以有效避免农村劳动力流失造成的乡村"空心化"现象。目前我国已经进入村域城镇化快速发展阶段，村域人口数量、经济发展、公共服务和基础设施等方面都在接近城镇。村镇数量庞大、种类繁多，提升空间大，要想破解城乡产业分工布局不合理问题，应重点关注村镇的建设，通过开展村域城镇化和就地市民化建设特色小镇，不断提升村镇的地域功能。当前国家中心城市和城市群建设加快，城镇化正推动区域发展及城乡关系不断变化，村镇发展对城乡关系意义重大。推进特色小城镇建设、发展小城镇有助于实现农村人口的就近非农转移，加强城乡交流，优化城乡产业分工布局，促进城乡产业融合发展。

（五）完善规划编制，促进城乡空间有机融合

空间融合程度是城乡融合发展水平的主要表征。改革开放之前，在城乡二元经济体制作用下，工农业产业分工明确，城乡边界清晰，城乡空间二元分割特征明显；改革开放以后，城乡交流逐渐增加，产业联系逐渐加强，城乡边界逐渐被打破，城乡空间开始呈现交错态势，空间二元对立状况逐渐发生变化；新时代背景下，随着要素双向流动和产业分工逐步加深，信息技术和道路交通建设逐步加快，经济社会组织化程度不断提高，城乡和区域之间的空间融合程度在日益加强，当前正加快从"点线面"分布向"网络化""立体化"的空间格局转变。加强空间治理，促进城乡区域空间融合，必须从微

---

① 参见卢昌彩. 加快推进我国城乡融合发展的思考 [J]. 战略与决策, 2019（01）: 46-49, 55.

观到宏观层面综合考虑，一体规划城乡基础设施建设、加强城乡生态环境治理、推动区域之间协作共赢，通过完善规划编制和政策体系，促进城乡空间有机融合。

1. 一体规划城乡基础设施建设

农村基础设施提档升级，是缩小城乡基础设施差距、补齐农村基础设施建设短板、实现城乡基础设施互联互通的有效途径。农村公共基础设施建设应该不断创新资金投入方式，增加资金投入渠道，建立城乡统一的规划、建设、管护机制，坚持"先建机制、后建工程"，同时加强管理维护和资金监管。

首先，要一体规划城乡基础设施。第一，利用规划设计统筹推进城乡基础设施建设。科学编制市县发展规划和城乡空间规划，注重"一体设计""多规合一"，落实"三区三线"建设。第二，以市县作为基础设施统筹规划的基本单位。推动基础设施网络一体化发展，从区域整体上统一规划城乡交通、水电、信息、能源、垃圾和污水处理等方面的基础设施建设，实现"互联互通、共建共享"。第三，培养规划设计人才。

其次，要一体建设城乡基础设施。第一，明确基础设施建设责任分工。以县市政府作为城乡基础设施建设的直接落实单位，中央和省级政府则分别负责支持和统筹。第二，对基础设施建设资金投入主体进行分类。政府主要负责对公路等公益性强的基础设施建设进行投入，企业主要负责对电力、运输、通信等经济回报率较高的基础设施建设进行投入。除此之外，对于经济收益稍低一些的基础设施，如自来水、农贸市场、垃圾清运及污水处理等，应该在政府增加投入的基础上，动员村民和社会资本积极参与投资。第三，探索城乡基础设施项目整体解决方案。

最后，要一体管护城乡基础设施。第一，明确城乡基础设施的产权归属。在此基础上，进一步明确管护责任，规范管理制度，确立运行模式。第二，提高财政对公益设施运行和维护的支持力度。第三，加快基础设施建设运营的市场化改革。推进相关事业单位改革，同时支持专业化基础设施运营管理企业发展，提倡"以政府购买服务等方式引入专业化企业"。①

2. 加强城乡生态环境治理

党的十九大报告提出"建设生态文明是中华民族永续发展的千年大计。必须树立和践行绿水青山就是金山银山的理念，坚持节约资源和保护环境的基本国策，像对待生命一样对待生态环境"②。"生态宜居"是乡村振兴的关键。实施乡村振兴战略、实现城乡融合发展，必须认识到生态资源的重要价值，树立尊重自然、保护自然的观念，促进人

---

① 中共中央 国务院关于建立健全城乡融合发展体制机制和政策体系的意见_中央有关文件_中国政府网［EB/OL］. http://www.gov.cn/zhengce/2019-05/05/content_5388880.htm.

② 习近平. 决胜全面建成小康社会 夺取新时代中国特色社会主义伟大胜利——在中国共产党第十九次全国代表大会上的报告［N］. 人民日报, 2017-10-28.

与自然和谐共生。生态环境属于公共产品范畴，提高城乡生态环境质量，有赖于统筹城乡生态环境治理，建立城乡生态补偿机制，加快促成城乡环境保护一体化格局。当前应重点解决农村人居环境等突出问题，持续改善农村生态环境，保持城乡生态环境治理协调发展。

（1）持续改善农村生态环境

首先，要统筹山水林田湖草系统治理。第一，实施生态系统保护和修复工程、防护林体系建设工程，统一保护、统一修复山水林田湖草。第二，扩大耕地轮作休耕试点，完善生态保护修复、天然林保护及耕地草原森林河流湖泊休养生息制度。第三，开展国土绿化、退耕还湿、退耕还林还草、退牧还草、河湖水系连通和河塘清淤行动，合理控制水资源消耗。第四，奖励和补助草原生态保护行动。第五，防范外来生物入侵，保护生物多样性。

其次，要加强农村突出环境问题综合治理。第一，加强农村基础设施建设，改变以往农村设施建设缺乏规划、脏乱差的人居环境，保持村容整洁。重点整治农村生活垃圾和生活污水，统一清运垃圾，普及旱厕改造，建造污水集中处理设施。提高饮用水标准，加强绿化。注重环保基础设施建设及其后期维护管理。第二，加强面源污染防治，防止城市和工业污染向农村地区转移。第三，开展土壤污染治理，修复重金属污染耕地，保护土地资源。第四，综合处理畜禽粪污、农作物秸秆及废弃农膜。第五，防控病虫害，减少化学肥料的使用，开展清洁生产、发展绿色农业。第六，加强农村水环境治理，控制北方地区地下水超量开采，保护农村饮用水水源。第七，落实环保主体责任，加强环境监管。

再次，要建立市场化多元化生态补偿机制。第一，明确农业功能区划分，完善生态环境保护激励和约束机制，以工代赈开展生态建设和保护。第二，加大转移支付力度，鼓励地方推行商品林赎买、重点水域禁捕补偿、生态产品购买等市场化补偿制度，促进重点生态区位生态保护。第三，提高农民生态保护意识，普及生态农业生产实用技术，完善农业补贴制度和激励机制，发展循环经济，提高资源利用效率。

最后，要增加农业生态产品和服务供给。第一，发展乡村生态旅游产业链，发展特色村镇，开发观光、休闲、养生、生态教育等生态旅游产业，提高农村自然和人文环境的承载能力，实现人与自然和谐共处。第二，在提供绿色生态产品和服务的同时，要加强生态保护区建设，保护生态环境资源，发挥乡村生态优势，促进生态和经济良性循环。①

---

① 中共中央　国务院关于实施乡村振兴战略的意见_中央有关文件_中国政府网［EB/OL］. http://www.gov.cn/zhengce/2018-02/04/content_5263807.htm.

（2）保持城乡生态环境治理协调发展

首先，要制订科学的城市发展规划。我国国土辽阔，但自然地理条件复杂，山地丘陵多而平原较少，耕地紧张，生态脆弱区域较多，适宜大规模开展城镇化建设的土地相对有限。在现行的土地管理和财税制度下，城镇化过程中城镇空间高速扩张，但城市功能和综合承载能力提升缓慢。由于过去的城市规划建设没有充分考虑到人口集聚带来的城市公共服务需求增长，城区到处大拆大建，基础设施建设和维护跟不上城市发展速度，产生交通拥堵、大气污染、缺水、垃圾填埋污染郊区环境等一系列问题，影响到居民幸福指数和城市长远发展。从实际看来，目前我国的人均城镇建设用地已远远高于国外水平，基本已经可以满足城镇化成熟阶段城镇人口的用地需求。因此，城镇化发展要立足国情，转变过去粗放式的城市蔓延扩张，坚持高效集约，开发利用城市闲置土地，建设集约城市。通过城市用地置换，盘活城市存量土地，提高土地利用效率，优化城市空间结构，提高城市人口承载力。

其次，要提高城市人居和自然环境质量。第一，加强城市基础设施建设。优先发展公共交通，改善城市环境，提高防灾减灾能力，提高城市综合承载能力，使城镇化过程中的人口增长、社会发展和资源环境承载能力相协调。第二，提升城市管理水平。依靠现代信息技术手段，促进城镇化和信息化融合发展，促使城市建设和管理有机结合。第三，注重资源节约和环境保护，节约利用土地、资源和能源，坚持绿色低碳，建设生态城市。加强对生态源区、生态廊道和城市公共绿地的保护。

最后，要统筹城乡空间发展和生态环境治理。第一，加强城乡空间管理。建立城乡空间识别系统，对城镇地域进行空间识别，增强城市开发边界管理。第二，规划污染物的城乡一体化收集、运输和处理机制，防止城市污染物向农村转移。第三，明确生态环境责任主体。落实"谁开发，谁保护，谁污染，谁治理"原则，加强城乡生态环境的监测和管理。

3.推动区域之间协作共赢

改革开放以来，随着经济特区成立和对外开放，沿海地区快速发展，东部和南部沿海地区城镇化快速推进，形成了长三角、珠三角、环渤海三大城市群，以及沿海等经济发达地区；20世纪90年代中后期，我国相继实施了西部大开发、中原地区崛起、振兴东北老工业基地等一系列战略举措，不断缩小区域之间发展的差距；党的十八大以来，"一带一路"建设、"粤港澳大湾区"建设、"长江经济带"建设、"长三角一体化"建设、"京津冀协同发展"等区域发展战略相继出台，有力地推动了我国区域协调可持续发展。

从当前发展实际来看，我国中西部地区发展相对落后，区域，大、中、小城市与城镇之间发展不平衡的问题仍然较为突出。随着经济社会发展，沿海地区产业和人口过度集中，给资源环境带来巨大压力，城市综合承载能力滞后于人口的增长速度，造成严重的"城市病"。受环境承载能力的制约，以及经济社会发展模式转变的影响，东部地区城镇化增长率将逐步放缓，而中西部地区城镇化步伐正逐渐加快。因此，现阶段必须尽快推进制度创新，树立区域协调发展理念，消除区域行政合作制度不完善等体制机制障碍，提高大城市对周边地区的辐射带动作用，探索新时期区域之间高质量协调发展道路，推动区域之间协作共赢。

实现区域协调发展，第一，要落实主体功能区战略。完善空间治理，建立国土空间规划体系，明确"重点开发区域""限制开发区域"和"禁止开发区域"，"推动形成主体功能约束有效、国土开发有序的空间发展格局"①。第二，要优化城市规模和布局结构。坚持大均衡小集中，处理好集聚与扩散的关系，引导形成合理的城镇化空间。我国目前已经形成"两横三纵"国家城市发展轴，正加快推进国家"19＋2"城市群建设。通过"两横三纵"国家城市发展轴建设加强城市间合作，加快发展轴上产业的聚集，保持中西联动、总体平衡。以市场为导向发展城市群，突破区域和行政界限，加快人才流动，推进生产要素在区域内交换，形成产业集群和一体化市场，从而达到资源利用最大化，使区域空间综合协调发展，缩小区域差距，促进区域共同发展。第三，要根据各地实际发挥比较优势。城市群之外区域的城市数量和规模较小，产业发展基础较差，生态环境承载力较弱，人口不够集中，经济发展缓慢，因此必须因地制宜，依托现有城市加快培育和发展城市群之外的区域性中心城市，集中化布局人口和经济的发展空间，提升中心城市功能，形成合理的城市体系，从而带动周边地区发展，同时加快边疆地区基础设施建设，发展边贸城市，促进区域协调发展。

---

① 推动形成优势互补高质量发展的区域经济布局_新华网［EB/OL］http://www.xinhuanet.com/politics/2019-12/15/c_1125348940.htm.

第七章　新型城镇化背景下促进河北省城乡融合发展的对策建议

河北省东临渤海、内环京津，地处华北平原最为平坦的区域，是华中通往东北、西北等地区的交通要道，地理位置优越。众所周知，我国人口数量排名居世界第一，要尽量满足粮食的自给自足，免受他国威胁，就一定要大力发展农业。大面积的广阔土地易于形成大规模的商品化农业基地，这一地理优势奠定了河北省发展成为农业大省的基础。随着经济社会的发展，引进先进的技术、采用科学的种植方法才能充分发挥农业基础地位的作用，农业产业化、农村城镇化是农业现代化和我国现代化的一个必然过程。河北省虽然是农业大省，但农村经济并不发达，相反地，"三农"问题一直是制约其建设沿海经济强省的重要问题，因此，河北省作为一个农村人口占总人口大多数的省份，要发展经济，提升全省的综合竞争力，就一定要发展农村经济，提高城镇的工业化水平，以逐步打破二元经济结构所造成的限制，促进城乡融合发展。

为了促进新型城镇化背景下河北省城乡融合发展水平的提升，不仅要从宏观上把握中国城乡融合发展的问题，还应当在微观上针对新型城镇化背景下河北省城乡融合发展过程中存在的主要问题，探索适合河北省情的城乡融合发展之路，这是实现河北乡村振兴的关键所在。应从中央、地方、乡村不同层面做出努力，以促进河北省城乡融合的健康、快速发展，同时，应适当借鉴国内外优秀经验，如德国倡导的"等值化"理念，制订城乡整体发展规划，积极推广农村机械化作业，发展生态农业的经验；美国注重加强政策引导，成立区域规划协会，推进农业企业化和现代化的经验；日本注重深度开发农村经济，加大基础设施建设，促进城乡交流的"疏密平抑"模式；国内成都、温州、苏南等地，在城乡融合发展方面因地制宜的创新实践。本章是全书研究的旨归，在前文论述的基础上，将从加大资源型城市转型发展力度、推进特色小镇健康合理建设、优化城镇空间结构、提高城市承载力与城乡公共服务能力、构建乡村治理体系，以及促进城乡商贸流通一体化发展等七个维度探讨新型城镇化背景下促进河北省城乡融合发展的对策建议。

一、加大资源型城市转型发展力度

资源型城市是一种特殊类型的城市，是以石油、煤炭、铁矿等自然资源开采、加工为主导产业的城市[①]，一般均为区域性或全国性的能源保障基地，是我国经济社会可持续发展的重要支撑，长期以来，为我国经济社会发展作出了巨大贡献。但是，由于缺乏长远规划、资源衰竭等原因，这些城市在发展过程中面临着产业结构畸形、生态环境恶化、污染严重及城乡空间布局不合理等一系列问题。党的十八届三中全会提出："坚持走中国特色新型城镇化道路，促进城镇化和新农村建设协调推进。"[②]2014年3月，《国家新型城镇化规划（2014—2020年）》进一步明确了新型城镇化的发展方向与工作部署。按照国务院印发的《全国资源型城市可持续发展规划（2013—2020年）》，资源城市（设区市）名单（2013）中河北省共有14个，其中包括张家口市、承德市、唐山市及邢台市、邯郸市等5个地级市，占河北省地级市的近半数。如何维系好这5座城市的转型及可持续发展，如何借力新型城镇化，推进经济、社会、发展方式转型，培育多元绿色低碳产业，提高生态环境承载力，对于促进河北省城乡融合发展以及河北省经济建设具有重要的战略意义。笔者以河北省资源型城市邢台市的发展情况为例，探讨资源型城市转型战略，为河北省的资源型城市转型乃至全国的资源型城市转型提供借鉴。

（一）邢台市转型战略

1.战略目标

以加快转变经济发展方式为邢台市转型战略主线，进一步深化改革开放，依靠体制机制创新，统筹推进新型工业化和新型城镇化，培育壮大接续替代产业，加强生态环境保护和治理，保障和改善民生，建立健全可持续发展长效机制；坚持统筹协调、分类指导，努力化解历史遗留问题，破除城市内部二元结构，加快资源枯竭城市转型发展，有序开发综合利用自然资源，提升城市综合服务功能，促进资源富集地区协调发展。

2.战略重点

针对邢台市目前的经济环境状况，在资源型城市转型过程中，需要着重处理好五个重点：接替性产业选择、矿山生态环境恢复与治理、高新技术产业研发、发展生态农业以及开发旅游资源。

[①] 国务院关于印发全国资源型城市可持续发展规划（2013—2020年）的通知［EB/OL］.http://www.gov.cn/zwgk/2013-12/03/content_2540070.htm.

[②] 中共中央关于全面深化改革若干重大问题的决定［N］.人民日报，2013–11–16.

（二）邢台市转型实施方案

1.融入区域发展环境

（1）明确自身定位角色

作为京津冀协同发展的一个重要节点，作为中原经济圈的北大门，邢台市的发展要站在区域角度明晰自身定位和角色。未来的发展要利用现有的农业、工业和服务业基础设施，发挥资源在经济发展中的优势，推动农业产品深加工，融入地区医药产业园，在区域经济的链条中占据重要地位；同时把旅游产品作为产业发展重点，打造区域休闲生态旅游中心。

（2）接力全省产业升级

伴随着河北省的城镇化水平不断提升，城市群的资源聚集效应已经向生产要素与集聚人才方向转变，邢台市的发展要紧紧抓住这历史机遇，加快搭建 2 小时经济圈和3 小时经济圈。在搭建好政策、地面、空间平台的基础上，吸引来自北京、天津等地的工业产业转移，借助外力完善区域功能，提升城市的影响力和竞争力。

2.统筹推进城市发展

（1）提高中心区域整体竞争力

建成高效便利的市政服务体系和便利高效的生活服务体系，强化市区的公共基础设施建设，优化各个社区的交通布局：将"乡镇做美、县城做强、新城做大、老城做好"的思路贯穿始终，优化社区的养老服务，完善利民网络，提升城市的整体承载力；优化市区的交通布局，加快轨道交通建设，在近两年内完成高铁交通枢纽、太行山高速公路、邢台市环城高速及邢台国际机场的建设。打造一批包括邢台市博物院、邢台市国际会展中心、邢台金融大厦、邢台工会大厦、邢台市规划展览馆等在内的地标工程；打通兴达路向南、新华路向北、建设大街向东等断头路段，在莲池大街建造立体化交通桥梁，市中心拥堵路段设置过街天桥和地下通道；系统化落实包括新河路、正新路及泉北街道等市区主要交通道路的路面提升改造；部署落实中央公园工程，对市区的闲散空地加以利用改造，成为角落公园或城市绿化带；对辖区内的河流进行治理，实现市民生活环境的质量飞跃，提升居民生活的幸福指数，打造惠民工程、亲水工程；加速城市网络的全覆盖，迅速形成Wi-Fi信号的全面接入。

（2）促进人口向中心聚集

借助邢台市战略转型的机会，通过产业的优化升级改造和新企业的建立、老企业的规模扩张，促进玻璃产业园区、创新产业园区及国际物流园区等核心产业与城市的协调发展，快速提升劳动力转移的速度，承接产业转移的劳动力聚集效应，吸收农村和城市周边富余的劳动力资源，重点引导人口向主城区和周边的产业园区聚集，做强做大中心城区。

打造田园式的农业产业集团，明确土地流转权限和承包经营权确权登记，设置农业科技推广站，提升服务水平和现代化水平。下大力气培育邢台经济开发区、沙河玻璃产业园、宁晋线缆产业园等高规格的园区，建成一批具有国际竞争力的产业园区，强化与国内外先进企业的对接合作，有效强化经济发展的内生动力。

（3）培育城市转型特色产业

立足于邢台市的人口和资源现状，选取部分具有产业特色的县域实体和乡镇实体作为整个邢台市的区域发展核心。弥补城镇发展过程中的历史欠账，保障各类服务设施得到土地供应。通过生活的服务多元化体系，打造便利的城市生活环境。

结合当地的自然资源、矿产资源及文化旅游资源形成地域发展特色，以小核心的区域发展带动邢台大区域的经济发展，使邢台市的战略转型落到最难推动的县域经济上来，让小区域成为大区域转型升级的空间载体。

实施旅游产业化和质量强旅工程，重点推进高速公路、国省道干线至景区的旅游专用公路建设，解决"最后一公里问题"。谋划推进太行高速带支线旅游道路建设和"太行天路"旅游大道建设，使各景区互联互通，融为一体，构建旅游大交通、大网络。加快自驾车（房车）营地建设，重点抓好天河山、紫金山、大峡谷、内丘鹊山水世界、沙河五仓沟及巨鹿老漳河等 15 个大型自驾车营地建设项目。加快景区接待酒店（农家乐）建设，继续抓好西部山区重点景区度假型酒店建设，规范提升农家乐、旅游购物商店等服务设施。

3. 促进城市特色发展

（1）立足本地培育特色

以邢台本地的优势产业为依托，着力于资源采掘业和城市综合体的改造提升，创建多种特色产业模式，创新管理体制机制，培养一批具有邢台特色的地域经济实体，发挥这些实体的龙头带动作用。

打造邢台市各区域的旅游文化产业园区，重点发展资源深加工、文化旅游等具有邢台历史文化的产业，尤其是旅游业。加快大运河文化旅游带建设，开发建设清河油坊码头、临西清真寺等，打造运河文化旅游产品。充分发挥旅游景区的辐射带动作用，鼓励和支持周边群众依托景区发展种植养殖、特色旅游产品，延长旅游扶贫产业链，通过规范建设农家乐、精品民宿，发展"景区带动型"经济，带动周边农民增收致富。

（2）打造不同主题特色小镇

以独特的旅游文化资源为载体，挖掘各县的旅游文化和特色，罗列出不同的旅游主题，塑造鲜明的文化符号，比如宁晋县的电缆，提到沙河就能想到的玻璃产业园，打造一批优势明显、特色突出、服务齐全、产权清晰的特色小镇。

邢台具有非常悠久的历史文化，拥有着紧邻太行山的先天优势，在开发旅游度假区、国家级森林公园及高级别自然保护区等方面具有竞争力，可以发展具有北方特色的养老服务终端产业，推动民宿观光、乡村旅游等。建设柏乡牡丹园、宁晋工笔画产业园、平乡梅花拳文化园、清河万亩山楂园、威县万亩梨园、广宗葡萄小镇、平乡绿洲庄园、广宗巨鹿万亩杏园、新河红枣采摘观光园、南宫南湖度假村、南和农业嘉年华及任县休闲农业等特色旅游项目，培育旅游业发展新的增长极。

（3）重塑特色旅游形象

坚持以人民群众为核心，致力于提升广大人民群众的生活水平。尽全力抓好城市内的河流整治，包括顺水河、大仙桥等，按照转型战略的安排部署，保质保量地完成各个节点任务。在防汛设施修建上，既要兼顾防灾抗灾能力，又要与城市的特色发展趋于统一，确保规划设计与特色城市的发展要求相适应。

借助旅发大会平台，精心策划旅游品牌，强化旅游宣传营销，塑造邢台旅游新形象。继续开展央视媒体旅游形象宣传，重点做好旅发大会和"邢台号"高铁旅游宣传，组织举办内丘扁鹊庙会、邢台县桃花节、柏乡牡丹节、清河山楂节、威县梨花节及天河山爱情文化节等重大节庆活动，打造"清凉中太行、健康养生地"旅游品牌，提升邢台旅游知名度和影响力。借鉴外地先进经验，制定出台地接优惠政策，鼓励当地旅行社开展地接业务，搞好客源地市场营销，积极招徕外地游客。

（4）大力发展全域旅游

按照邢台市的区域划分，推广全域旅游，树立起以旅游带动人民富裕的目标，深入开发现有的自然资源和文化资源，创建精品品牌。通过个体化发展、差异化发展、品质化发展，以农家乐、生态农业观光采摘、生态休闲为重点，进一步完善旅游基础设施，通过精心打造精细化旅游线路，积极探索太行山旅游体系的构建，使邢台成为京津冀旅游体系中的重要节点城市。

全力推进沙河、临城两个重点旅游片区建设，打造百里太行旅游产业带构建格局。强化国家级品牌争创力度，继续开展5A级景区创建活动，推动全域特色旅游建设，提升旅游服务与设施质量，完善旅游服务监管体系，加大、加快产业转型升级力度。抓好以太行山大峡谷国家地质公园、前南峪为核心，以天河山、紫金山、周公山、九龙峡为支点的国家5A级景区创建工作，建设大型游客集散中心、度假酒店、生态园区、古村落、特色小镇及美丽乡村等30多个项目，打造旅游观光大道250多千米，构建全域旅游配套体系，打造北方生态旅游名城和旅游强市，推进太行山区旅游再上一个新台阶。

4. 推动产业体系多元持续发展

（1）横向发展促进产业多元化

现代农业的发展趋势是专门化、特色化、生态化、产业化、规模化，因此要推动邢台市农业的专门化、特色化、生态化及产业化，推广农业生产的新应用、新技术，改善目前的农业生产方式，由小农经营向集约化经营、规模化经营转变，推动企业和农业专业合作社强强联合，提升发展质量，扩大规模效益；发展特色蔬菜、优质果蔬等绿色产品，打造农业特色品牌。

要扩大和提升工业产业体系，深入发展农牧产品深加工、升级装备制造业、绿色建材等，提升产业实力；承接北京、天津以及河北省其他地市产业转移，积极培育新兴产业和战略科技产业，促进经济的转型升级；推动农牧产品的精加工，使农特产品加工产业广泛吸收农村富余劳动力；统筹城镇和乡村的发展，使其成为富裕农民的有效载体。

要围绕企业、工厂、学校等大众性服务需求及本地居民的生活需求，打造特色旅游线路，带动沿线的宾馆住宿、餐饮娱乐、电子商务、金融服务、咨询服务及社区卫生服务等行业快速发展，迅速提升服务业乃至第三产业水平。多元化地发展各个行业，促进产业之间的相互协调，转移和吸收因转型升级和工厂企业升级改造带来的劳动力外溢。

（2）以产业链促进产业集群

紧紧把握京津冀协同发展的历史战略机遇，抓住国家推进的《中国制造 2025》历史时机，围绕邢台市的优势产业积极延伸产业链条，大力发展绿色生态农业，创新驱动，绿色发展，加大培育新型战略产业力度，重点放在装备制造业，推行"互联网+"在各行各业的应用，提升玻璃产业的市场竞争力和影响力，打造产业园区。支持北京汽车集团与本地企业的联合，打造新能源汽车生产基地。加强宁晋县的电缆产业、临西县的轴承制造、平乡的自行车整体生产销售等县域经济，打造一批产业群。强化工业园区的建设，全面推进清洁能源生产，构建清洁、循环、低碳、高效的绿色工业体系，引导邢台市工业向园区化、集约化、绿色化、智能化发展转型。

（3）依托重点项目实现支撑增长

受总体环境、能源限制供应、大气污染限制生产、水资源限制开采等因素的影响，邢台市的经济发展趋于缓慢，转型之后缺乏有力的产业支撑来稳定经济。针对产业转型和发展的重点方向，充分借力京津冀协同发展的历史机遇，结合河北省对邢台市的各项政策扶持以及金融政策倾斜，系统梳理邢台市所能承接的产业转移项目以及符合邢台市资源条件的重点工程，把资源优势转化为产业优势，打造好项目建设的基础条件，提升项目引进的竞争力，集中力量推动落实，为邢台市的经济发展添加动力。

5.强化生态保护与绿色发展

（1）强化生态区保护，确保区域功能不退化

在邢台西部地区的保护林地、湿地公园、国家森林公园等重要生态区设置"警戒线"，只能增多，不能减少。优先保护已经建成的生态旅游区，如崆山白云洞、邢台大峡谷等，加快其他正在建设的风景旅游区、名胜古迹旅游区的保护，强化区域内速生林、公益林的建设，打造邢台区域内重要的生态屏障。

（2）强化水资源、大气环境支撑力

确立保护邢台区域内的生态用水前提，优先规划利用非自然水资源，合理开采地下水，控制农田灌溉用水量，强化农业现代灌溉基础设施建设和推广，合理调配水资源，确保工业、农业、生活用水及排放不突破生态红线，不突破环境的支撑力，逐步解决地下漏斗区等次生地质灾害问题。

落实相关的环评审批手续、排污审批手续，确保工业排放符合相关产业环境标准，在保证环境质量的前提下达标排放。强化市区的大气环境监测，确保主要大气污染源在城市环境可承受范围内。

（3）构建绿色产业体系

以构建绿色产业体系为目标，根据绿色生态经济的相关要求，按照河北省的有关要求落实。在第一产业中，提升生态农业、有机农业、绿色农业的比例，增加相关生产基础设施投资，搞好绿色营销，打造和推销农产品的绿色品牌，不断提升相关农产品的附加值和品牌效应。在第二产业中，关闭高污染、高耗能的邢台东区热电厂、邢台矸石热力发电厂，去除所有的石膏项目产能。大力推动新型战略产业、节能环保产业、新型材料加工业等产业的发展，坚持发展绿色生态工业，丰富绿色工业产品，打造绿色工业品牌。运用市场化、法治化的手段，有效处置一批僵尸企业、无证企业和高污染化工企业。第三产业中，重点发展商贸旅游、电子商务及休闲度假等服务业，提升第三产业服务比例。

6.加速推动邢台矿业集团转型升级

邢矿集团要以党的十九大及党的十九届一中、二中、三中、四中、五中全会精神为指导，坚持质量效益优先，坚持市场导向、问题导向，坚持依法治企，积极稳妥推进转型升级，做好增量、盘活存量、主动减量，打造"煤为基础、多元支撑、机制灵活、效益突出、安全稳定、绿色低碳"的综合型现代化企业。

（1）树立科学转型思想

第一，正确处理宏观调控与市场调节的关系。要始终坚持市场在资源配置过程中的决定作用，更好地发挥地方政府组织、推进和协调作用，不断强化市场手段、法治手段

去产能。先进的产能应保尽保、落后的产能应退尽退、引导退出的产能充分尊重市场机制和企业意愿；坚持以持续明确的标准体系去产能；坚持从严从重执法、坚决杜绝政府和企业的违法违规行为。

第二，正确处理长期与短期的关系。着眼于完成好当下的目标任务；着眼于化解当下的突出矛盾，努力做到"稳定、稳价、保供、安全、依法、有序"；立足长远促进健康发展，着重做好"僵尸企业"清退、转型升级、兼并重组和优化布局工作；建立健全长效机制，包括减量化生产、中长期合同、最低库存和最高库存、防范价格异常波动、增减挂钩减量置换指标交易以及严格控制劣质煤炭的生产流通和进口等。

第三，正确处理加法与减法的关系。既要发挥好优质产能作用，又要去除无效低效产能。随着产能削减的持续推进，在适当增加优质产能供给能力的同时，加速低效无效产能退出，掌握好基本原则——总产能只减不增，确需增加的产能必须是安全的、高效的、清洁的产能，优先发展环境成本低廉的产能；结合市场变动情况，严格统筹安排增减，合理接续。

第四，正确处理需求与供给的关系。煤炭和钢铁的去产能首先要保障市场供给的总量，不断提高供给质量，优化供给布局和供给结构。

（2）以煤为基础，形成多元支撑格局

按照"安全绿色、效率效益、稳定就业"的标准，以老母坡矿为样板，以金谷煤业、邢美矿业为基础，适度整合优质焦煤资源，走资源结构优化、组织集约高效、运营专业创新的新型发展道路，打造升级版的煤炭产业。同时，培育壮大能够对冲煤炭市场风险的支撑型产业，打造集地质旅游、休闲度假、生态农业于一体的地质旅游产业，打造升级版的化工产业、医疗养老产业、具有强大竞争力的综合性建筑施工产业，实现科研教育、后勤服务等产业平稳运营。

（3）激活企业机制，突出经济效益

坚持效益优先原则，实现企业战略转型。各类"适宜混合"的项目或产业，按照"宜独则独、宜控则控、宜参则参"的原则，积极探索混合所有制发展模式；对现有合作共建的项目，积极引入第三方参与，齐心协力，共同把合资企业做得更好；积极完善现代企业制度，提高企业运行效率，遵循市场经济运行规律，配套建立灵活高效的企业运行机制。突出效益优先原则，坚持节流与开源并重，妥善处理产出与投入的关系，千方百计地降低成本、增收益。

（4）建立健全安全管理的长效机制，走绿色低碳发展之路

严格按照行业标准推进安全生产标准化建设，建立健全安全管理的长效机制。突出"狠抓现场"和"狠抓落实"，大力提高安全工作执行力。本着积极稳妥的原则，积极

推进企业改革，坚持切实解决问题和疏导引领，把各项改革方案做得更细致、更周全，守住民生底线，追求共赢的结果。以转型升级、优化结构、科技创新等手段，不断探索绿色低碳发展之路。主动做好环保工作，上齐手段，规范运行，为环境治理尽到企业的社会责任。

二、推进特色小镇健康合理建设

特色小镇建设处于城市与农村的中间，是乡村振兴的一种有效形式，同时在城乡融合发展中起着重要作用。浙江省初次提出了特色小镇这一概念，并且对特色小镇进行了研究和实践探索，发现特色小镇建设是符合经济发展规律的，同时也符合城乡关系发展规律，对经济转型升级、新型城镇化建设有着不可替代的作用。在新的历史时期和新的发展阶段，特色小镇是创新的探索和成功的实践，它的发展和成就得到了国家的高度认可，并出台了一系列的相关支持政策。国家发改委根据特色小镇建设现状指出，特色小镇主要聚焦于特色产业和新兴产业，与行政建制镇和产业园区不同。特色小镇的建设必须抓住"特色"和"新兴"。在此背景下，2016年8月，河北省人民政府出台了关于特色小镇建设与发展的相关政策，为河北省建设特色小镇制订了发展目标和行动计划，并指出力争通过3至5年的努力，培育建设100个左右因地制宜、科学规划的特色小镇。在政府出台的一系列政策影响下，河北省特色小镇不断发展，体系日趋完善，虽然与国外和国内高水平的特色小镇相比还存在较大差距，但是作为城乡融合发展的重要载体，特色小镇是河北省大力推进的，为了能使特色小镇很好地发挥载体作用，必须推进特色小镇持续健康合理发展，从而推动河北省乡村振兴和城乡融合发展。

（一）深化体制机制改革规范特色小镇建设

要使特色小镇建设更加规范，必须深化体制机制改革。因此，要从处理好政府和市场的关系、保障各要素的配置、完善投融资体制机制及优化运营管理等方面出发，促进特色小镇健康合理建设。

1.处理好政府与市场的关系

党的十八届三中全会明确指出了政府与市场的新型关系，即发挥好政府的引导作用，让市场在资源配置中起决定性作用。而厘清政府与市场的关系对于特色小镇的建设和发展至关重要，因此特色小镇要尊重市场的运作方式，发挥市场的决定性作用和政府的引导作用。具体做法如下：一是政府应发挥好对特色小镇建设的引导作用。首先，政府应根据实际情况对特色小镇进行规划和编制，如根据产业优势、地域环境、历史文化等来对特色小镇进行规划和编制，让特色小镇突出特色、放大特色。其次，政府应注重特色小镇的基础设施和公共服务建设，加大对基础设施和公共服务的资金投入，制定相关的政策来维护基础设施和公共服务；同时，政府应保障好各方面的要素配置，如对土地、资金、人才等要素的合理配置，根据不同类型的特色小镇，做出不同的要素配置，如对于旅游型特色小镇投入更多的资金。再次，政府应积极引导特色小镇对文化内涵的挖掘和传承，严格要求对该方面的建设，可以出台相关的政策加以要求。最后，政府应引导对生态环境的保护，要求环境绿色发展。如对于投资商按照绿色建筑建设的，在财政、税收、审批方面给予全力支持。二是以企业为主体，市场化运作方式促进特色小镇建设和发展，减少政府在特色小镇建设中的过多干预，让市场在特色小镇的建设和发展中起决定作用，积极引导企业参与对特色小镇的规划设计和运营管理，充分调动企业的积极性，推进市场化运作，如可以实行 PPP 、BOT 等模式，让民营企业参与建设特色小镇。

2. 保障各要素的配置

特色小镇建设要在土地、资金、技术、人才等要素上进行合理配置。一是在土地要素上，首先要为特色小镇建设提供更多的用地优惠政策，减少烦琐的用地程序，如特色小镇建设用地可以直接由乡镇政府的相关部门审批，不用再到县级以上的相关部分走程序，对于特色小镇建设用地做出计划保证和优先安排，为不同类型的特色小镇做出用地指标安排，同时也要制定用地指标的奖惩制度，对于按规划完成的进行奖励，对于超出规划内的进行惩罚。其次，实行城乡建设用地增减挂钩，建新拆旧，对土地进行整理复垦，支持对废荒地的开发利用，以此来提高土地的利用率。二是在资金要素上，加大中央财政对特色小镇建设的资金投入，可以通过调控手段来保证资金的要素，如可以利用项目上的支持、财政上的减免、贷款上的补贴等手段来加大骨干企业的投资力度，还可以通过实行 PPP、BOT 等模式来促进社会资金对特色小镇的投入。三是在技术要素上，政府应积极引导特色小镇与城市新技术的交流，大力引进互联网、新材料、大数据、人工智能及生物技术等新技术，保证特色小镇与时俱进地运行，积极引导特色小镇发展"互联网+"的模式，为特色小镇注册淘宝、微信等账号，建立人工智能技术，如智能交通设施服务等。四是在人才要素上，政府首先要为特色小镇提供人才要素上的支持，对于不同类型的特色小镇配备不同类型的人才，如在科技创新小镇，应提供高端设计师、规划师及科技创新者等；在农业特色小镇，应提供农业专家、农业研究员等。其次，鼓励企业与大学联结，为大学生提供创新创业平台，这样，特色小镇有了大学生的引领，大学生也有了实践的基地。最后还要注重对内部人才的培养，如对当地民间手工艺人群体的培养。

3. 完善投融资体制机制

资金不足成了特色小镇建设和发展的障碍之一，为克服这一障碍，就需要积极拓展投融资渠道，并创新投融资体制机制。首先应加大中央财政对特色小镇建设的财政投入，光靠政府的力量是比较薄弱的，还可以研究设立特色小镇建设的专项项目基金，以此来促进特色小镇基础设施和公共服务建设，建立良好的人居环境，从而拉动高端企业和高等人才的集聚。其次，大力推进政府和社会资本的合作，以政府资金来撬动社会资金，也就是政府出资金搭好有利的平台，通过 PPP 模式来吸引更多的社会资金，让政府和社会共同参与特色小镇的建设和发展，为特色小镇的建设增添活力。再次，鼓励开发银行、农业发展银行、农业银行等金融机构对特色小镇的金融支持，如在信贷政策上对特色小镇给予优惠等。最后，应实行责权一体，以此来防止政府的债务扩大，实行"谁发债、谁负责、谁偿还"的方式，也就是中央政府不为地方政府承担债务责任，地方政府不为投融资平台承担债务责任。创新投融资体制机制，是特色小镇长久健康发展的必然要求，要不断地发掘合适的投融资体制机制。

（二）科学制定规划推动特色小镇建设

马克思主义城乡关系思想给我们的启示是，要进行科学规划，注重突出特色、农村文化的传承，以及农村经济的发展，才能够带动农村社会的发展，实现城乡一体化发展。而科学规划是特色小镇成功的前提，因此河北省特色小镇在建设中要因地制宜地进行科学规划，主要在突出特色、文化的传承与发展，以及农村经济带动等各方面做好规划，才能起到促进城乡一体化发展的作用。具体内容如下。

1. 注重特色规划

特色小镇作为城乡融合发展的桥梁，受到了各地区的重视，为了促进乡村振兴和城乡一体化发展，必须使特色小镇健康合理发展，因此我们应重视对特色小镇中的特色做出科学的规划。特色小镇的关键是特色，只有具有特色才能被称为特色小镇，所以特色小镇在规划中，应注重找准特色、凸显特色、放大特色、经营特色，让特色成为小镇最大的亮点，避免出现千篇一律的局面，而要打造"一镇一风格、一镇一特色"的局面。首先应找准特色。产业是特色小镇建设的重要根基，在特色小镇建设中注重挖掘产业特色，把握好产业定位，根据当地发展的实际情况，挖掘出来的产业应具有一定的知名度，招牌性强。如根据产业优势，建设特色产业小镇；根据历史文化优势建设特色文化小镇；根据建筑优势建设特色建筑小镇；根据生态优势建设生态特色小镇等。找准特色，是特色小镇建设最根本的要求，也是特色小镇建设的关键一步，所以一定要找准特色。其次，特色小镇找准特色后应凸显特色。特色产业应突出实用性和功能性，以起到传承和发展文化的作用等来凸显出特色，如以葡萄为主的特色产业，应突出葡萄的实用性和功能性，同时通过传承和发展关于葡萄的历史文化等，凸显特色。最后，应放大特色。特色小镇建设要放大产业特色，就应该研究特色产业的发展模式、发展路径等，如创新产业链，延长产业链，创造出最大价值链。如以种植葡萄为主的特色产业，应创新葡萄产业链，发展葡萄酒产业、葡萄干产业以及旅游观光产业等，使用新的发展模式，如"互联网+葡萄"模式，打开葡萄产业市场，来放大葡萄特色产业。

2.注重乡土文化的传承和发展

乡土文化是在特色区域长期积淀形成的，具有浓厚的物质文明、精神文明以及生态文明，乡土文化包含民俗风情、古建筑、村规民约等诸多方面。乡土文化在特色小镇建设中具有独特的魅力，是特色小镇的灵魂，所以特色小镇建设要注重文化的传承和发展。一要在特色小镇建设中，加强对古建筑的保护与改造，应做到加强法律保护意识，严格遵守关于文物保护的法律法规，加强对古建筑的保护和开发利用。其次，在保证原有古建筑文化的基础上，对古建筑进行保护性修复，要做到"轻形式，重细节"，删除能删除的细枝末节，保留原有的古建筑特点。再次，要提高全体人们的保护意识，只有人们自觉地保护古建筑，才能使古建筑长久保存下来，所以对人们进行古建筑知识的培训，开展"保护古建筑"主题活动等形式，提高人们的素质和道德意识。二要在特色小镇建设中，将乡土的文化艺术内涵融入产业产品中发展。在产品上，挖掘农产品的文化价值，在农产品的包装设计上、外观造型上以及形式构造上，增加文化创意，体现出乡土文特色，以提高产品的吸引力和竞争力。在产业上，将乡土的文化内涵融入产业中，有利于乡土文化的传承和发扬。要做到挖掘产业文化特色，可以通过田园风光、绿水青山等乡土资源，大力发展休闲农业、观光农业；可以通过特色民族、民俗文化资源，大力发展乡村手工艺、民族手工艺以及民族文化创意产业等。三要在特色小镇建设和发展中，多举办民族、民俗活动，使村民们产生情感共鸣，拉近人与人之间的距离。提高村民的幸福感是特色小镇建设重要目标之一，而其形式之一就是彰显浓厚的特色民族、民俗文化，大力开展民族、民俗活动，如乡村休闲娱乐活动，多举办跳广场舞、扭秧歌、戏曲比赛等活动。所以，特色小镇建设应注重乡土文化的传承和发展，不仅能提高村民参与特色建设小镇建设的积极性，还可以为特色小镇建设和发展提供丰富的乡土文化资源。

3.注重对农村经济的带动

目前，农村经济的发展是党中央非常重视的，农村的发展水平关乎我国城乡一体化的发展。党的十九大提出了乡村振兴战略，把乡村的振兴标为重点，而特色小镇作为乡村振兴的主要平台，在建设和发展中农村经济的发展有着非常大的影响，因此特色小镇建设应做到以下几点。一是特色小镇应加强同大、中、小城市的联系，吸引资本、技术、人才、信息、市场流入特色小镇，促进特色小镇经济的发展，再通过特色小镇的辐射作用，带动周边农村经济的发展。二是特色小镇应大力发展特色产业，创新产业链，促进产业达到最大的效益，实行产业化经营模式，产业的发展需要更多的劳动力，拉动当地村民就业，促进农民的增收，进一步拉动农村经济增长。三是特色小镇应在加快自身经济发展的同时注重基础设施和公共服务的完善，改善特色小镇和周边农村的居住环境，提高农民的生活质量，增强农民的幸福感指数。因此，在特色小镇建设规划当中，注重对农村经济带动的规划是一个科学的选择，只有这样，才能得到农民的大力支持，减少建设的阻力，进一步加快特色小镇合理建设的步伐。

（三）完善基础设施和公共服务促进特色小镇建设

基础设施和公共服务的建设体现着一个特色小镇建设和发展的水平，健全的基础设施和公共服务可以反映出特色小镇的建设和发展高水平；反之，则反映出特色小镇的建设和发展水平低，所以应该不断地完善基础设施和公共服务建设，来提高特色小镇的建设和发展水平。要想建立健全城乡融合体制机制，基础设施和公共服务建设至关重要。对于河北省特色小镇的建设，要完善基础设施和公共服务，应从建立合理的供给机制、加大中央政府的财政投入、加强后续管理和保护等方面出发。

1.建立合理的供给机制

河北省各级政府必须重视特色小镇的基础设施和公共服务供给不足的问题，采取相应的措施来解决此问题。建立合理的供给机制是各级政府的最佳选择。首先，政府应制定相关的优惠政策来调动农民的积极性，来引导农民投入基础设施和公共服务的建设中来，这样，基础设施和公共服务的建设才有足够的劳动力，基础设施和公共服务在劳动力方面得到有效的供给，才有利于推进基础设施和公共服务的建设。其次是改变基础设施和公共服务的供给决策机制，由"自上而下"的供给决策机制向"自上而下"和"自下而上"相结合的供给决策机制转变，建立基础设施和公共服务的回馈平台，倾听农民的声音，满足农民的要求，充分尊重农民的权利，构建从满足农民要求出发的基础设施和公共服务供给制度。最后，允许市场参与基础设施和公共服务建设，市场的参与可以改变基础设施和公共服务滞后、供给不足的情况，市场可以带来先进的发展理念、先进技术等，淘汰落后的基础设施和公共服务，建立先进的基础设施和公共服务，以此来满足对特色小镇的供给；同时，与时俱进的理念使基础设施和公共服务不断更新，彰显出特色小镇发展水平。建立合理的供给机制至关重要，只有这样，才能使基础设施和公共服务得到发展，满足人们的各种需求。

2.加大中央财政的投入

在特色小镇建设中，对基础设施和公共服务的投资，政府仍然处于主导地位，而政府的投资力量是非常薄弱的，导致基础设施和公共服务成为特色小镇建设和发展的短板，是特色小镇发展路上的"绊脚石"，所以应加大中央财政的投入力度。首先，中央财政对特色小镇的基础设施和公共服务投入应实行公平优先、效率兼顾的原则，由中央政府将专项资金转移给当地政府，而当地政府将这部分资金投入特色小镇基础设施和公共服务建设，从而减轻特色小镇建设的财政压力和负担。其次，在中央政府加大财政投入力度基础上，相关部门应加强配合力度，有效地整合下拨的资金，防止资金的分散、利用率不高等现象发生，同时应加强监管力度，公开资金发放的透明度，保证资金的真正落实。

3.加强后续管理和维护

特色小镇的基础设施和公共服务得不到完善的原因之一是后续管理和维护得不到加强，因此发挥不到实际效益，在河北省特色小镇建设中出现"重建设，轻管理"的不良现象，容易导致特色小镇经济发展缓慢，人们的生活水平低下，幸福指数逐渐下降，造成社会不稳定，道德素质低，破坏基础设施和公共服务，因此，加强后续监管力度和大力提高大家的保护意识对于特色小镇的健康发展至关重要。首先，应利用国家划拨的部分专项基金对基础设施和公共服务进行维修保护，做到定期对基础设施和公共服务进行检查和维修，延长基础设施和公共服务的寿命。其次，要针对特色小镇中的基础设施和公共服务制度相关法律法规，用相关法律法规来约束和控制对基础设施和公共服务的使用，以此达到对基础设施和公共服务的法律保护，同时也可以针对基础设施和公共服务保护制定奖惩制度，通过区域划分来管理和保护基础设施和公共服务，定期进行考核。如将基础设施和公共服务划分为 A、B、C 等区域，如果某区域管理维护得好，就进行奖励；某区域管理和维护比较差，就进行惩罚，通过奖惩制度来提高人们管理和维护的积极性。最后，要充分重视对相关工作人员以及农民的文化道德意识的提高，提高对基础设施和公共服务的管理和维护意识是非常关键的一步，保护意识不提高，无论再怎么管理，也没有效果。基础设施和公共服务的发展需要全体人员的参与，所以应定期在特色小镇以及周边各地区进行对基础设施和公共服务的保护意识宣传，定期对大家进行培训，提高人们的素质，有利于对基础设施和公共服务的管理和维护。总体来说，特色小镇的基础设施和公共服务形成"有建设有管理、建设和管理并行"的局面，同时人们的素质需要大大提高，共同参与保护，将有利于提高人们的生活质量，进一步促进特色小镇持续健康合理建设，带动乡村的振兴。

三、优化城镇空间结构

城镇空间结构是区域城镇在地理上的投影，和城镇发展具有密不可分的联系。河北省人口众多，经济体量大，且临近北京、天津，具有非常好的地理优势，但河北省的城镇化进程中存在诸多问题，对新型城镇化建设存在一定的阻碍。根据新型城镇化赋予城镇建设的新内涵，结合河北省城镇进程中出现的各种问题，笔者从城镇空间结构角度入手，对河北省城镇空间结构进行优化。通过对城镇空间结构的组合优化，为产业发展提供更加广阔的空间，有利于解决河北省当前城镇化进程中出现的问题，实现新型城镇化发展战略目标。

（一）城镇空间结构定义及内容

城镇是由自然资源、地理环境、气候等自然因素和政治、人文、交通条件等社会经济因素合力形成的结果。通俗来讲，城镇是不同种类的活动因素在地理空间上大规模聚集而形成的产物。根据活动因素种类、聚集程度及地理位置的不同，城镇呈现出不同的发展规模和内在特点，这些不同城镇在空间上的分布形成了城镇空间结构。因此，笔者定义"城镇空间结构"为一定区域范围内城镇在地理空间上的组合形式，也是城镇体系中的社会、自然和经济特征的空间表现形式。

1.城镇空间结构的构成要素

城镇空间结构由三点要素构成，分别是节点体系、线及网络和空间域面。节点是基本构成要素，是指在一定地理空间内经济活动极度聚集形成的中心化区域。节点本身是一片集聚的地理空间，其具有完善的功能系统、独特的地理位置。除此之外，节点是一个相对的概念，它是参照研究区域范围而设定的，在不同的参照情况下，具有不同的表现形式。节点之间并非独立的，由于贸易往来而存在一定的相互关系。节点关系有五种，分别为互补关系、从属关系、依附关系、松散关系和排斥关系。互补关系指的是节点在地域上通过各自分工协作完成产品生产，节点在产业上具有不同的布局，通过流通贸易满足市场需求。从属关系主要表现为政治上的从属。依附关系是指经济上的依附，卫星城是依附关系中的典型代表。松散关系是指节点的联系并非固定的，时而联系时而各自发展。排斥关系是指节点间在经济发展上存在相互竞争关系。

节点内部的功能系统和节点间的相互关系引申出城镇空间结构体系中的"线"和网络要素。"线"在城镇空间结构中表现为交通路线、市政工程路线和通信路线等，"线"在空间上的组合形成网络。通过"线"和网络实现空间地域中节点与节点的关系互动，实现城镇内部系统功能的正常运行。在对"线"要素进行分析时，重点应关注交通路线。交通路线是进行资源流动、经济贸易的空间载体，交通网络是实现整体区域范围内经济健康稳定发展的基础。

域面是节点和线的基础，泛指除了"节点"（城镇）、"线"（交通网络）以外的农村区域。域面的发展与区域整体经济发展具有十分紧密的关系。通常而言，域面的经济基础越好，区域间的节点数量越多，网络系统越发达，有利于完善区域内城镇功能和空间秩序；域面的经济基础越差，节点的经济流通性越差，不利于区域整体的协调发展。

2. 城镇空间结构的基本特点

根据城镇空间结构的定义及内容可以归纳总结出四大特点，分别为系统性、功能性、区域差异性和综合性。[①]

系统性反映的是空间体系中城镇间相互联系密不可分的特点。信息时代的到来使得城镇间的联系更加密切，每个城镇都不是一个独立存在的个体，而是在和其他城镇相互联系中发展起来的，逐渐形成一个完善的城镇系统。根据研究范围的不同，一定程度上的城镇空间所构成的系统又是更大研究范围内的子系统。城镇在空间上所形成的系统十分复杂，但在复杂的表面下，它们表现出非常有序的内在联系，每个区域的城镇空间结构都是在内在机制的驱动下形成的。功能性主要体现在三方面，分别为指示作用、优化作用和组织作用。城镇空间结构是一定区域范围内城镇发展的产物，通过对空间结构的判定和分析，能够及时指出城镇发展中存在的问题，实现有效组织优化城镇发展的目的。区域差异性是指不同区域内空间结构形式具有较大的差别，因此，在对城镇空间结构进行优化时，不能硬搬照套，要结合城镇空间的实际情况，有针对性地做出规划。综合性反应的是城镇空间结构总是在一定程度上落后于人们的生产活动和经济发展，需要根据实时的结构特点、经济形势、发展方向等综合作出调整。

（二）河北省城镇空间结构优化

1. 河北省城镇等级体系

通过系统聚类分析划分将河北省城镇划分为四类，根据省域中心城市、区域中心城市、地区中心城市和地方中心城市等四大类的划分方式，笔者得出河北省城镇分类结果。笔者对河北省 143 个城镇进行分类并根据分类建立河北省城镇等级体系，具体是：河北省省域中心城市有两个，为石家庄市、唐山市；区域中心城市为廊坊；地区中心城市有 8 个，为秦皇岛市、承德市、衡水市、张家口市、保定市、沧州市、邢台市和邯郸市；地方中心城市有 132 个，为各地级市辖区范围内的县级市、县级别的城镇。

2. 河北省城镇归属划分

（1）河北省城镇组团

在河北省城镇等级结构的划分结果中，通过 Arc GIS 测算各城镇之间的平均交通距离、平均达到时间，计算经济隶属度数据和中心城市可达性数据，并根据两种数据分别进行城镇组团划分。

经济隶属度数据和中心城市可达性数据在个别城镇组团划分中出现不一致的现象。例如，辛集市在经济隶属度上属于石家庄城镇组团，在中心城市可达系数上属于衡水城镇组团；兴隆县在经济隶属度上属于唐山城镇组团，在可达系数上属于承德城镇组团等。

---

① 参见朱坡. 徐州市城镇空间结构优化研究［D］. 南京师范大学，2014.

（2）河北省城市组群

在河北省城镇等级体系中，石家庄市、唐山市为省域中心城市，廊坊为区域中心城市。因河北省城镇规模结构存在明显的差异，石家庄市、唐山市不足以成为全省区域发展的增长极城市，在从城镇组团向城市组群重组的过程中，除了构建石家庄市、唐山市城市组群以外，还要考虑把区域中心城市廊坊市也作为核心城市进行城市组群构建。在城镇组团划分的基础上，根据河北省城镇等级体系，对地方中心城市所建立的城镇组团向区域中心城市、省域中心城市城镇组团进行归属划分。其中，衡水城镇组团、邢台城镇组团及邯郸城镇组团在经济隶属度和中心城市可达性指标上均归属于石家庄城镇组团，形成以石家庄市为核心的石家庄城市组群；承德城镇组团和秦皇岛城镇组团在两个指标上均归属于唐山城镇组团，形成以唐山市为核心的唐山城市组群，张家口城镇组团归属于廊坊城市组群，沧州城镇组团归属于唐山城市组群，保定城镇组团归属于石家庄城市组群。

通过建立河北省143个城镇等级体系，根据经济隶属度和中心城市可达性两个指标，逐次进行城镇组团归属划分、城市组群归属划分，最终把河北省分为石家庄城市组群、唐山城市组群和廊坊城市组群。

新型城镇化从严格意义上来说并非一个学术名词，而是以民生、可持续发展和质量为内涵，以追求平等、幸福、转型、绿色、健康和集约为核心目标，以实现区域统筹与协调一体、产业升级与低碳转型、生态文明和集约高效、制度改革和体制创新为重点内容的崭新的城镇化过程。因此，通过对新型城镇化内容的分析可以发现，新型城镇化仍属于城镇化范畴，是我国政府赋予新时期城镇建设的要求和重点。基于这种认识，河北省城镇空间结构优化的静态目标应严格遵循新型城镇化的建设内涵、核心目标，以统筹发展、产业升级、集约高效和制度创新为重点划分城市组群，根据唐山城市组群、石家庄城市组群和廊坊城市组群各自的产业规模、地理优势及、城镇特色等因素综合规划，为建设河北省新型城镇化提供良好的空间发展基础。

唐山城市组群中，以唐山城镇组团、秦皇岛城镇组团和沧州城镇组团中的沿海城镇为主，构建河北省沿海城市带。同时，以承德城镇组团作为承接沿海城市内陆产业的有效支撑，既能够推动沿海城市产业变革，又能促进自身发展。为此，一方面要加快步伐壮大中心城市规模：唐山市要依靠资源优势，优先发展海洋产业，促进工业产业升级；秦皇岛市在已有海洋资源产业的基础上持续发力，响应国家政策号召，建设高新技术产业基地；沧州市应不断完善城市功能，建设成为环渤海现代化的港口城市；承德市应继续发展旅游服务产业，建设成为河北风景旅游城市。另一方面，要加大力度培养基础良好，发展潜力大的中等城市，如迁安市、任丘市、黄骅市等，逐渐形成大、中、小城市协同发展，产业有效过渡发展的城市组群。

　　石家庄城市组群中，充分发挥交通资源优势，合理确定城市职能分工，打造一批批各具特色的产业园区。石家庄市要不断提高省会城市的重要性，加强各方资源的聚集效应，继续发展第三产业，逐步成为河北省第三产业经济发展增长极城市。邯郸市要充分发挥地理位置所带来的机遇，利用良好的经济基础和历史文化城市底蕴，逐渐打造成冀、鲁、豫、晋四省交界的区域中心城市。邢台市和衡水市要不断优化产业结构，完善城市功能，提高中心城市对周边区域城镇的带动作用。保定市一方面依靠石家庄城市组群的丰富资源，不断发展城市规模，另一方面，要作为北京部分非首都功能的承接区，完善各项城市功能。

　　廊坊城市组群中，廊坊城镇组团、张家口城镇组团应在已有产业基础上统筹发展，充分利用京津冀一体化战略背景的发展机遇，积极整合周边资源，不断发展城镇规模，着力构建，成为环京津经济发展的重要区域。

　　3. 城市组群发展轴线

　　城镇空间组织有两种形式，一种为城镇空间组团，另一种为城镇发展轴线。城镇空间组团把各城市节点的流通过经济、空间联系程度分析结合到一起，为城镇间的相互发展提供了更为宽阔的地理框架，能够更为有效地带动区域经济发展。城镇作为空间结构中的重要的组成部分，并非仅仅指的是地理空间意义上的连续，而是以"节点+轴线"的方式带动自身及周围地区的发展。[①]仅依靠城镇空间重组不仅无法完成城镇组团间流的流通，甚至可能会造成更大区域范围内的城镇空间发展失衡现象。因此，为了促进流、节点、通道、网络的形成，完善城市间相互作用的系统功能，应在城镇空间组团的基础上，根据各城市间的交通网络构建城市组群发展轴线。

　　河北省内环京津，公路、铁路运输量居全国第一，具有庞大、便利的交通网络，在此基础上构建河北省城市组群的发展轴线。根据河北省公路、铁路交通路线，在河北省城市组群划分的基础上把发展轴线分为两级：一级发展轴线穿过河北省东西南北，呈"大"字型分布；二级轴线链接各级城镇，呈"环"形。

　　一级发展轴线有三条：第一条由张家口、唐山、秦皇岛等地区构成东西轴线，以京哈高速、京藏高速、京新高速、G110 国道、G102 国道以及大秦线等为主要交通路线；第二条由承德、邢台、保定、邯郸、石家庄等地区构成南北轴线，以大广高速、京港澳高速、G107 国道、G101 国道、京九线、京承线、京石高铁及石郑高铁等为主要交通路线；第三条由北京、廊坊、沧州等城镇构成南北轴线，以京台高速、廊沧高速、京沪高铁等为主要交通路线。三条发展轴线呈"大"字形分布，囊括河北省 10 个地级市。

---

① 参见年福华, 姚士谋, 陈振光. 试论城市群区域内的网络化组织 [J]. 地理科学, 2002 (05)：568–573.

二级轴线是在一级轴线的基础上由河北省周边城市的交通线路组成。二级发展轴线有三条：第一条由首都环线高速、京昆高速、黄石高速、G307国道及石德线等主要线路构成，沿途包含张家口、保定、石家庄、衡水、沧州等城市；第二条由京港澳高速、邢衡高速、黄石高速等为主要交通线路构成，沿途经过邯郸、邢台、衡水、沧州等城市；第三条由京哈高速、唐津高速、长深高速、京沪高速、津秦高铁和京沪高铁等主要线路构成，经过秦皇岛、唐山市、沧州等城市。二级发展轴线总体呈"环"形分布，与一级发展轴线共同构成交通网络，从而实现各个城市间的相互连接。

4.优化城镇空间布局和形态，打造京津冀城市群

河北省为实现2020年全省新型城镇化建设与城乡统筹发展目标，面对目前本省人口城镇化水平较低、城镇布局形态不合理、城市经济整体实力较弱等突出问题，紧紧抓住《国家新型城镇化规划》和《京津冀协同发展规划纲要》等，为本省加快新型城镇化发展开辟广阔空间的大好机遇，于2016年2月提出了"构筑'两翼、四区、五带、多点'的城镇空间结构、促进京津冀城市群多城联动、协同发展"的建设规划。

在"两翼"建设上，作为河北省会驻地的石家庄市是全省新型城镇化综合水平最高的城市，唐山市是全省经济发展水平最高的的城市，在京津冀协同发展对河北省建设大城市提出客观要求的背景下，将石家庄市和唐山市打造成京津冀城市群两翼对周边影响辐射带动作用强的中心城市，不仅会带动河北中南部地区和东部地区快速发展，还会增强对京津功能的承接作用，从宽度和深度上同时加强与京津两地的合作，对京津冀的协同发展起到支撑作用。

在"四区"建设上，一是包括保定市和廊坊市的环京津核心功能区，该区域是距首都最近的城市，对北京的非首都功能应积极承接，比如加强科技研发和成果转化基地的建设，同时为了更好地发挥其核心功能区的功能，应积极推动基础设施和公共服务的发展，加快引领京津冀协同发展对其他城市的影响作用，实现保定市、廊坊市与京津的率先联动发展。二是包括秦皇岛市、唐山市、沧州市的沿海率先发展区，该区域融入了"一带一路"倡议和环渤海合作格局，三个城市都是沿海城市，对进一步推进京津冀开放开发、促进港口产业城市互动发展具有关键作用，努力打造成与生态相协调的引领全省开放型经济产业聚集区与城镇发展区。三是包括石家庄市、邯郸市、邢台市、衡水市的冀中南功能拓展区，从规划上看，该区域是京津冀协同发展的战略腹地，同时是城乡统筹发展的重要示范区。应强化该区域的农副产品供给功能，加快先进制造业的发展，建设科技成果转化为产业基础，加强交通网络建设，实现多地区合作共赢。四是包括张家口市、承德市和燕山、太行山区的冀西北生态涵养区，该区域工业基础薄弱，生态环境相对较好，适合将其打造成旅游城市，提供绿色产品。在发展过程中应注重生态保

护，水源涵养，构筑绿色生态产业体系，打造京津冀生态安全屏障和国家生态文明先行示范区。

在"五带"与"多点"建设上，"五带"包括京石邯城镇发展带、京唐秦城镇发展带、沿海城镇发展带、石衡沧城镇发展带和京衡城镇发展带，依托高速、铁路等基础建设，以城市为核心，带动沿边县级区域的发展；"多点"指的是河北省11个设区市在京津冀协同下都有功能定位或区域性定位，如廊坊市、张家口市、承德市等城市节点的支撑作用，全省城镇化发展关系到京津冀区域的发展，更关系到全省每个城市居民的生活，因而各市都应着力推进新型城镇化建设。

总之，河北省在推进新型城镇化的进程中，应以京津冀协同发展战略为引领，沿着全省"两翼、四区、五带、多点"建设规划思路，优化城镇化空间布局和城镇规模结构，主动融入打造京津冀城市群建设中，解决京津冀区域少数特大城市过度极化、其他城市过度弱小问题，并结合京津冀实际情况，促使该区域功能得到优化配置，推进京津冀城市群协同发展。

四、提高城市承载力与城乡公共服务能力

推动京津冀协同发展是国家实施的重大区域协调战略之一，同时借助 2022 冬奥会、雄安新区设立等机遇，当前和今后的一个时期，是河北建设经济强省、美丽河北和全面建成小康社会、实现第一个百年奋斗目标的关键时期。河北在京津冀协同发展上存在独特优势，人口在京津冀三地中最多，市场潜力巨大，交通便利，交通基础设施不断完善，商贸物流发展水平较高；在工业产业发展上，具有良好的工业基础，工业发展底蕴深厚，人才众多；2015 年常住人口城镇化率突破 50%，实现了由乡村型社会为主体向城市型社会为主体的转变；河北省生态体系比较完善，近年对生态环境的治理初见成效。然而，需要特别指出的是，在推动京津冀协同发展的过程中，河北省是较为薄弱的环节。与北京和天津相比，河北省经济社会的发展存在着诸多难题，在商贸物流基地建设上，河北物流业发展模式较为粗放，现代物流基地建设较慢；在产业发展上，河北的产业结构依然偏重，产业层次还是偏低；在新型城镇化和城乡统筹上，城镇化质量和城乡协调发展水平不高，在生态环境上，河北省的资源环境问题如结构性污染、农村生态环境等仍然较为突出。这些问题既是河北省发展面临的重大问题，也是推动京津冀协同向更高质量、更高层次、更高水平发展的瓶颈。根据京津冀协同发展的大局和河北省发展面临的优势与问题，中共中央政治局在 2015 年 4 月审议通过的《京津冀协同发展规划纲要》中，将河北省定位为"全国现代商贸物流重要基地、产业转型升级试验区、新型城镇化与城乡统筹示范区、京津冀生态环境支撑区"，简称"三区一基地"。为了全

面推进"三区一基地"建设，河北省在 2016 年相继发布了《河北省建设全国现代商贸物流重要基地规划（2016—2020 年）》《河北省新型城镇化与城乡统筹示范区建设规划（2016—2020 年）》《河北省建设京津冀生态环境支撑区规划（2016—2020 年）》和《河北省全国产业转型升级试验区规划（2016—2020 年）》等规划文件。在这些文件的指导下，河北省从发展现代物流业、推进传统产业转型、优化城镇空间布局和治理生态环境污染等多个角度推进"三区一基地"建设。

在推进"三区一基地"建设的过程中需要注意四个定位下建设工作的协调推进问题，因为这四个定位彼此之间相互联系、相互影响。全国现代商贸物流重要基地建设是基于历史和现实的必然要求，发展现代商贸物流业是产业转型升级的重要任务之一，有利于吸引人口、吸纳就业，商贸物流产业也是不会产生高污染的环保产业。新型城镇化与城乡统筹示范区建设为现代商贸物流基地建设和现代商贸物流产业发展提供了劳动力和市场，良好的生态环境有利于人口和商贸产业的聚集与发展。产业转型升级试验区建设可以吸纳大量人口到城市聚集，同时为新型城镇化和城乡统筹提供物质基础，推动新型城镇化与城乡统筹示范区的建设。产业转型升级减少高污染高耗能产业，也是建设生态环境支撑区的必然要求之一。新型城镇化与城乡统筹示范区建设为产业转型升级提供劳动力来源和原材料保障，是产业转型升级试验区建设的基础。新型城镇化与城乡统筹示范区建设推动人们生产生活方式的转变，并使人们重视生态环境问题，有利于推动生态环境支撑区的建设。京津冀生态环境支撑区建设为河北推进产业转型升级提供了重要保障，也是建设高水平高质量新型城镇化与城乡统筹示范区的必然要求。因此"三区一基地"建设需要全方位、同步协调推进，既需要重视河北"三区一基地"建设定位中每个定位的发展水平和"三区一基地"四个定位的综合发展水平，更需要重视"三区一基地"四个定位之间的协调推进情况，因为四项建设工作中任何一项推进缓慢都会对其他三项工作的推进产生影响。

2014 年 2 月，习近平总书记主持京津冀协同发展座谈会，将京津冀协同发展提升为重大国家战略，到 2020 年进入中期阶段，京津冀协同发展已走过六年时间。2019 年 1 月，习近平考察京津冀协同发展情况后指出，当前和今后一个时期京津冀协同发展进入到滚石上山、爬坡过坎、攻坚克难的关键阶段，需要下更大气力推进工作。[①]笔者在研究"三区一基地"协调发展情况的基础上，针对新型城镇化背景下河北省城乡融合发展的问题，提出提高城市承载力与城乡公共服务能力、加快污染物治理和城市生态建设的相应的对策建议，以促进"三区一基地"四个定位下工作的协调推进。

---

① 习近平在京津冀三省市考察并主持召开京津冀协同发展座谈会时强调：稳扎稳打勇于担当敢于创新善作善成　推动京津冀协同发展取得新的更大进展 [N] 光明日报, 2019-01-19.

（一）提高城市综合承载力

城市建设也是影响新型城镇化与城乡统筹示范区建设的重要因素。推进城市建设，一是要合理布局城市。既要重视世界级城市群的建设、中心城市的规划和发展，也要根据河北县级行政单位多的特点，培育中心城市和特色小城镇。二是要完善城市公共服务基础设施，提高基础设施承载能力，方便居民的生活，要从长远角度对基础设施建设进行规划，适应未来经济、社会和人口的发展变化；要以民生项目优先，提高设施水平和服务质量，满足居民基本生活需求；充分发挥市场机制作用，引导社会资本进入城市公共基础建设中，这样一方面可以减轻政府财政负担，另一方面，也可以提高社会资本使用效率；在城市基础设施建设中重视新技术的应用，提高城市基础设施的现代化水平，同时在建设的过程中为技术革新带来的变化预留足够的空间。

（二）提高城乡公共服务水平

首先是要提高公共服务供给水平。一是要通过加强公共服务财力支撑和引导社会资本进入公共服务领域等措施，来保证公共服务的资金来源；二是要创新公共服务供给机制，完善公共服务供给和购买制度，完善绩效评价机制；三是重视公共服务技术创新和新兴技术在公共服务领域的应用，如运用大数据和"互联网+"加强对公共服务的监督和管理强化公共科学管理；四是要重视从事教育、医疗和文化公共服务人才的培养，一方面鼓励人们从事公共服务事业，另一方面加强对从事公共服务事业的人的后续培养。其次是进一步促进公共服务均等化，实现城乡、区域、人群间基本公共服务大体均衡，一是要统筹和布局各种公共资源，促进公共服务投资向公共服务薄弱的地区如贫困地区等转移；二是政府要积极发挥主体作用，一方面要对公共服务均等化发展进行统一的规划、布局和引导，另一方面，政府作为公共服务主要推动和执行者，要明确权责，重视考核监督；三是要突破体制机制束缚，完善相应的保障体制。最后，要促进京津冀基本公共服务的共建共享，一是要实现京津冀三地公共服务规划和政策统筹衔接，二是着力弥补河北在基本公共服务上的不足，建立公共服务共建共享体制机制。

（三）加快污染物治理和城市生态建设

1. 加快污染物治理

（1）提高工业固体废弃物处理水平

河北是工业大省，在工业生产过程中存在大量工业固体废弃物。因此，"一般工业固体废物综合利用率"是影响京津冀生态环境支撑区建设的重要影响因素。提升工业固体废弃物的综合利用率水平，一是要加大对企业的宣传，让企业意识到工业固体废弃物的危害性，树立环保意识，同时建立完善的工业固定废弃物的处置体系；二是提升相关科技水平，加快工业固体废弃物综合利用技术、工艺装备的开发、示范和推广；三是对采用和安装相关技术和设备的企业进行财政补贴或减免相关税费。

（2）减少大气污染物排放

一是要继续深入推进产业结构优化升级，发展新兴产业，淘汰高污染高能耗产业，压缩产能，同时优化产业布局，将重工业企业从城区搬出；二是要建立完善的监督机制和相应的惩罚机制，加强对企业生产进行监督，督促企业树立绿色生产理念，对于污染物排放不达标的企业，一方面要要求企业停产整顿，另一方面要进行行政处罚；三是合理安排生产，引导错峰生产，制定应急停、限产措施。除了工业生产外，河北大气污染也与能源有关。一方面，工业生产过程中使用大量煤炭，造成环境污染，另一方面，在冬季取暖季，农村地区的散煤燃烧也造成了污染，所以要进一步调整能源使用结构，推进清洁能源的使用，在农村地区稳步推进"气代煤""电代煤"。

（3）提高水资源和能源利用效率

一是要树立水资源和能源节约意识，国家有关部门应积极采取多种形式宣传水资源和能源节约；二是要加大对水资源和能源节约的相关技术的研发、推广相关技术和相应的设备；三是还需要对水资源和能源进行科学的管理，对水资源和能源的使用进行合理规划，制定相应政策，加强水资源和能源的管理，制订合理的水资源和能源价格，引入市场机制。

2.推进城市生态建设

在城市生态环境建设上，要推进绿色生态文明城市建设，一是需要合理规划和统筹布局，一方面可以避免重复绿化和没有绿化的情况发生，另一方面，可以合理规划安排资金和人力。二是在具体工作中将增加绿化量和绿化养护精细化管理相结合，一方面可以通过道路绿化工程、绿色廊道、生态公园等各种项目建设来增加绿化量，另一方面，要重视绿化养护管理，要成立专门绿化养护管理部门，进行统一管理，要将最新科技成果应用于绿化养护工作，提高工作效率。

五、构建乡村治理体系

我国四十余年的改革开放历程始终与乡村治理紧密相关。乡村作为国家治理的基本单元，乡村治理有序是整个社会稳定繁荣的基础。农村社会新变化为新时代乡村治理提供了契机。从经济发展的核心要素来看，人口与土地对于农村发展而言具有十分重要的意义，在整个中国都处于"中心—边缘"的发展模式下，城市的"虹吸能力"越来越强，越来越多的农村青壮年开始走出乡村，步入城市，谋求比较收益更高的工商业收入，导致全国大部分农村的农业生产呈现出"老年农业"的特征，农村"空心化"特别严重，甚至有的地方还闲置了大量的耕地，造成了土地资源的巨大浪费。数以亿计的农民工进城在推动城市经济迅猛发展的同时，城市发展所需的土地资源却越来越紧张，而广大农村又隐藏着如此巨大的闲置土地，如何将农村与城市土地资源进行有效的整合便成了当今乡村治理最为核心的内容。将"沉睡"的土地资源唤醒，给更多的农民朋友带来增量的获得感与幸福感是中国共产党孜孜不倦的追求，这需要党和政府创新乡村治理理念，搭建合作平台，通过多元力量促进农村社会发展，并逐渐将农村资源引入市场，加快三大产业融合发展，努力做到城乡公共服务均等化。农村社会新变化引发了乡村治理模式发生转变。党的十八大以来，全国各地深入学习贯彻习近平关于乡村振兴战略的重要思想，以规范优化治理机制、培育多元共治模式为抓手，不断完善乡村治理体系建设。为了提高河北省城镇化水平，顺应城乡融合发展的大趋势，需要健全和完善乡村治理体系，推动乡村治理现代化。

（一）深化推进农村集体产权制度改革

农业是促进国民经济发展和社会和谐稳定的根基。我国一直将"三农"问题作为各项工作的重点，但是就我国目前发展情况来看，"三农"问题依然是制约经济发展的短板和弱项，是影响我国现代化和城市化发展的重要因素。改革开放前，中国实行的是人民公社制度，随着改革的不断深入和经济水平的不断提升，制约各阶段农村经济发展的要素也在不断转变，尤其是明确法人地位和开展产权制度改革，对农村经济发展来说都是新的历史机遇。我国产权制度的雏形时期主要是从改革开放阶段开始的，伴随着改革开放，我国初步确立了以家庭联产承包责任制为主要内容的农村管理机制，明确了以农村产权制度构建为抓手，"从农村到城市"的产权制度改革任务和目标。这一模式的逐步完善，搞活了"沉睡"的农村资源，提高了农村经济发展的效率，大大激发了农民的主观能动性。

农村集体产权制度是中国特有的农村治理制度，是对以农村土地为主的生产资料进行适应自身发展的制度的不断探索。农村集体经济组织则是现阶段中国实行农村集体经济的重要成果，它源于 20 世纪 50 年代的农业合作社，随后在中国特殊的环境下不断发展演变而成。随着改革进程的不断加快，农村经济发展对社会的自由流动和分化要求越来越高，但是农民因土地的"桎梏"不能实现完全的自由流动，从而阻碍了整个社会发展的流动与开放。同时农村集体经济组织内部资产归属不明晰、相关政策法规不健全、资产管理制度不完善等问题使得村级集体经济的经营管理出现了一些新的矛盾和纠纷。传统的农村集体经济产权体制所暴露出来的问题更加明显，农民权益遭到严重侵害，干部与群众关系紧张，上访事件频发；阻碍了农村集体经济组织的规范化、科学化进程，束缚了农村经济快速发展和农村集体经济组织健康有序运营的进程。

随着社会各界的关注重点逐渐变为如何更好地化解社会主义新时代社会主要矛盾，

促进城乡融合发展，从而实现乡村振兴和共同富裕，深化农村集体产权制度改革变得刻不容缓。国家非常重视这个问题，多次在重要文件中做出安排部署。2017 年中央一号文件，即《中共中央　国务院关于深入推进农业供给侧结构性改革　加快培养农业农村发展新动能的若干意见》（中发〔2017〕1号）提出，要深化农村集体产权制度改革，落实农村土地集体所有权、农户承包权、土地经营权"三权分置"办法，加快推进农村承包地确权登记颁证，研究制定农村集体经济组织法，赋予农村集体经济组织法人资格。2018 年中央一号文件，即《中共中央　国务院关于实施乡村振兴战略的意见》（中发〔2018〕1号）指出，要加快推进集体经营性资产股份合作制改革，推动资源变资产、资金变股金、农民变股东，探索农村集体经济新的实现形式和运行机制，维护进城落户农民土地承包权、宅基地使用权、集体收益分配权。2019 年中央一号文件，即《中共中央　国务院关于坚持农业农村优先发展　做好"三农"工作的若干意见》（中发〔2019〕1号）进一步指出，到 2020 年，完成全国农村集体资产清产核资，加快农村集体资产监督管理平台建设，建立健全集体资产各项管理制度，做好成员身份确认，完善农村集体产权权能，积极探索集体资产股权质押贷款办法，健全农村产权流转交易市场，推动农村各类产权流转交易公开规范运行。

开展农村集体产权制度改革对促进城乡融合发展有重大的现实意义，对完善农村基本经营制度具有举重若轻的作用。改革开放以来，我国经济发展迅速，城乡居民收入显著增长，国民经济大幅提升，农业、农村现代化步伐加快。但是在经济高速发展的同时，城市和农村之间的收入差距越来越大，由于城乡二元结构固化，生产要素和人口自由流动的壁垒严密，导致城乡之间的矛盾与摩擦越来越严重，对经济持续健康发展造成了阻碍。推进农村集体产权制度改革有利于健全乡村治理体系，提高农村集体经济发展效率，保障农民的合法权益，让农民共享改革成果，对促进城乡融合发展具有重大的现实意义和深远的历史影响。

从 2013 年开始，河北省农村集体产权制度改革经历了试点探索、试点推广及全面铺开等阶段，积累了丰富经验。虽然河北省对推进农村集体产权制度改革工作进行了有效的探索，一些试点单位取得了一定的成效，具有一定的推广价值，但全面铺开改革还存在诸多问题，需要进一步完善。笔者通过研究黑龙江省、安徽省及浙江省等地区的先进改革经验，为河北省推进改革提供了新的思考：①因地制宜，分类推行多种形式的股份合作；②完善农村集体资产管理体系；③探索提升农村集体经济组织可持续发展能力；④建立健全农村集体经济组织内部管理机制；⑤完善农民集体资产股份权能。由于篇幅所限，在此不做详述。

习近平在党的十九大报告中指出，中国特色社会主义进入新时代，我国社会的主要矛盾已经转化为人民日益增长的美好生活需要和不平衡、不充分的发展之间的矛盾。新时代社会主要矛盾的变化，也凸显了加快国家治理体系变革的紧迫性。农村集体产权制度改革就是要解决农民日益增长的美好生活需要和不平衡不充分的发展之间的矛盾，就是要实现农村治理体系现代化。

（二）完善工作机制，落实五级书记抓乡村振兴责任

雁飞千里靠头雁！唯有书记将乡村振兴当成一把手项目，将责任放在肩上，方可使"讲时关键、做时次要、忙时不重要"的情况得以规避，方可使"五级书记落实乡村振兴"得以体现出来，方可使党管农村工作得以有效落实。习近平提出，想要将乡村振兴领导责任制有效构建，以中央为主体，省全面负责，市县不断推进的机制落实，党委是首要责任人，五级书记对乡村振兴进行推进。对于乡村振兴来说，工作想要真正落实，最重要的就是使政治、制度优势真正地发挥，书记抓振兴的责任制得以构建，对地方党委的政策措施进行推进，对一系列的难题亲自进行落实和处理，对政策的执行情况进行亲自监督，使一把手工程得以形成。现阶段，国内有25个省以及新疆地区都建立了领导小组，在这之中，有13个省的省委书记等兼任两个组的组长，八个省份的组长由省委书记来担任。不同地区都在推进创新工作机制，制定领导小组会议、报告以及监督制度等，对工作执行情况等进行跟踪。

如何把乡村振兴作为"一把手工程"抓在手上？一是规划先行、分类实施。习近平认为，要以脚踏实地的工作来对振兴工作进行推进，使其与乡村发展规律相符合，使规划先进，分类实施，加大投入力度，使乡村振兴工作成效得以提升。实施乡村振兴规划，要突破传统村镇结构，重新架构规划体系，进行系统的规划编制。以国家战略为指引，以市场需求为基础，以乡村自身发展为依托，以城镇规则为主体，将其进行构建，其一方面与城市是不同的，另一方面，又和城市有机结合在一起，使得乡村规则新体系得以形成。二是明确任务，层层落实。历年的中央一号文件都明确了党的领导体制要进一步健全，同时对谁领导、谁负责等内容进行确定。自省开始一直到村，这些等级中，以省市为主体进行规划，对政策进行指导；具体实施以县、乡、村为主，县乡不可以仅将文件下发，还要在操作上进行执行，对规划进行深入推进。三是强化两头、优化中间。一面是中央，提倡成立工作部，也可以成立农村工作小组，其权利要大一些，加强与农业相关等部门的统筹规划，使资源支撑得以保证，使制度支持得以确保，使本位主义得以避免。另一面是县，县书记对于乡村振兴来说，充当总指挥的角色，然而在实际工作中，县书记将工作重点放在工业园区等方面。中介是省市，提倡在省市对党委工作部门进行设置，使机构、人员的权利得以保证。总的来说，唯有对农村工作领导体系进行构建，方可使"三农"政策的落实得以推进。四是选拔干部，实绩考核。乡村振兴战略的实施具有一定的复杂性，其涉及

面比较宽，工作量多，任务艰巨。要强化乡村统计工作的实施，不断推进领导干部考核制度，把考核结果当成是对领导干部进行选用的基础。

（三）推进新农村建设

1. 推进特色农业产业化

推进特色农业产业化经营的关键点一个是"特色"，另一个是"产业化"，而发展特色农业产业化的必要前提是要保障粮食的安全。农业是经济的基础，而特色农业只是农业的一部分，若发展特色农业威胁到了传统农业的基础地位，那么经济的发展必然会有巨大的波动，因此要在保证农业基础地位，粮食和畜牧生产稳定的前提下，发展特色农业产业化经营。首先，"特色"是指根据自身的农业优势，发展主导农业产业，并形成一条完整的加工链，以开发农产品的附加值。在资金方面，一方面要招商引资，吸纳外资或民间资本；另一方面，政府可以设立专项资金，投资于有潜力的特色产业。同时，建立特色农业产业园区，形成更具规模实力的产业聚集区，以吸引投资。其次，在"产业化"方面，可以把第一、二、三产业融为一体，如建设农产品深加工基地、物流基地、采摘观光基地等。打造高知名度、高竞争力的品牌产业。培育中心产业，以中心产业辐射周边产业，起到带动作用。既调节了农业的内部结构，又增加了农民收入。最后，特色农业产业的发展还需要一定技术的支撑。既需要懂得农业技术的人才，又需要懂得经营管理的人才。因此，一方面要制定引进人才的政策，另一方面要培养农民的专业技能和经营理念。同时还要加强与农业专业院校的沟通，保障农业技术、农业设备等的研发利用。

2. 推动农业规模化

家庭联产承包责任制在市场经济发展的初期的确为农村经济的发展作出了不可磨灭的贡献，但是随着经济的发展，家庭联产承包责任制导致土地被细分，无法进行规模化生产，进而也就阻碍了生产力的提高，无法适应经济社会的发展，因此，农村土地承包经营权的流转就应运而生。从政府方面来说，一方面要发挥好政府的管理职责，完善农村集体合作组织，健全农村土地流转的制度，对用于农业生产的资金进行专项、专人管理，做好制度建设和资金利用的工作；另一方面要做好监督工作，对于不符合手续、不符合规划的土地流转，要严格制止并予以合法的处罚。从农村方面来说，要充分发挥农民的主体地位，建立家庭式农场，集中土地进行规模化、机械化生产，提高生产力，从土地上解放更多的农村劳动力。同时，还要注意土地的合理规划。一方面是居住用地，由于大批农民向城镇的转移，导致农村许多宅基地空置，不能得到有效的利用，不仅形成空置的民宅，严重的还会出现"空心村"，无形中造成了资源的流失；另一方面是土地置换导致的废弃地的出现。在土地置换的过程中，由于一些地理位置优越的土地被用于其他方面的开发，就需要用其他土地来置换这一土地，保障土地总面积不减少。这一过程中就会出现一些废弃地，对废弃地进行重新开采也是新农村建设过程中的要求，也是缓解城镇化过程中土地紧缺的有力手段。

3. 改善村容村貌

建设乡村，规划先行。乡村规划可以使农村有限的土地发挥出最佳的效能。规划要在专业技术人员的指导下进行，如何布局、有哪些功能，都需要专业的设计，这样才能发挥规划的作用。而且不同地区的规划也不同，要根据当地的实际情况，如地形地貌、风土人情、民风民俗等，打造具有自身特点的特色村。科学规划的同时，还要加强乡村的基础设施建设。基础设施是乡村发展的地基，地基打不稳，建筑再高也终有坍塌的一天。因此，应加强农村的基础设施建设，为今后农村的发展打下坚实的物质基础。

打造完善的交通网络。便捷的交通可以加速村落之间的联系，也使得城乡之间的联系更为紧密。便捷的交通离不开公路的铺设。一方面，公路的铺设要站在一个总揽全局的高度，既要方便人们的出行，又要带动区域经济的发展。因此，可以寻找中心村镇，以中心村镇为道路建设的中心，向周围辐射，从而达到高效节能的效果。另一方面，公路是村落之间、村落与城镇之间沟通的主要渠道，铺设的质量、道路的安全是十分重要的。因此，由选址到用料的选择，再到施工建设都需要严格把关，保障农村交通设施投入使用的持久性。

推进农村新能源开发和信息化建设。建设美丽乡村离不开良好的环境，新能源，如沼气、天然气、风能、太阳能等，既清洁又高效，既节能又经济，因此，在农村推广新能源对河北省美丽乡村建设有着举足轻重的作用。推广新能源既要靠政府的政策引导，又要靠新能源应用技术的提高。从政府层面来说，一方面要建立完善的扶持政策，对开发利用新能源的企业要给予政策或资金上的支持；对于使用新能源的农户要给予鼓励，并以更为优惠的价格出售给农户，或者对购买新能源及设备的农户给予财政补贴。另一方面，政府要做好宣传工作，向农户展示出新能源的高效、清洁、经济等特性，让农户充分了解新能源。从能源应用技术来说，要做好能源的研发、利用，加强与专业院校的合作，引进专业的技术设备，提高能源设备的科学性。与此同时，还要加大农村的信息化建设，提高互联网的使用率。互联网的使用为农村提供了一条新的获取信息的通道，其获取信息的及时性、信息内容的广泛性无一不冲击着农民的思想和生活方式，缩小城乡之间的信息差距；而且还可以把互联网应用到农村管理中，利用网络发布信息，进行民主管理。①

---

① 赵保佑. 依托信息化推进城乡经济协调发展［J］. 中州学刊. 2008（03）：21-22.

4.提高农民素质和专业技能

建立从上到下的农民培训体制。从省、市、县、乡逐级建立提高农民素质、培养农民专业技能的制度和机构。省政府首先要出台相关的规章制度，一是明确提高农民素质、培养农民专业技能的目的，二是保障下级的有章可循与积极落实。对于市、县来说则要做好统计工作，掌握本区域具体的农民数量、农民需求、专业培训机构的数量等信息，针对实际情况制订切实可行的落实方法。对于最基层的乡镇来说，应做好对农民的动员及宣传工作，把上级政策宣传到每家每户，并把农民的需求一五一十地向上反映，做好上传下达的沟通工作，在政府与民众之间架起一座桥梁。

丰富培训内容和形式。当代的农民已经不像从前那样每个人都在面朝黄土背朝天地和土地打交道。随着经济的发展、社会的进步，城乡之间的交流不断增多，这就使一部分农民不再与土地打交道，而是进城务工或者在农闲时做一些短工，农民也就有了务农者和务工者的分别。由此，对农民的培训也就不能仅仅局限在种植等农业知识上，还应补充一些专业技能等方面的知识，如法律常识、畜牧养殖等方面的知识；同时，也可以把现代的传播媒介与培训相结合，通过微博、微信等现代化的信息方式传播一些专业知识，培养有技能、懂知识、专业化的新型农民；还可以以调查问卷的形式，了解农民对哪些方面的知识感兴趣、有需求，进行专业化的培训；与劳动社会保障部门取得联系，一方面可以向农民提供就业信息，另一方面，可以了解用人单位的需求，根据用人单位的需求培养对口农民为其服务。

注重农民精神文明建设。一方面是要提高农民的维权意识。知道自己的权利、知道何种行为能危害到自身的权利、知道通过何种途径来维护自身权利，对于外出务工的农民来说是尤为重要的。另一方面，农民也是国家的主人，也有参政议政的权利，但大多数的农民都忽视了自己的权利，随着外出务工的农民愈来愈多，其思想也在发生着变化，越来越多的农民也意识到了自己主人的身份，但如何发挥好主人翁的作用还要在精神文明建设中进行宣传。加强农民的精神文明建设也抑制了农村封建迷信思想的传播，一定程度上抵制了不文明的娱乐活动的进行，如聚众赌博。不仅如此，开放和先进的思想也融入了农村，一定程度上削弱了农村封建保守的思想。

六、促进城乡商贸流通一体化发展

商贸流通产业作为国民经济的基础性产业，它具有带动系数大、就业机会多、繁荣经济等特点。此外，商贸流通产业是连接生产与消费的中间产业，发展商贸流通业可以很好地促进城乡消费要素市场之间的连接，增强城乡产业间的互动，促进城乡在经济、文化等各方面的融合。流通产业在推动城镇化进程中发挥着重要的作用，是中国城镇化进程的重要推动力量。统筹城乡商贸，促进城乡商贸流通产业协调发展对促进城乡统筹发展、建设新型城镇化有着举足轻重的作用。河北省作为新型城镇化与城乡统筹示范区，应提高城乡商贸流通一体化发展水平，进一步统筹发展城乡商贸，以便实现城乡商贸的相互融合与互动，促进城乡商贸流通的一体化发展，从而促进城乡市场的统筹发展，进而促进城乡统筹发展，促进城镇化建设，弥补河北省城镇化发展短板，加速河北省融入京津冀一体化。

城乡商贸流通一体化发展的阻碍力量在于农村商贸流通业发展的滞后。因此，要提高城乡一体化发展水平，主要是促进农村商贸流通业的发展。

（一）促进农业发展，缩小城乡收入差距

促进农村商贸流通业发展，促使其与城市商贸流通对接，最根本的办法在于提高农民的收入水平，使农民增收。而增加农民收入最有效的途径就是使农业增效，调整农业结构，促进农业产业结构优化升级，延伸农业发展链条，为农民建立长期增收机制。也就是说，发展农村商贸流通业，改变农村商贸业长期落后的现象，提升农村居民的生活品质，归根到底还在于发展农业。新型城镇化是与产业化协调发展的城镇化，注重产业化发展是新型城镇化的重要特点之一，这为现代农业发展提供了有力的支撑。

1. 以产业间的联动促进农业发展

农村商贸流通业的发展与农业的发展相辅相成，互相促进。一方面，农村商贸业的发展可以拓宽农产品的流通渠道，提高农产品的商品转化率，促使农业组织化、规模化、专业化的发展。同时，可以利用物流配送体系把农产品运出去，在全国甚至全球范围内进行销售，使农产品销售冲破地域的限制，增加农民收入。另一方面，农业的发展可以推动本地商贸流通业的繁荣。现代农业的发展使传统农业不断升级，为农村商贸业提供充足的货源，丰富产品类型，同时，农民收入的提高可以激发农村消费潜力，繁荣农村商贸。根据产业经济学中的产业演进规律，第一产业、第二产业与第三产业可以相互促进，联动发展。农业与制造业的对接尤其是现代食品制造业、医药保健业的对接，可以让走在现代化前端的食品制造业、医药业带动相对落后的农业，促使传统农业优化升级，促使农业生产适销对路的产品。例如，大健康时代的到来，人们越来越重视健康，许多医药企业向食品保健方向发展，比如仲景药业、江中制药等，这些医药企业将医药保健品快销化，并且沿着生产链开始建基地，从事农业生产，俨然成了农业企业。通过产业对接，提高农产品的附加值，增加农民收入。根据凯恩斯的消费函数理论，收入增加，消费也会相应增加，能够从根本上激发农村商贸业的活力。

2. 农业服务化，延伸农业发展链条

根据制造业的"微笑曲线"理论，我们知道制造企业最赚钱的在两端，即研发与

服务，研发需要大量的资本投入，一般企业难以做到，但是服务是大部分企业都可以做到的，做好产品服务可以提高企业的利润率，提高企业竞争力，因此服务化成为制造业发展的一大趋势。同样的，农业也可以向服务化发展，比如发展观光休闲农业、康养农业、教育农业及体验农业等，在传统农业的基础上附加观光、康养、教育、体验等功能，使农产品的附加值得到极大提高，农业效益获得成倍，增加农业整体的竞争力。河北省应充分利用本省的农业优势、自然景观与人文历史优势，结合"美丽乡村"建设行动，结合当地实际，打造各种新模式的旅游，例如，在崇礼、坝上、白鹿等自然资源比较好的地区发展观光休闲农业与康养农业，在西柏坡、涉县等红色资源丰富的地区发展教育农业，在城郊等地区发展体验农业等。

3. 发展特色农业，打造地域品牌

许多经济发展向好的农村已向我们证明，发展特色农业、打造本地的特色农产品可以极大地提高农民的收入水平，繁荣当地经济，加快新农村的建设。对于每一个农村来说，要提高本村的竞争力，就必须结合自己的资源优势，发展特色产品，通过实施差异化战略提升自己的竞争优势。一村一特色、一乡一特色是未来农业的发展趋势，根据河北省县多且都比较小的省情，我们可以实行一县一特色的发展战略，通过县域特色农产品的整合，使本地特色产品可以形成规模化的发展，更加提高竞争力，并且在省内已经有看很好的发展例子。例如迁西板栗、饶阳葡萄、清河羊毛等。另外，在发展中要注意品牌的打造，品牌的打造可以扩大农产品的知名度，还可以提高农产品的价格，附加在品牌上的价值不可忽略。我们可以以产地为品牌，进行宣传、打造，从而提高整个区域的农产品的知名度，提高本区域农民的收入。

（二）优化商业网点布局，扩大消费

商业网点是农村商贸业发展的基础，是居民消费的重要场所，所以必须重视商业网点的布局。首先应重视乡镇商业街的建设。在乡镇主要是沿街设立店铺，它是农村居民进行消费的主要场所。依托新型城镇化建设的契机，各地可以根据本地的发展趋势与规划建设商业街。在人口密度比较大、已经有一定发展规模的镇上建设商业街。在这类商业街可建设小型的综合购物中心、建设中型超市、专业店、折扣店以及餐饮、娱乐等。其次，根据新型城镇化建设新型农村社区的需求，建立社区商业。该类商业主要为社区居民服务，可建设便利店、生鲜超市、小吃店等。最后，发展农村商贸，优化其布局，与城市商贸相衔接，需要大力发展乡镇连锁经营。目前，农村地区仍存在消费不便利、产品质量不高、支付方式单一等问题，这些可以通过连锁企业统一规划商业网点、统一配货、统一配设备等方式来解决。连锁企业，可以以城市连锁店为龙头，以节点镇连锁店为骨干，以农村店为基础形成统一的经营，便利农村居民消费，同时，使农村商贸与城市商贸对接。

（三）壮大农村流通主体，扩大交易额

1. 推进供销社改革

供销合作社是计划经济体制下农村商贸流通的主要渠道，在市场经济体制改革中，市场放开，流通方式多元化，供销合作社失去了其应有的作用与功能，因此供销社的改革势在必行。供销合作社要改变其单一的购销功能，向综合服务方向发展。供销合作社可以利用其拥有的庞大的销售网点与连锁企业合作，发展连锁经营。供销合作社还可以与农民合作社合作，利用供销系统的信息，为合作社提供市场信息与建议咨询，同时可以利用供销社的网上平台为产品做广告，发布产品信息。在信息化的背景下，供销社可以利用自己原有的销售渠道发展电子商务，逐步形成网上交易、仓储物流、终端配送一体化经营，促进供销合作社网点资源和物流配送体系的发展，以展销、展示本地特色产品为主，构建"运营中心+仓储物流+农村电商服务站+农村金融服务站"的运营模式，实现线上、线下融合发展，致力于为涉农产品买卖双方搭建规范、公正、便捷、安全的农村电商交易平台，以"互联网+实体店+金融服务"为抓手，重点打造县级平台、乡村服务站等农村电商服务体系、农村金融服务体系及农资农技服务体系，促进形成全县一张网共同闯市场的经营格局。

2. 壮大农村合作组织

农业发展的趋势之一就是组织化、规模化，因此壮大合农村作组织是十分必要的。合作组织的建立可以扩大农产品的生产规模，向专业化方向发展，使农业增效。同时，壮大农村合作组织可以改变农民在流通中的弱势地位，增加农民的话语权，从而提高农产品的价格，提高农民收入。我们可以培养、壮大多种形式的合作组织，例如专业的流通合作组织、产销一体的合作组织，但是要注意规范合作组织的发展，使其正规、合法地发展，切实为农民服务。另外，要注意拓宽合作社的销售渠道。在调研中，笔者发现，由于批发市场可以消耗合作社大部分的产品，因此合作社销售产品的主要渠道依然是批发市场，没有发展别的流通渠道，或者仅通过别的流通渠道销售一小部分产品。应该鼓励合作社发展多种形式的销售方式，鼓励合作组织+超市的发展，开展多种形式的农超对接。

3. 培育企业，发展"企业+农户"模式

专业的人做专业的事。"企业+农户"这一发展模式中，企业主要做产品的研发与销售，农户主要做生产，通过分工提高各自部分的效率与效益，同时二者又形成紧密的联系，使产销一体化，最终使双方共赢。企业与农户之间是自愿组合，两个主体之间分工明确，相互协作，风险共担，利益共享。企业主要进行新品种的研发、幼苗的培育、种

植技术的普及，以及最后农产品的销售。企业与科研机构进行合作，研发新品种或进行品种的改良，在新品种研发成功后或改良品种后，企业先在自己的试验田内进行种植，以了解产品整个生产过程所需要的成本，使生产成本标准化，然后企业将种子或幼苗、种植方法，以及化肥等产品"打包"给农民，让农民严格按照企业的要求进行生产，最后产品成熟后，企业进行回收，回收后，企业进行销售或深加工后再销售。

（四）建立农产品信息服务平台

虽然农村信息化水平有了很大程度的提高，但是能为农民提供的有用的信息资源仍有限，农产品滞销、"菜贱伤农"时有发生，农产品生产和信息不对称问题依然严重。为有效解决农产品生产和销售信息不对称的难题，畅通农产品流通渠道，需要全面整合资源，包括生产、购销、价格等各方面，构建统一的建立农产品信息服务平台，便利农民以及农业企业寻找、查看信息。

农产品信息服务平台应包含以下基本功能。第一，整合资源。农产品信息服务平台应该包含城市与乡村的各种与农产品相关的信息。第二，发布信息。平台应把所收集到的信息及时进行处理与公布，及时更新相关数据，及时发布大宗农产品、水果、蔬菜等各类农产品生产种植面积、预计产量等农业生产信息，发布农产品求购信息，提供相关信息的查询和咨询服务，引导农民生产适销对路的产品。第三，应急服务。由于会发生农产品滞销等事件，服务平台应根据自己掌握的信息，及时对农产品进行调转销售，使农产品可以供销平衡，稳定农产品价格，保护农民利益。

（五）发展农产品电子商务

农产品电子商务的发展，可以有效解决农业信息不对称问题，缓解我国"小农业大市场"的矛盾，使农民生产与市场需求相对接。农产品电子商务的发展，还能减少流通环节，甚至使农民直接与消费者对接，帮助农民在定价上拥有更多话语权。另外，农产品电子商务的发展，打破空间限制，使产品不受地域的限制，可以拓宽销售范围，让农产品走向全国乃至全球。新型城镇化是信息化、数字化的城镇，它的推进使电子商务发展的基础设施进一步完善，例如宽带通信等。因此，在新型城镇化背景下河北省要大力发展农村电子商务，可以从以下几个方面促进农村电子商务的发展。第一，以县域为范围发展农产品电子商务。以县域为范围发展农产品电子商务，可以比以省市为单位更好地发挥特色资源优势，同时又可以比以乡为单位更好地形成产业集群，带动相关产业的发展，发挥规模经济效应。第二，依据本地环境，发展特色农产品。河北省地形多样，自然环境多样，地域特色明显，可以结合不同地区的环境与资源优势，挖掘本区域的特色农产品，寻找闪光点，实施产品差异化战略，进行突围。第三，政府的支持。政府可以为农产品质量提供保证，从而吸引消费者购买；政府还可以为电商发展提供资金支持、税收优惠等，从而促进电商发展。另外，河北省农业组织化水平不高，资源分散，政府可以推动农产品资源的整合。第四，产品标准的制定。农产品电子商务发展中，由于其产品特性，许多产品没有国家统一规定的标准，产品质量难以把关。并且，农民缺乏产品认证以及标准化的意识，使产品质量标准化的操作难度进一步加大。电商协会或服务商可以为产品制定统一的标准，进行标准化生产。第五，引进电商。目前，河北省农村地区电子商务有了一定程度的发展，在阿里巴巴发布的《电子商务发展白皮书（2019年）》中，河北的农村电商发展良好，但是大部分农村地区基础比较薄弱。在此情况下，可以引进电商，吸引外地资本来本地发展电子商务。

（六）加快城乡物流体系建设，努力解决"最后一公里"问题

农产品物流发展缓慢、城乡物流严重分割是城乡商贸流通一体化发展的主要阻碍力量之一。因此发展农村物流，解决物流"最后一公里"问题，建立城乡一体的现代物流体系是促进城乡商贸流通一体化的重要任务。目前，农村物流发展缓慢，物流快递服务营业网点在乡镇一级的覆盖率只有约70%，大多数物流仅到县城。因此，农产品上行和工业品下乡面临着严重障碍。抓住新型城镇化建设机遇，做好规划，发展农村物流，完善县乡村三级物流体系建设，使县城有县级物流中心，乡镇有乡镇物流服务站，各乡村有村级物流网点。

建设城乡一体的物流体系，可以通过连锁企业来实现。连锁企业可以利用本省市、县、乡、村四级商业网点与配送设施来实现市、县、乡、村物流的衔接，在连锁企业配送其货品时运输其他产品，促进城乡物流一体发展。另外，可以在本县成立专业的物流公司对本县物流资源进行整合，建立物流园区，使物流企业集聚在园区内，然后由本县的物流公司统一向村镇进行配送，也由该公司把需要输出的产品统一运到产业园区内，由其他物流公司进行输出。

（七）政府加强引导，促使城乡商贸对接

一方面，加大农村商贸基础设施建设力度，通过完善基础设施建设吸引城市商贸企业来农村投资。新型城镇化规划时要充分考虑到农村商贸网点布局问题。河北省县多，县域数量居全国第二，且县城数目不大，根据河北省的省情，应该把发展县城商贸流通业作为城乡商贸对接的重要节点。县城商贸业的发展可以带动周边农村商贸业的发展，因此，县城要根据自己发展的实际，做好商贸流通基础设施规划，为带动农村商贸发展打好基础。乡镇与行政村直接相连，起着承上启下的作用。要抓住新型城镇化建设中培育中心城镇的契机，加快乡镇农产品批发市场、特色商业中心、连锁网点以及餐饮、休闲等基础设施建设，为繁荣农村商贸业打好基础，增强其周边行政村商贸业的带动作用。行政村要抓住新型城镇化推进中建设中心村的机遇，根据当地实际，做好商业网点等基础设施建设，可以建设小型连锁超市、餐饮等。

　　另一方面，给予农村商贸流通业与政策优惠，吸引城市商贸流通企业向农村发展。由于农民消费水平有限，农村商贸流通业的利润有限，致使城市商贸企业一般不会主动投资农村地区，也造成农村商贸业的发展落后。农村商贸业的落后，使农村商贸业满足不了农村居民的消费需求，促使农村居民进城消费，这样又造成农村消费大量流向城市，使农村商贸业更加缺乏活力。因此，需要政府在税收、土地等方面制定相关优惠政策，促使商贸资源从城市流向农村，吸引城市商贸企业来农村开店，同时要引导城市商贸企业与农村流通组织对接，尤其是在农产品方面，这样可以使组织化程度低的农产品流通组织，甚至是农户自己在产地与到城市商贸对接，提高对接能力，减少不平等的对接。通过城乡商贸对接，形成稳定的工业品下乡进村和农副产品的"出村进城"机制。

参考文献

[1][德]卢特威. 罗斯福传[M]. 上海:西风社, 1941.

[2][德]维纳·洛赫. 德国史(中册)[M]. 北京:三联书店, 1959.

[3][德]卡尔·哈达赫. 二十世纪德国经济史[M]. 北京:商务印书馆, 1984.

[4]柳随年, 吴群敢. 中国社会主义经济简史(1949—1983)[M]. 哈尔滨:黑龙江人民出版社, 1985.

[5][美]科佩尔·S.平森. 德国近代史(下册)[M]. 北京:商务印书馆, 1987.

[6][美]弗·卡特, 汤姆·戴尔. 表土与人类文明[M]. 庄峻, 鱼姗玲, 译. 北京:中国环境科学出版社, 1987.

[7]张仲福. 联邦德国企业制度[M]. 北京:中国法制出版社, 1990.

[8]徐更生. 美国农业政策[M]. 北京:中国人民大学出版社, 1991.

[9]辜胜阻. 中国城镇化的发展特点及其战略思路[J]. 经济地理, 1991(03).

[10]陈田. 省域城镇空间结构优化组织的理论与方法[J]. 城市问题, 1992(02).

[11]周叔莲, 郭克莎. 中国城乡经济及社会的协调发展[J]. 管理世界, 1996(03).

[12]孙家驹, 虞梅生. 走向21世纪的中国"三农"问题研究[M]. 南昌:江西人民出版社, 1997.

[13]肖辉英. 德国的城市化、人口流动与经济发展[J]. 世界历史, 1997(05).

[14]施虹. 日本在工业化进程中对农业的支持与保护[J]. 世界农业, 1997(07).

[15]国家统计局. 新中国五十年统计资料汇编[M]. 北京:中国统计出版社, 1999.

[16]金太军, 董磊明. 村民自治背景下乡村关系的冲突及其对策[J]. 中国行政管理, 2000(10).

[17]何炼成. 中国发展经济学概论[M]. 北京:高等教育出版社, 2001.

[18]林毅夫, 蔡昉, 李周. 中国的奇迹:发展战略与经济改革[M]. 上海:上海三联书店, 上海人民出版社, 2002.

[19]马桂琪, 黎家勇. 德国社会发展研究[M]. 广州:中山大学出版社, 2002.

[20]何伟. 区域城镇空间结构及优化研究[D]. 南京农业大学, 2002.

[21]年福华,姚士谋、陈振光.试论城市群区域内的网络化组织[J].地理科学,2002(05).

[22]高强.日本城市化模式及其农业与农村的发展[J].世界农业,2002(07).

[23]丁建弘.德国通史[M].上海:上海社会科学院出版社,2003.

[24]郑杭生,杨敏.社会互构论的提出——对社会学学术传统的审视和快速转型期经验现实的反思[J].中国人民大学学报,2003(04).

[25]吴玉才.十六大解决"三农"问题的新思路[J].内蒙古农业大学学报(社会科学版),2003(04).

[26]王安国,陈建全,何利辉.中美农业科技投入与科技体制比较[J].世界农业,2003(11).

[27]白雪秋.党的三代领导核心统筹城乡发展思想之演进[J].毛泽东思想研究,2004(02).

[28]刘英杰.德国农业和农村发展政策特点及其启示[J].世界农业,2004(02).

[29]郭江平.城乡差距扩大的表现、原因与制度创新[J].中华农业大学学报,2004(03).

[30]杨孝光,廖红丰,刘建明.统筹城乡制度促进农民增收[J].新疆经济,2004(05).

[31]朱诗柱.统筹城乡发展的关键是逐步统一城乡经济社会体制和政策[J].当代经济研究,2004(06).

[32][美]本杰明·巴伯.强势民主[M].彭斌,译.长春:吉林人民出版社,2006.

[33]周飞舟.从汲取型政权到"悬浮型"政权——税费改革对国家与农民关系之影响[J].社会学研究,2006(03).

[34]索南加措.美国家庭农场简介[J].柴达木开发研究,2006(04).

[35]孙立平.守卫底线:转型社会生活的基础秩序[M].北京:社会科学文献出版社,2007.

[36]郝寿义,王家庭,张换兆.日本工业化、城市化与农地制度演进的历史考察[J].日本学刊,2007(01).

[37]郭建军.日本城乡统筹发展的背景和经验教训[J].农业展望,2007(02).

[38]陈文新.改革开放以来中国政治资源配置的变迁与动力[J].湖北行政学院学报,2007(03).

[39]张康之.论合作[J].南京大学学报(哲学·人文科学·社会科学版),2007(05).

[40]王晓玲,谢金林.利益均衡:和谐社会建构的基本途径[J].江西社会科学,2007(05).

[41]吴兆玉.美国46亿环保罚单的警示[J].金融经济,2007(23).

[42]赵保佑.依托信息化推进城乡经济协调发展[J].中州学刊.2008(03).

[43]蔡雪雄.我国城乡二元经济结构的演变历程及趋势分析[J].经济学动态,2009(02).

[44]渠敬东,周飞舟,应星.从总体支配到技术治理——基于中国30年改革经验的社会学分析[J].中国社会科学,2009(06).

[45]辜胜阻,易善策,李华.中国特色城镇化道路研究[J].中国人口·资源与环境,2009

（01）

[46] 简新华, 何志杨, 黄锟. 中国城镇化与特色城镇化道路 [M]. 山东: 山东人民出版社, 2010.

[47] 孙久文. 走向 2020 年的我国城乡协调发展战略 [M]. 北京: 中国人民大学出版社, 2010.

[48] I. 库苏拉蒂, 赵剑. 正义: 社会正义和全球正义 [J]. 世界哲学, 2010 (02).

[49] 孙波, 白永秀, 马晓强. 日本城市化的演进及启示 [J]. 经济纵横, 2010 (12).

[50] [美] 亚当·罗姆. 乡村里的推土机——郊区住宅开发与美国环保主义的兴起 [M]. 高国荣, 孙群郎, 耿晓明, 译. 北京: 中国环境科学出版社, 2011.

[51] 徐同文. 城乡一体化体制对策研究 [M]. 北京: 人民出版社, 2011.

[52] 周凯. 中国城乡融合制度研究 [D]. 吉林大学, 2012.

[53] 李建军, 周津春. 科学技术与农村发展政策 [M]. 北京: 中国农业大学出版社, 2012.

[54] 宋洪远. 中国新农村建设: 政策与实践 [M]. 北京: 中国农业出版社, 2012.

[55] 申茂向. 中国农村科技创新与发展 [M]. 北京: 社会科学文献出版社, 2012.

[56] 田毅鹏. 地域社会学: 何以可能? 何以可为?——以战后日本城乡 "过密—过疏" 问题研究为中心 [J]. 社会学研究, 2012 (05).

[57] 何平均. 日本工业化、城市化与农业现代化的互动发展与启示 [J]. 农业经济, 2012 (06).

[58] 林少丽. 浅析新农村建设中的农村投资行为 [J]. 新农村 (黑龙江), 2012 (09).

[59] 杨雪冬. 压力型体制: 一个概念的简明史 [J]. 社会科学, 2012 (11).

[60] 周立, 潘素梅, 董小瑜. 从 "谁来养活中国" 到 "怎样养活中国"——粮食属性、AB 模式与发展主义时代的食物主权 [J]. 中国农业大学学报 (社会科学版), 2012 (02).

[61] 温铁军. 八次危机 [M]. 北京: 东方出版社, 2013.

[62] 岑乾明. 马克思恩格斯的城乡观及其当代价值研究 [M]. 北京: 中国社会科学出版社, 2013.

[63] 赵扬. 国内外城乡一体化理论研究与实践的新进展 [J]. 工会论坛, 2013 (01).

[64] 李锐. 美国联邦个人所得税制度演进历程及内在精神的启示 [J]. 国际问题, 2013 (01).

[65] 冯石岗, 刘颖. 河北省新农村建设现状及发展趋势研究 [J]. 河北软件职业技术学院学报, 2013 (03).

[66] 冯献, 崔凯. 中国工业化、信息化、城镇化和农业现代化的内涵与同步发展的现实选择和作用机理 [J]. 农业现代化, 2013 (03).

[67] 武廷海, 张能, 徐斌. 空间共享: 新马克思主义与新型城镇化 [M]. 北京: 商务印书馆, 2014.

[68] 倪鹏飞. 中国新型城镇化: 理论与政策框架 [M]. 广州: 广东经济出版社, 2014.

[69] 朱坡. 徐州市城镇空间结构优化研究 [D]. 南京师范大学, 2014.

[70] 刘玉安. 告别福利国家? ——西欧社会政策改革的大趋势 [J]. 当代世界社会主义问题, 2014(03).

[71] 侯力. 户籍制度改革的新突破与新课题 [J]. 人口学刊, 2014(06)

[72] 蒋尉. 德国"去中心化"城镇化模式及借鉴 [J]. 国家行政学院学报, 2015(05).

[73] 郭永丰. 探析新型城镇化道路的显著特点 [J]. 经济研究导刊, 2015(08).

[74] 国家新型城镇化规划(2014—2020 年) [M]. 北京: 人民日报出版社, 2014.

[75] 祝洪娇. 人力资本对河北省城乡居民收入差距的影响及对策研究 [J]. 农业经济, 2015(02)

[76] 徐晓军. "四化同步"发展新型城镇化: 主要困境及推进路径 [J]. 江汉大学学报(社会科学版), 2015(01).

[77] 卢文阳. 新型城镇化面临的形势及发展路径探究 [J]. 农业经济, 2016(01).

[78] 吕斌. 美丽中国呼唤景观风貌管理立法 [J]. 城市规划, 2016(01).

[79] 孙来斌. 德国国家治理的经验与启示 [J]. 人民论坛, 2016(01).

[80] 刘洋. 日本城市化过程中农地保障政策及对中国的启示 [J]. 社会科学辑刊, 2016(01).

[81] 余燕, 袁培. 国内外城乡一体化发展模式研究综述及启示 [J]. 苏州教育学院学报, 2016(02).

[82] 肖子华. 习近平流动人口社会融合思想研究 [J]. 人口与社会, 2016(03).

[83] 李梦云. 建设人类命运共同体的文化构想 [J]. 哲学研究, 2016(03).

[84] 宋连胜, 金月华. 论新型城镇化的本质内涵 [J]. 山东社会科学, 2016(04).

[85] 卫荣, 高忠敏, 王秀东. 美国农场规模、收入及对我国启示 [J]. 中国食物与营养, 2016(04).

[86] 邵彦敏, 赫名超. 马克思关于共享发展思想的理论逻辑 [J]. 理论学刊, 2016(06).

[87] 张立. 乡村活化: 东亚乡村规划与建设的经验引荐 [J]. 国际城市规划, 2016(06).

[88] 陈桂龙. "十三五"时期新型城镇化工作展望 [J]. 中国建设信息化, 2016(09).

[89] 车艳秋. 以人民为中心的新型城镇化研究 [D]. 辽宁大学, 2017.

[90] 习近平. 之江新语 [M]. 杭州: 浙江人民出版社, 2018.

[91] 贺雪峰, 桂华, 夏柱智. 地权的逻辑 3——为什么说中国土地制度是全世界最先进的 [M]. 北京: 中国政法大学出版社, 2018.

[92] 徐祥临. 新时代城乡关系与推进之路——习近平总书记"城乡融合发展"思想的历史性贡献 [J]. 前沿观点, 2018(02).

[93] 高斌. 共建共治共享的社会治理格局: 演进轨迹、困境分析与路径选择 [J]. 理论研究,

2018（06）.

［94］韩喜平, 王晓慧. 改革开放 40 年中国民生制度建构历程与成效［J］. 经济学研究, 2018
（10）.

［95］彭文斌, 胡孟琦, 路江林. "绿水青山" 理念的绿色分工演进与实践路径［J］. 湖南科技
大学学报（社会科学版）, 2018（04）.

［96］熊爱华, 张涵. 农村—二三产业融合: 发展模式、条件分析及政策建议［J］. 理论学刊,
2019（01）.

［97］卢昌彩. 加快推进我国城乡融合发展的思考［J］. 战略与决策, 2019（01）.

［98］林密. 马克思恩格斯泛分工论视域中的城乡发展观研究［J］. 当代经济研究, 2019（09）.

［99］王黎. 寡头治村: 村级民主治理的异化［J］. 华南农业大学学报（社会科学版）, 2019
（06）.

［100］张琳晓. 以特色小镇引领农村三产融合发展［J］. 合作经济与科技, 2019（24）.

［101］张立, 王丽娟, 李仁熙. 中国乡村风貌的困境、成因和保护策略探讨——基于若干田野
调查的思考［J］. 国际城市规划, 2019（05）.

［102］许伟. 新时代乡村振兴战略实施中 "坚持农民主体地位" 探研［J］. 湖北大学学报（哲学
社会科学版）, 2019（06）.

［103］周立, 李彦岩, 罗建章. 合纵连横: 乡村产业振兴的价值增值路径——基于一二三产业
融合的多案例分析［J］. 新疆师范大学学报（哲学社会科学版）, 2020（01）.